W0329304

Ce livre est dédié à…

mes parents, Jean et Micheline Peltier,
pour mon éducation à l'histoire,
Babeth, Laure et Cédric,
Clément et Maud, déjà lecteurs,
et mes futurs petits-enfants que je ne connais pas encore.

Titres parus

Collection « Argos Références »

Jeux de langage et dialogues à l'école maternelle (CRDP de Toulouse)
Jeux graphiques dans l'album pour la jeunesse
La littérature de jeunesse au croisement des cultures
Bibliothèque, école : quelles coopérations ?
Savoir faire avec le CDI
La culture de l'écrit et les réseaux de formation
Les adolescents et la lecture
Entrer dans l'écrit : les genres du discours
La littérature de jeunesse dans tous ses écrits
Un siècle de rédactions : écrits d'écoliers et de collégiens (CRDP de Grenoble)

Collection « Argos Démarches »

Savoir lire avec les BCD
Guide de la coopération Bibliothèque-École
Projets-lecture au cœur du CDI
Lire et écrire avec le roman policier
Créer son dictionnaire avec les mots de l'école
Pour lire les textes bibliques
Contes et diversité des cultures (CRDP de Lyon)
Lire sa ville, des activités pour la classe
À la découverte des documentaires pour la jeunesse
Albums, mode d'emploi
Des romans et des films à la croisée des genres
Vers la lecture littéraire - Cycle III
Lire Victor Hugo à l'école - Cycle III (CRDP de Franche-Comté)
CDI, un atout pour les lycées professionnels
Trésors des récits historiques pour la jeunesse

Trésors des récits historiques pour la jeunesse

Trésors des récits historiques pour la jeunesse

Michel Peltier, Cpaien

Édité par
Le CRDP de l'Académie de Créteil

Michel Peltier est également l'auteur :
- de l'ouvrage *Apprendre à aimer lire,* Hachette Éducation, 1995 ;
- du *Dossier de l'enseignant,* Hachette Jeunesse, 1996 ; 1998 ;
- du *Fichier de l'enseignant,* Hachette Jeunesse, 1994.
Il est également co-auteur :
- du cédérom *Créastudio,* Hachette Grolier, 1997 ;
- du manuel *Le Nouvel Atelier de français,* cycle III, Bordas, 2002.

DÉPÔT LÉGAL NOVEMBRE 2002
ISBN : 2-86918-135-8
ISSN : 1275-1375

DIRECTRICE DE COLLECTION : ANNICK LORANT-JOLLY

SECRÉTARIAT D'ÉDITION :
COLETTE BRIFFARD, ANNE THÉBAUD

MAQUETTE :
CONCEPTION ORIGINALE ET RÉALISATION : GILLES LEGROS

CRÉDITS PHOTOGRAPHIQUES :
FRANCIS JOLLY

IMPRESSION :
IMPRIMERIE BIALEC, S.A.

scérén
CRDP
ACADÉMIE DE CRÉTEIL

Sommaire

chapitre 1

Lire des récits historiques, mode d'emploi

© Francis Jolly

Lire des récits historiques, mode d'emploi

Vous avez dit littérature ?

Le monde des livres propose un choix extraordinairement varié, en particulier aux jeunes lecteurs, qui pourraient ainsi faire des rencontres décisives et intimes, avec l'écrit. Mais, la plupart d'entre eux ignore jusqu'à l'existence de tels ouvrages. De plus, leur expérience de la littérature pour la jeunesse leur paraît, trop souvent, liée à des contraintes scolaires : textes polycopiés ou reproduits dans le manuel unique de lecture, même livre proposé pour tous, au même rythme. Les récits historiques, lus dans la perspective que nous présentons, sont une ressource particulièrement riche pour aider les jeunes à changer de point de vue.

Une pédagogie du récit

L'histoire est l'œuvre des hommes, pour dire le sens des actions humaines, en indiquer les significations possibles. Mais quels souvenirs reviennent, dans un premier temps, quand on évoque Richelieu ou Mazarin, sinon ceux des aventures des *Trois Mousquetaires* d'Alexandre Dumas ?
Ces dernières années, de nombreux succès au cinéma, des millions de cassettes vidéo ou DVD vendues, des passages sur les chaînes de télévision avec un énorme taux d'audience, donnent périodiquement un coup de projecteur sur l'histoire et forgent les représentations intellectuelles des enfants : profitons-en !
Plus d'un lecteur est d'ailleurs venu à l'histoire par le roman. Les reconstitutions soignées de Walter Scott, d'Alexandre

Dumas mais aussi de nombreux auteurs contemporains, proposent de véritables réflexions sur l'histoire. « Chaque littérature s'empreint profondément des mœurs et de l'histoire du peuple », écrivait Victor Hugo.

Qu'est-ce qu'un roman historique ?

C'est une évocation du passé, à travers une fiction, dont la qualité de l'écriture et de l'invention contribue au plaisir de lire. Pour certains, ce n'est qu'un aimable divertissement, pour d'autres, une passionnante plongée dans ce passé, à condition que l'auteur soit suffisamment respectueux des faits historiques.
Chateaubriand disait de Walter Scott, auteur du roman *Quentin Durward,* qu'il avait perverti le roman et l'histoire. On peut aussi penser qu'il a donné le goût de l'histoire à un grand nombre de lecteurs, en leur faisant découvrir des époques alors obscures. Comme le font aujourd'hui des auteurs comme Odile Weulersse *(Le Messager d'Athènes)* ou François Appas (la série « Les 4 Voyageurs »), en travaillant à partir de documents historiques sérieux. Certaines œuvres ont été adaptées au cinéma *(Le Dernier des Mohicans, Les Trois Mousquetaires, Robin des Bois, Les Derniers Jours de Pompéi, Le Nom de la Rose* et tant d'autres...), sans que la véracité historique ait été négligée pour autant.
Ces récits apportent non seulement des connaissances, du plaisir et des émotions, mais peuvent encore conduire les jeunes vers des investigations dans d'autres documents. Parce que, à la façon des fables et des paraboles - qui proposent un récit-détour pour illustrer et mettre en relief une morale, donc agir sur l'esprit de l'auditoire - le récit historique est un détour par le passé, proposé par un auteur, pour transmettre un message à son jeune lecteur. Un roman recrée une ambiance, procède par petites touches, à travers des détails sur les habitudes, l'architecture... et non à travers des concepts plus généraux comme dans un documentaire. De plus, les enfants à travers l'identification aux héros pénètrent plus aisément dans ces univers éloignés d'eux. Le récit historique est autre chose qu'un manuel déguisé. Le mot *récit* est apparu dans les nouveaux programmes. Allons-nous passer à côté de ce trésor pédagogique ?

Ouvrons l'enseignement de l'histoire !

Certains considèrent que l'on ne peut faire de l'histoire qu'à partir de vrais documents. Faut-il vraiment être aussi puriste ? Certes le travail des historiens est un bien collectif précieux. Nous appréhendons l'histoire par leur discours, au travers d'ouvrages, d'articles de presse, d'émissions diverses.

Leur approche rigoureuse est fondée sur des documents de plus en plus nombreux, complexes et difficiles d'accès. Pourtant, l'historien, lui-même, n'a accès qu'à une partie infime du concret, celle que lui livrent les documents à sa disposition, pour le reste, il comble les lacunes par des théories, des hypothèses, voire de façon inconsciente. Or l'histoire n'est pas « ce qui s'est passé » mais la reconstruction qu'en font les historiens, sous la forme d'un « récit véridique », à partir de sources. Étant révolu, le passé ne s'approche que par les traces qu'il a laissées. Les documents-sources sont d'ailleurs souvent narratifs : chroniques, journaux, mémoires, autobiographies, actes, lettres, récits directs, archives, rapports administratifs ou de police, dessins, correspondances, chansons et, pour les périodes plus récentes, photos, enregistrements et films, etc.

Comme le « vrai » scientifique, le « vrai » historique est en continuelle mutation. Être pédagogue, c'est savoir partager ses connaissances, varier les *stimuli,* surprendre. La pédagogie historique doit s'assouplir. On constate souvent un manque de motivation des élèves pour l'enseignement de l'histoire, alors qu'ils la rencontrent, sous de nombreuses formes hors de l'école, à la télévision, au cinéma ou dans les séries à succès de bandes dessinées.

L'enseignement de l'histoire à l'école peut-il encore ignorer cette littérature ? L'étude de romans historiques est d'ailleurs une tradition ancienne dans nos habitudes pédagogiques. La présence de nombreuses (et vieilles) séries dans les BCD en atteste. Ces livres sont très présents dans les catalogues actuels des éditeurs, comme ils l'ont toujours été.

Lire les écrits historiques aide à faire aimer l'histoire, à en ouvrir l'accès à un plus grand nombre d'enfants, pour qu'elle ne soit pas uniquement une affaire de spécialistes. Les programmes du collège permettront d'approfondir certaines notions auxquelles auront été sensibilisés les enfants.

Les pistes proposées ici permettent de diversifier les entrées dans l'histoire. Notre base de données est considérable : plus de 3 000 ouvrages repérés, couvrant tous les genres littéraires (récits, biographies, nouvelles, contes, série, BD, journaux, albums, etc.) et se déroulant pendant toutes les époques historiques.

Nous indiquerons certains livres dans nos bibliographies ou sur le site www.crdp.ac-creteil.fr/telemaque.

Comme les éditeurs nous proposent chaque mois de nombreuses nouvelles richesses, ce site sera mis à jour régulièrement.

Un genre didactique

Nous utilisons, tout au long de cet ouvrage, l'appellation *récit historique* que nous souhaitons plus large que celle de *roman historique.* Le récit historique, bien sûr, obéit aux mêmes règles de construction que tout autre (contexte, personnages, événements déclencheurs...). Mais récits et documents sont le résultat de constructions spécifiques sur lesquelles il convient de s'interroger maintenant. Privilégier le récit autorise un accompagnement qui permet l'analyse et la réflexion sur le sens d'une époque et sur ce qu'est la littérature.

Le récit explique et coordonne en même temps qu'il retrace. Il aide à comprendre les causes et les enchaînements chronologiques. Il est écrit pour être lu ou entendu, il doit s'adapter à son auditoire ou à son lectorat, il crée une connivence entre l'auteur, le lecteur (ou l'auditeur), tous deux situés en dehors de l'action racontée.

Le récit raconte des actions humaines, les met en intrigue dans un contexte historique et informatif, tout en les conduisant vers leur achèvement. Il respecte la chronologie en même temps qu'il est porteur de sens, il fait vivre des personnages et permet de comprendre leurs réactions ou leurs décisions.

Toutes les époques sont visitées et offrent leurs richesses, comme de puissants ressorts narratifs et des thèmes forts comme l'intolérance, le travail des enfants, les conditions d'existence des pauvres et des riches, l'éducation.

La façon de penser, de vivre, les usages de cette époque sont rapportés avec exactitude et tous les enfants sont sensibles à ce dépaysement dans le temps, bien agréable façon d'entrer dans l'histoire.

Des approches trop abstraites ou l'utilisation de documents difficilement lisibles ne permettent pas aux enfants de bien comprendre ce qui s'est vraiment passé. Par exemple, pour que les enfants se représentent le temps mis par les marins de Magellan pour traverser l'océan et les problèmes qu'ils ont résolus, la construction d'une intrigue est précieuse.

Ce genre permet aux enfants de préciser la notion de personnage, de maîtriser le jeu des dialogues, des descriptions, de comprendre la chronologie des événements, bref tout ce qui contribue à faire la littérature...

Autour des personnages

Les personnages des récits historiques peuvent être célèbres, oubliés ou totalement inventés, modelés par l'imagination des auteurs qui les ont dotés de comportements humains. Mais tous doivent se plier à la vérité historique, surtout s'il s'agit d'un personnage célèbre.

Lors des animations, on peut faire observer aux lecteurs les variations de point de vue proposées par les auteurs sur un même personnage : Du Guesclin n'est pas représenté de la même manière dans les récits écrits à partir de documents historiques français (un héros chevaleresque) et dans des traductions anglaises (un chef de guerre fourbe et malhonnête). Les auteurs explorent volontiers les passages obscurs ou mal connus de la vie d'un personnage célèbre. Ainsi, certains ont-ils placé leur héros fictif pendant la jeunesse de Molière, nous permettant de suivre les débuts de L'Illustre-Théâtre.

Pour les personnages historiques aux vies mal connues, ils offrent des pistes tentantes pour les auteurs. Quant aux personnages fictifs, eux, ils sont encore plus faciles à mettre en scène : les romanciers ont toute liberté pour les faire évoluer dans une époque.

Mieux comprendre l'histoire

La lecture des récits historiques amène les enfants à prendre conscience :

- Des changements, par la mise en valeur de l'idée d'évolution liée à l'écoulement du temps, par l'observation des transformations de la vie quotidienne, de l'évolution des faits de civilisation, progrès ou régressions. Ils observent aussi les permanences, les survivances, les continuités.
- De la succession et de la mise en ordre des événements, en apprenant à classer des faits (antériorité, postérité, simultanéité).
- De la chronologie et du sens de la durée, en lisant et triant des romans en fonction de l'époque. La nécessité de repères permet de situer avec exactitude un fait (cf. projet frise page 18), de prendre la mesure du temps (temps immédiat ou temps de l'histoire) et des temps de parcours nécessaires, en fonction du moyen de transport utilisé.
- Des rythmes, plus ou moins amples, avec l'idée de cycle et de périodicité.

Et de passer, progressivement, d'une analyse réfléchie du temps vécu (le temps propre de l'enfant) à une approche du temps conçu : celui vécu par ses proches (parents, grands-parents, voisins) et le temps, plus lointain, de l'historien (intimement lié à une réalité vécue par d'autres) dont on peut s'approcher par la lecture et l'interprétation de documents.

Autant de pistes pour développer chez tous les enfants les qualités fondamentales de tout historien : rigueur et honnêteté intellectuelle, jugement critique envers les textes.

Les nouveaux programmes au cycle III*

En histoire

« **Au cycle III,** à partir d'une approche disciplinaire de l'histoire mieux constituée, le maître aide l'élève à construire une intelligence du temps historique fait de simultanéité et de continuité, d'irréversibilité et de rupture, de courte et de longue durée. Le respect du déroulement chronologique, jalonné par des dates significatives, y est donc essentiel et constitue l'une des bases de l'approche historique.

En continuant à réserver une place prépondérante au territoire français, ce programme l'insère plus fortement dans une approche européenne et parfois même mondiale, sans exclure la dimension régionale. Il ne se limite pas aux seuls événements politiques, mais s'ouvre aux autres réalités qui seront abordées dans leur complexité au collège.

L'élève doit être capable de comprendre la spécificité de l'histoire, cette "connaissance par traces" qui, pour l'historien, sont des sources ou des documents. Il doit donc pouvoir commencer à en comprendre le travail : rassembler des documents autour d'un sujet, en donner la nature, la date et l'auteur. Le maître le prépare ainsi à l'entrée au collège en lui montrant que l'histoire n'est pas une suite de récits merveilleux et imaginaires, et en l'initiant à une première forme d'esprit critique.

Chaque époque a été marquée par quelques personnages majeurs, dans l'ordre politique, mais aussi littéraire, artistique ou scientifique.

On n'oubliera pas, pour autant, le rôle de groupes anonymes, ni celui des femmes, dont on soulignera la faible place dans la vie publique. Ces hommes et ces femmes, comme les événements, sont présentés aux élèves à travers des récits de l'époque. Ces textes, différents des textes de fiction, peuvent ainsi aider les maîtres à "raconter" l'histoire. Ils fournissent aussi la matière d'ateliers de lecture historique.

Les supports actuels de l'information rendent plus que jamais nécessaire l'apprentissage de l'interprétation des images, des codes qui leur sont spécifiques et du langage qui permet de les décrire.

La leçon d'histoire fait une très large place à la réflexion collective et au débat et suppose donc un usage réglé de la parole, attentif à la précision du vocabulaire utilisé et à la rigueur du raisonnement. Pour l'époque actuelle, l'historien

(*) Horaires et programmes d'enseignement de l'école primaire, histoire, cycle III, 2002.

peut faire appel à des documents oraux relevant des mêmes exigences critiques que le document écrit et qui conduisent donc les élèves à porter un regard différent sur les paroles.
Pour éviter la mise en mémoire d'éléments fragmentés et, lors des évaluations, la tentation des questionnaires à choix multiple, chaque séance se termine par l'écriture d'abord collective, puis progressivement individuelle, d'une courte et modeste synthèse. Ces synthèses sont rassemblées dans un cahier unique (conservé pendant toute la durée du cycle) qui facilite le lien avec le professeur d'histoire du collège.
Le programme est découpé en six périodes et 21 points forts. La programmation en est laissée à la liberté du conseil de cycle qui doit cependant respecter l'ordre chronologique et ne négliger aucune période, y compris la plus récente. Le document d'application précise les dates importantes, les personnages, les groupes significatifs, le vocabulaire de base, etc. »

Pour la maîtrise de la langue

La maîtrise de la langue (dire, lire et écrire), dans les nouveaux programmes, est abordée comme un domaine transversal.
« Quant au plaisir de lire, il était très loin. Je n'accuse personne, sauf moi. Je n'avais pas compris que lire servait à apprendre. Je croyais que lire servait à lire, exclusivement. » Pierre Dumayet, *Autobiographie d'un lecteur*, Paris, Pauvert, 2000, page 16.
Dans la trame des activités quotidiennes, qu'elles relèvent de séances d'enseignement-apprentissage ou de moments de régulation de la vie de la classe ou de l'école, le langage, oral et écrit, est omniprésent et ses usages variés (interrogation, débat, lecture, etc.).
La capacité d'organiser sa pensée ne se développe pas indépendamment des contenus de savoir, des connaissances et l'acquisition du langage de référence de tous les domaines d'apprentissage est un des grands objectifs de l'école au même titre que l'aptitude à communiquer.
Quelle part de réflexion sur la langue les activités autres que le "moment français" permettent-elles ? Cette question vaut aussi et mérite une exploration particulière, pour les séances de langues vivantes étrangères ou régionales.
Quatre domaines feront l'objet d'un développement et d'un débat dans cette rubrique, à partir de vos contributions :
- Les supports de lecture : manuels, ressources documentaires papier ou multimédia, littérature de jeunesse (place, choix, usage scolaire et extra-scolaire, etc.).

- Les écrits, traces variées : écrits d'essais et d'étapes (brouillon, recherche...), écrits de mémoire et de structuration (résumés, comptes rendus, lexique, etc.), écrits d'évaluation (bilan, vérification de connaissances, etc.).
- Les pratiques de l'oral et de l'écrit en situation et les compétences communicatives et discursives qu'elles permettent de développer : décrire, expliquer, justifier, rendre compte, résumer, persuader, émouvoir, amuser.
- La réflexion sur la langue : intégrée aux séances (pour quels objets plus particulièrement) ou décrochée ? Selon quelle progression ?

Le projet de lecture en histoire

Les lecteurs s'immergent dans une époque pour, au-delà des faits, mieux la percevoir, la situer dans le passé et par rapport au présent.

Que faire des livres ?

Un texte peut se lire de différentes façons. On définira avec précision les règles de fonctionnement du texte, on organisera les explorations culturelles indispensables, pour connaître personnages et intrigues et chercher des informations, sans réduire ces récits à de simples objets d'étude. Lire des récits historiques permet aux enfants de nourrir leurs représentations des époques passées, de s'interroger - par l'identification au héros que permet le roman - sur les différences sociales, sur les relations entre les hommes à d'autres moments de l'histoire.
En parallèle, on peut visionner des films sur le sujet, visiter un site historique. Cette mise en réseau culturel permet de faire des synthèses, de réinvestir les connaissances. On peut parier qu'après, les enfants regarderont les « vieilles pierres » d'un œil nouveau...
Les projets contenus dans cet ouvrage visent à une mise en réseau de ces informations afin d'agir sur le comportement de lecteur.

Le principe des animations

Ces actions sont l'équivalent de ce que le zoom est à la photographie : un temps d'arrêt et un approfondissement. À partir de renseignements glanés au cours des lectures, l'animation permet une analyse minutieuse révélant une idée plus générale.

La simple mise à disposition des livres ne suffit pas, seule une socialisation bien organisée des lectures crée une véritable disposition à lire, qui relève d'une pratique socioculturelle et de modalités d'échange et de communication complexes.
Pour se procurer les livres :
- On explore les trésors des classes de l'école et de la BCD.
- On pense aux différents projets possibles qui permettent de financer des achats, aux prêts inter-écoles. Si l'on doit acheter, choisir cinq fois six livres ne coûte pas plus cher que trente fois le même ! Les rotations sont possibles ainsi. Les livres peuvent aussi être récupérés, prêtés par la bibliothèque municipale ou la BCD, achetés avec trois classes, chacune utilisant le stock un trimestre.
- Les foires au troc et le secteur de l'occasion sont aussi des ressources inépuisables pour qui sait s'y promener un sac au dos (ou lancer une recherche avec les parents), une mine de documents invendables y dort.
Si l'objectif est d'aider les enfants à construire leur bibliothèque personnelle, on peut donner des listes de livres aux parents, aux moments des fêtes, afin d'orienter les cadeaux faits aux enfants.

EXTRAIRE DES DONNÉES

Le Faucon déniché

Jean-Côme Noguès, Hachette Jeunesse, 1972.

● Découverte de l'objet-livre
– La couverture
Premier plan : un personnage et un oiseau.
Arrière-plan : un serf, un personnage de seigneur.
La couleur dominante est d'un bleu intense, peut être rapprochée d'une reproduction des « Très Riches Heures du duc de Berry ». Cette couleur, les vêtements des personnages permettent de placer l'époque du livre au Moyen Âge.
– La quatrième de couverture :
Les mots évoquant le Moyen Âge : seigneur, en ce temps-là, les chasses.
Le titre : il met l'oiseau au centre du récit.
Mot proche de dénicher : nid.

● Extractions possibles lors des lectures
– Étude du lexique médiéval
Le lexique des paysans : camisole, chaumine, manant, surcot, serfs, four banal, houe, grabat.
Le lexique des seigneurs : oriflamme, lice, affaitage, heaume, gonfanon, fauconnier, troubadour, douves, pont-levis, mâchicoulis, chanson de geste.
Le troubadour chante une chanson de toile. Les éléments de la chanson de toile : la dame, l'attente, le seigneur, le jardin...

Dans *Le Faucon déniché,* le Moyen Âge n'est pas idéalisé, même si le seigneur est juste et bon, la condition du paysan est dure. Grâce au vocabulaire utilisé, aux descriptions du château et de la ▷

▷ maison de Martin, aux paysages, au récit des scènes de la vie quotidienne (la veillée, les jongleurs de foire, la chasse, l'affaitage), le lecteur entre dans l'époque.
Il ne s'agit pas d'un documentaire : page 29, le narrateur intervient pour dénoncer la violence de cette société à propos du fauconnier ou, page 93, du seigneur : « Comme tous les seigneurs de son temps, il aimait la violence, la lutte qui permettait au corps de prouver sa valeur, aux muscles de se tendre, aux bras de distribuer des coups afin que s'applique la toute-puissante loi féodale du plus fort. »

Organiser l'espace dans la classe

L'indispensable coin réunion

Ce lieu doit être permanent. Il rassemble trois ou quatre bancs et une chaise pour l'adulte. Dans la classe, cet aménagement est le lieu symbolique et institutionnalisé de la prise de parole : voir pour parler et écouter les autres, car apprendre à parler, c'est aussi apprendre à écouter. Ce lieu indispensable crée une connivence entre les participants. Les objectifs de son installation relèvent de la maîtrise de la langue, mais aussi de l'apprentissage de la citoyenneté. On doit se sentir bien dans ce coin, comme on peut l'être chez soi, au sein d'un cercle d'amis.
Son utilisation est rituelle. Le matin, par exemple, lors de l'accueil, le maître peut lire à haute voix un extrait de récit ou le faire lire, après préparation, par un élève. Le but est de créer un temps de partage et de mise en commun d'une lecture personnelle par une prestation orale. Vecteur d'échanges intellectuels, émotionnels, ce moment permet des confrontations entre lecteurs et lectures. On y débat des questions soulevées par les livres (débat moral, culturel, esthétique). À tour de rôle (et pas le même jour !), chaque lecteur fait part de sa lecture oralement. Des rapprochements avec d'autres œuvres sont possibles, la mise en réseau est en train de se construire. Donner la possibilité de connaître le contenu d'un livre oblige à raisonner le fait de lire.
On utilise, bien sûr, cet aménagement à d'autres moments dans la journée, est-ce utile de le préciser ?

Le tableau mural

Tableau mural à double entrée avec le nom du lecteur d'une part et la reproduction de la couverture du livre d'autre part (remarque : on peut photocopier la couverture des livres ou la scanner), il indique ce qui a été lu, avec l'avis des enfants et facilite un suivi individuel et une étude du cheminement des choix de lecture. Lors de l'emprunt du livre, le lecteur note la date à l'intersection de la couverture et de son nom. Lorsqu'il le rend, il colle un document indiquant son avis sur le livre. Ainsi, comme les lecteurs performants avancent rapidement, on peut, dans un premier temps, centrer l'action en direction de ceux qui le sont moins, puis se tourner vers les autres en affinant les exigences. Il permet de fixer et de développer l'attention et la mémoire et favorise socialisation et structuration de l'espace et du temps. C'est un excellent endroit pour organiser une rencontre avec les parents d'un enfant...

Les outils d'évaluation

Le stock de livres est prêté à l'ensemble de la classe, un responsable améliore le rangement dont tous les élèves sont responsables; il est aussi «l'infirmier» des livres abîmés. Il faut prévoir 5 ou 6 livres de plus, pour permettre les rotations.

Le prêt se fait en autonomie, les enfants choisissent leur livre quand ils en ont le temps, ils l'indiquent alors à l'aide d'une croix, en inscrivant également la date d'emprunt. Les autres lecteurs savent ainsi qui a cet ouvrage. La date d'emprunt permet à l'enseignant d'aider certains enfants à s'organiser. Il peut ainsi discrètement noter chaque semaine le cheminement individuel de chaque lecteur et les aider à développer leur autonomie.

La technique d'indicateur de qualité est propre à chaque classe: les élèves donnent leur avis; coller des gommettes de couleurs, écrire des +++ ou des ---, dessiner des têtes faisant la grimace ou souriant, colorier la case avec un code de couleurs, etc.

Dès qu'un livre est rendu, la croix doit être recouverte de l'avis du lecteur et si certains enfants ne collent rien, l'œil du maître est très vite averti: l'aide individuelle fera apparaître si c'est un oubli, un problème d'organisation, un problème de lecture ou une demande affective...

À l'aide de ce tableau, l'enseignant observe le chemin emprunté par les enfants dans le choix (informations sur l'entrée des enfants dans les livres). Aucun lecteur ne choisit ses livres au hasard, ni de droite à gauche sur le tableau. En général, les enfants partent de ce qu'ils connaissent pour aller doucement (sous l'action du «milieu classe», des aides, des conseils, des animations, etc.) vers ce qui était moins connu. Les contacts non officiels devant le panneau sont souvent nombreux et fructueux.

Le coin lecture de la classe

C'est le relais de la BCD. Présentée avec les couvertures apparentes, la sélection d'ouvrages est renouvelée ou augmentée régulièrement (livres achetés, empruntés à la BCD, à la bibliothèque municipale, prêtés par les enfants pour un temps donné, etc.). Ce lieu offre des temps et des espaces où chacun peut, seul, avec ses copains ou avec les adultes, retrouver l'ouvrage souhaité et continuer à se l'approprier. Dans ce lieu peut être affiché le tableau de lecture du contrat. Une partie de ce lieu est destinée aux outils autocorrectifs : dictionnaires (plusieurs éditions différentes), *Bescherelle* (c'est un vrai dictionnaire de conjugaison et son utilisation devra être apprise aux enfants), etc.

Du bon usage des frises

Les frises historiques observées en classe, qu'elles soient achetées dans le commerce ou construites par les enseignants, murales, dans un classeur ou présentes dans les manuels ou livres documentaires, sont présentées sous la forme de strates se lisant chronologiquement de la gauche vers la droite :
- une strate pour des dates neutres (ex. : 1805, 1808, 1810, 1812...) ;
- une strate pour la période représentée (le Premier Empire) ;
- une strate pour des événements ponctuels ou longs (2 décembre 1805, victoire d'Austerlitz ; guerre d'Espagne 1808-1809) ;
- une strate pour des découvertes dans les domaines des arts, des sciences (1805, métier à tisser de Jacquard ; 1807, bateau à vapeur de Fulton).

Nous proposons d'y ajouter une nouvelle strate, séparée, dans l'espace, du reste mais utilisant la même échelle, pour y ajouter les titres des récits historiques.
Pour les frises murales : les couvertures des ouvrages du contrat, scannées ou photocopiées, sont affichées au fur et à mesure des lectures après un échange collectif. Même principe dans les cahiers des élèves.

D'autres outils, plus personnalisés

Ils sont gérés par les élèves (qui doivent en avoir compris la finalité et les règles d'utilisation).
- Le cahier ou l'album individuel est la mémoire des actions du projet. Il facilite la liaison avec la famille et il est indispensable à une bonne intégration de l'enfant dans son milieu scolaire. C'est un outil de la mémoire qui a, pour les enfants, une valeur considérable.
- Le cahier de souvenirs de lecture : l'enfant va y noter les titres, le nom de l'auteur, l'édition et le genre littéraire des livres qu'il aura lus, support de sa mémoire. Dans ce cahier, il collectionne et range non pas des timbres ou des images, mais des souvenirs de vie. Sa consultation aide à réactiver la

mémoire. La prise de notes s'effectue juste à la fin de la lecture du livre, ce n'est pas un résumé d'histoire. Ce cahier peut prendre la forme que souhaite l'enseignant :
- un classeur où l'enfant range ses notes, des textes écrits, les synthèses de la classe, les dessins, les enquêtes, etc. ;
- un dossier qui, ensuite, est relié et devient le livre-mémoire de ses lectures, qu'il peut ranger dans sa bibliothèque personnelle ;
- la fiche récapitulative du parcours individuel de l'élève, où est notée la méthode qu'il a utilisée pour réussir ; cette fiche représente sa mémoire, elle le conduit peu à peu à se prendre en charge et à apprécier sa progression.

L'extraction des données

Extraire est ici entendu non comme *extraire une dent* mais comme extraire une richesse et la traiter, et, par une action pédagogique, lui donner forme et valeur. Nos romans dits historiques recèlent des gisements de richesses insoupçonnées. Voici les grandes phases de ce travail :
- les enquêtes pendant les lectures (pour extraire ces données) ;
- les moments de langage, échanges quotidiens, autour du contenu des livres ou de conseils sur la méthodologie de l'extraction des données ;
- la mise en réseau des connaissances ;
- les recherches documentaires (vérifier la véracité, la localisation des personnages ou des données, la chronologie des événements) ;
- les réécritures et projets finalisés (donner du sens aux apprentissages : compétences et contenus de connaissances).

PRISE D'INDICES SUR UN ROMAN

Les Tribulations d'Évariste

Jean-Paul Gourévitch, illustration de Matthieu Blanchin, Hachette Jeunesse « Le Livre de Poche jeunesse », 1997.

● Présentation du récit
Paris en 1840, Évariste, jeune collégien, est enlevé par erreur et mêlé à une conspiration politique bonapartiste, car il ressemble au fils du roi Louis-Philippe ! Il se réveille dans un soupirail d'égout, entouré de ses ravisseurs qui comprennent vite quelle exceptionnelle monnaie d'échange constitue un si parfait sosie... Mais Anicet, son camarade de classe, très inquiet, parvient à retrouver sa trace et la police finit par récupérer Évariste sain et sauf...

● Un récit où exactitude historique, suspense et humour cohabitent avec humour, avec un intéressant dossier en fin de volume, qui traite des rapts d'enfants à cette époque, en mettant en réseau à la fois *Les Misérables* et *Sans Famille*.
Un bon auteur sait varier les modes d'information, afin d'éviter le didactisme forcené.
Page 61 : un dialogue explicatif, comment les auteurs nous imprègnent de l'histoire.
Page 153 : la vie d'un journal et de la presse de l'époque. Rencontre avec Victor Hugo, George Sand, Alexandre Dumas, Louis-Philippe.
Page 159 : un dialogue entre les personnages nous apprend beaucoup sur Napoléon 1er. L'auteur varie les modes d'écriture en direction du lecteur afin de l'informer, de lui rappeler l'époque dans laquelle baignent les héros.
Page 178 : un récit informe le lecteur des idéologies en présence.

● Avec pour point de départ la lecture de ce roman, une équipe de chercheurs pourra reconstruire le récit de la fuite vers le Nord en utilisant les voies fluviales et localiser ce voyage sur la carte de France de l'époque.

Apprendre à extraire les données

Ce type de séquence est à reproduire régulièrement pendant le temps que dure le contrat de lecture. L'ensemble des élèves lit, dit, écrit. L'objectif est de préparer à la prise de notes, à partir de quelques questions :
- Qu'apprenons-nous à la lecture de cet extrait ?
- Que raconte cet extrait ? Sur l'époque ? Sur le travail des enfants ?
- Les mots du lexique.
- Le statut de ce texte : texte de fiction ou texte historique ?
- Comment as-tu fait pour repérer l'information ?

PRISE D'INDICES SUR UN ROMAN

La Soie au bout des doigts

Anne-Marie Desplat-Duc, « Le Livre de Poche jeunesse », 2002.

● L'extrait proposé se situe en pages 10 et 11. L'histoire se déroule dans le milieu de la soierie, en Ardèche.

« [...] Sa mère la tenait par la main lorsqu'elles sont entrées dans le bureau, après avoir attendu plus d'une heure debout dans un couloir long et sombre. Lorsqu'il avait vu la fillette, M. Chaboux s'était écrié :
« Cette enfant est bien trop jeune !
Elle a plus de huit ans, avait affirmé Juléva.
Elle me paraît pourtant bien chétive. »
Juléva avait tendu un papier. Le moulinier y avait jeté un œil distrait. Méline était née le 2 février 1840 et, comme nous étions en mars 1848, elle avait huit ans et un mois.
« Ma fille aînée, Armance, qui a quatorze ans, travaille déjà chez vous, au dévidage (action qui consiste à transférer les écheveaux sur des bobines), je crois qu'elle vous donne satisfaction, et Méline est aussi courageuse que sa sœur.
– Je n'ai pas le droit d'engager des enfants de moins de dix ans », avait bougonné le moulinier.

> «Je sais, monsieur, mais c'est pas moi qui irai dire son âge et j'ai fait la leçon à la petite, elle répétera autour d'elle qu'elle a dix ans.
> Et si j'ai un contrôle de Monsieur l'inspecteur du travail, l'amende sera pour moi ! », s'était emporté le moulinier. »
>
> ● Quelques-unes des réponses obtenues : « Il faut chercher les dates », « C'est la mère qui fait travailler ses filles », « Le patron est d'accord, mais il a peur de se faire prendre, pas de faire travailler les enfants », « En 1848, on pouvait travailler à 10 ans, c'était légal ! ».

Une affiche méthodologique est construite sur cette technique de l'extraction des données. Son contenu rejoint, après plusieurs séances, le cahier de méthodologie. L'enquête, effectuée dans d'autres récits de la même époque, met en réseau les informations souhaitées sur la condition des enfants.

Le contrat de lecture

Le principe consiste à grouper un ensemble d'ouvrages, de les lire, d'en extraire des données, de découvrir les caractères qui les unissent ou les différencient, afin de construire, au sein du groupe, des références culturelles et des connaissances historiques.
C'est ainsi que progressivement, confiants dans la capacité des enfants à réussir, les enseignants vont aider tous leurs élèves à mettre en place une culture narrative et historique à partir des œuvres de la littérature de jeunesse.
L'organisation de contrats de lecture aide les enfants à tisser des réseaux de relations entre les livres, ce que nous appelons la lecture en réseau. L'offre étant large, les enfants ont la liberté d'entrer d'une façon différenciée dans ces récits grâce à la possibilité qui leur est offerte de choisir.

Comment créer un contrat de lecture

L'enseignant propose le fonds du contrat, il doit apprendre à connaître les livres qui existent afin de pouvoir les grouper suivant le mode qu'il a choisi. Lui aussi doit agir sur son comportement de lecteur... Comme il ne peut être question d'une connaissance encyclopédique, l'enseignant doit apprendre à trouver très vite l'existence de ces livres (compétence d'ordre documentaire). Ce point est à mettre à l'ordre du jour du conseil des maîtres et à préciser dans le projet d'école (politique d'achat de la BCD).

Finaliser

Pour donner du sens aux apprentissages, les données sont utilisées pour un projet défini avant son démarrage avec, en fin de contrat, une grosse animation (un défi lecture, la fabrication d'une exposition à la BCD ou à la bibliothèque municipale, une rencontre avec un auteur de littérature de jeunesse, la publication d'une histoire issue des lectures, un jeu de l'oie des œuvres lues, un *Trivial Pursuit* ou autres jeux détournés utilisant des données issues des livres rassemblés).

Complexité et hétérogénéité

Donner à lire le même roman à tous, au même moment, c'est se mettre dans une situation pédagogique difficile, les lecteurs rapides reviennent avec le livre lu le lendemain matin, les lecteurs en difficulté ne l'ont pas lu.
Pour résoudre ce dilemme, l'enseignant pourrait être tenté de choisir un livre « moyen » pour le niveau de sa classe ; mais ce livre va se révéler trop simple ou déjà lu pour certains, trop compliqué ou hors de portée pour d'autres. Et puis, dans la mesure où d'autres livres traitent du même sujet, lequel proposer ? Alors, comment aider tous les élèves ? Un vrai problème de pédagogie différenciée.
Chacun lit ce qu'il peut dans un ensemble de livres proposés par l'enseignant (ou par les élèves à la BCD, dans des catalogues sur le net), pendant un long moment (un trimestre par exemple), pour installer les habitudes, les compétences de la lecture.
Le « milieu classe » amène les élèves à construire un comportement de bon lecteur : avoir un livre en cours devient normal, les débats, l'organisation, la vie de la classe, l'ambiance banalisent cette attitude. Cela ne bride pas les meilleurs lecteurs et donne l'habitude aux enfants de « sauter » d'un livre à l'autre. Cela modifie le rythme de lecture et améliore le comportement de lecteur.
L'apprentissage est une pratique sociale et socioculturelle qui suppose des interactions complexes entre les individus et leur environnement social. Les actions de ritualisation ont une fonction d'intégration et de perpétuation d'un groupe social. Ainsi, les enfants de la classe vont chercher à intégrer le groupe de ceux qui savent lire.

Les lieux et les temps de lecture

Regrouper une série d'ouvrages aide les enfants à faire des mises en réseau et à étudier la particularité d'un ensemble. Un bon lecteur est en contact avec des livres et des écrits différents : il sait choisir et affronter la quantité de lecture. Il est capable de lire intégralement des livres et de s'arrêter avant la fin si besoin. Tout s'apprend. Faciliter les

croisements culturels et connaître beaucoup de livres aide à aimer lire.
Les animations sur les livres s'effectuent en classe, la lecture des œuvres en classe et à la maison. Pour aider les enfants à s'approprier les concepts et les méthodes, le temps est un allié. Sa dimension est à prendre en compte et à mettre en œuvre. Les enfants ont besoin d'une longue durée pour préparer les enquêtes et d'être aidés pour les réussir.
C'est un train qui démarre : lent et peut-être chaotique au démarrage, il prend peu à peu de la vitesse et franchit l'espace et le temps avec facilité... Il s'agit bien d'un voyage initiatique.

Parler le plus souvent possible !

On s'interrogera systématiquement sur la relation qui existe entre les textes et sur les éléments qui permettent de fédérer ceux-ci.
On choisit, par exemple, un livre déjà lu par quelques enfants avec des avis divergents, ceux qui l'auront lu devront classer leurs impressions, prendre position et argumenter sur ce qu'ils auront lu ou dire pourquoi ils ont arrêté de lire. Les témoins du débat interviendront en questionnant et auront ainsi envie - ou pas - d'entrer dans ce récit. On pourra reparler du même récit quelque temps après, les nouveaux lecteurs enrichiront avec leur lecture le débat d'idées.
On échangera souvent sur les méthodes mises en œuvre pour réussir ou sur les difficultés rencontrées.
L'enseignant, animateur du débat, intervient sur la forme, rarement sur le fond, il relance, recentre les échanges sur le sujet. Les livres qui ont bénéficié d'une animation sont toujours très empruntés.
Parce qu'il est sollicité (ici, par le plaisir de partager), l'enfant développe des relations positives avec son environnement. Le monde est fait pour être saisi et c'est un plaisir que de s'en saisir !
« C'est à partir de la vie de la classe que les enfants vont découvrir la vie en société, les valeurs qui la fondent et faire l'apprentissage de leur propre responsabilité. » *(Horaires et Programmes)*. Par l'organisation de ces échanges, la classe pratique, de façon réfléchie, la démocratie, vers une citoyenneté responsable : apprentissage du respect de soi, du sens de la vérité, du sens du travail bien fait et réfléchi, du respect de l'autre et de sa liberté de penser autrement.

Écrire

« Que choisir » ? Une construction comparative du contenu et du contenant des récits proposés, une aide pour passer à l'abstraction. C'est le même travail qu'effectuent les associations de consommateurs : *Que Choisir* ou *60 Millions de consommateurs :* elles essayent des produits, les comparent en examinant leur contenu et leur fonctionnement, puis construisent des tableaux ou des textes informatifs à la suite de l'extraction et du traitement de ces données…

Des enquêtes : les organiser a pour conséquence d'aider les enfants à gérer leur temps et leur travail. Une partie de la lecture se fait ailleurs qu'à l'école. Les enquêtes sont données aux enfants longtemps avant la date. Les consignes devront être variées.

La synthèse en classe ne doit pas se limiter à une collecte de données mais aboutir à une construction personnelle et collective, afin de graver les connaissances et compétences dans la mémoire.

chapitre 2

Préhistoire

© Francis Jolly

Préhistoire

Quelques repères

Pourquoi j'ai mangé mon père

Roy Lewis,
Traduit de l'anglais par Vercors et Rita Barisse, Babel, 1990.

Lorsque les hommes entreprirent de fixer par l'écriture les témoignages sur leurs origines, ils ne purent s'appuyer sur la mémoire des peuples.

Il ne restait que des débris anonymes contenus dans les sables, dans les alluvions des fleuves, dans des abris divers ou sur des panneaux rocheux ornés de figures gravées ou peintes.

Ces documents, souvent réduits à l'état de déchets ou de restes de cuisine, sont étudiés par des chercheurs. Leur datation au carbone 14, les connaissances en perpétuels progrès font reculer progressivement l'apparition de l'homme, affinent et élargissent nos connaissances sur la vie des hommes, les changements du climat, l'environnement.

Nos connaissances sont encore très loin d'être stabilisées.

Les récits concernant la préhistoire

Le travail de publication des historiens sur cette période est considérable mais la langue utilisée et la lisibilité de ces documents les rendent souvent très difficiles d'accès.

Les auteurs pour la jeunesse ont lu ces ouvrages avant d'écrire leurs récits et de mettre en mots leurs connaissances sur cette période. On peut remarquer d'ailleurs que plus l'année d'écriture est proche de nous, plus les auteurs se rapprochent de ce que l'on considère actuellement comme la vérité historique. C'est ainsi que depuis quelques années, certaines héroïnes portent le nom de Lucie…

On se doute que, dans la réalité, le temps préhistorique s'est écoulé beaucoup plus lentement que dans les romans. Il faut bien, dans une narration, procéder à des télescopages temporels pour construire un récit littéraire. Ces récits sont empreints d'un humanisme sans doute anachronique car ils prétendent davantage sensibiliser de très jeunes lecteurs à la préhistoire en les divertissant plutôt qu'en leur apportant des connaissances objectives sur cette époque qu'ils font revivre par le biais de l'écriture. Ces romans fascinent d'ailleurs les jeunes lecteurs, ils permettent d'ouvrir un questionnement sur la préhistoire en aiguisant leur curiosité. La paléontologie explore la dimension du temps. Elle ne peut se passer du récit qui permet de reconstituer la totalité de l'histoire à partir de preuves fragmentaires, un peu comme on reconstitue dans un laboratoire le volume d'une poterie découverte lors de fouilles…

Ce que racontent les récits

À partir de ces découvertes, les récits mettent donc en scène, en tassant la chronologie, les trouvailles des chercheurs afin d'aider les enfants à comprendre ce qui, pendant des siècles, a été ignoré. Peu de récits pourtant sont situés dans des champs de fouilles, sauf peut-être autour de la découverte de Lascaux qui a nourri l'imaginaire d'un grand nombre d'auteurs. Les récits sont souvent proches de la science-fiction, les auteurs construisant un plausible qui nous aide à appréhender cette si longue période où les avancées de l'humanité ont été lentes mais pourtant essentielles.

Voyages dans le temps pour la préhistoire

Il faut savoir que la préhistoire est une époque de prédilection pour les auteurs. Les voyageurs temporels s'y perdent, des bagnes y sont organisés, les héros tentent de s'en échapper… C'est donc un genre romanesque assez bien représenté pour les jeunes lecteurs. Il est sans doute très pédagogique de leur faire découvrir ainsi cette époque. Mais il convient d'être très méfiant quant à la véracité historique. On trouve des histoires mettant en scène les hommes du néolithique vivant sur l'eau dans une cité lacustre. Or, la découverte par les chercheurs de la date probable de la montée des eaux nous a prouvé l'inexistence ou la rareté de ce mode d'habitation… De la même façon, il est absolument impossible aux voyageurs temporels du livre de J.-Cl. Frolisch, *Voyage au Pays de la pierre ancienne* (excellent roman, par ailleurs), de pouvoir se repérer à partir de la forme actuelle du rivage de la Méditerranée, les eaux ayant monté de plus de cinquante mètres… Ceci étant dit, le pouvoir d'évocation de ce livre est resté intact trente ans après.

Quelques rappels préhistoriques

« **Les temps préhistoriques** s'étendent sur plusieurs millions d'années. Faute de documents écrits, nous savons peu de choses de nos ancêtres, même si nos connaissances sur ce sujet ont fait récemment de grands progrès. En s'appuyant notamment sur les ressources locales, on approchera donc la préhistoire par les traces qu'elle a laissées, par la façon dont elles ont été découvertes et exploitées, les lieux où elles sont conservées (sols d'habitats, restes humains et animaux fossiles, outils, représentations pariétales et sculptées...) » (*in Horaires et programmes d'enseignement de l'école primaire, histoire, cycle III,* 2002.)

Les points essentiels à traiter

- Les premières traces de la vie humaine, la maîtrise du fer et les débuts de l'agriculture en Afrique et en Europe méditerranéenne.
- L'élaboration d'un univers symbolique ; l'apparition de l'art autour de la représentation de l'homme et de l'animal.

Les trois grandes périodes

● La période paléolithique (-3000000 à -8000)
Du grec *paleos* (ancien) et *lithos* (pierre).
C'est l'Âge de la Pierre taillée : nomadisme, chasse, cueillette. Les premiers hommes s'efforcent peu à peu de maîtriser la nature. La maîtrise du feu leur permet de se protéger contre les animaux et le froid, de cuire la nourriture et d'améliorer la fabrication des outils et des armes. Ils commencent à enterrer leurs morts, ils peignent les parois de certaines grottes : premiers témoignages de l'élaboration d'un monde symbolique.
Confronté à une difficile alternance climatique de périodes glaciaires et de réchauffement, l'homme apprend très progressivement à utiliser le milieu qui l'entoure.
En un quart de siècle, l'avancée des connaissances sur l'évolution de l'homme a fait plonger nos racines au cœur de l'Afrique. C'est bien la seule certitude car, depuis, on est toujours à la recherche d'une définition du genre *Homo.*
Si l'on excepte la divergence de la branche des australopithèques robustes, l'évolution de la lignée humaine conserve, jusque dans les années 1980, un schéma linéaire avec, après ce petit embranchement, la série *Homo habilis, Homo erectus, Homo sapiens.* Ces derniers comprennent à la fois les hommes modernes, c'est-à-dire la sous-espèce *Homo sapiens sapiens,* mais aussi *Homo sapiens neanderthalensis.*
Vers -2000000 : apparition de l'*Homo habilis.* Depuis les années 1990, les spécialistes proposent de diviser l'espèce *Homo habilis* en deux, l'une plus gracile et inféodée aux

arbres, *Homo habilis* – *stricto sensu* – et l'autre, plus corpulente, bipède, au cerveau et à la face plus développés, *Homo rudolfensis.*
Vers -1700000 : apparition de l'*Homo erectus.* Dans la catégorie des *Homo erectus,* les paléontologues distinguent des formes asiatiques qui constituent la branche *Homo erectus* au sens strict et une autre espèce *Homo heildelbergensis* pour l'Afrique et la partie occidentale de l'Eurasie. Certains chercheurs reconnaissent encore un autre type d'homme *Homo antecessor,* à l'origine des hommes de Neandertal et des hommes modernes. On distingue donc *Homo neanderthalensis* d'*Homo sapiens.*
Vers -80000 : apparition de l'*Homo sapiens neanderthalensis.*
Vers -40000 : apparition de l'*Homo sapiens sapiens.* Cet homme n'est pas différent de nous. Il suit les troupeaux de gros gibier pour les chasser. C'est lui qui peint et dessine dans les grottes. Il vit sur tous les continents et ne cesse de perfectionner ses outils.
-17000 : peinture sur les murs de la grotte de Lascaux.
-8000 : les derniers glaciers se retirent d'Europe.
L'étude de ce que révèlent les fossiles n'est que la partie émergée d'un vaste champ interdisciplinaire où se rejoignent l'archéologie préhistorique, les méthodes de datation, l'éthologie comparée et les études de laboratoire.

● La période néolithique (environ -8000 à -4000)
Du grec *neos* (nouveau) et *lithos* (pierre).
C'est l'Âge de la Pierre polie : sédentarisation, agriculture, élevage. D'énormes changements affectent la manière de vivre. Le climat se réchauffe. La population augmente. L'homme se sédentarise, construit des villages, pratique l'élevage et l'agriculture, développe la poterie, tisse le lin puis la laine. Au néolithique, les hommes bâtissent de gigantesques monuments de pierre : les menhirs et les dolmens.
Vers -8000, l'homme polit la pierre (c'est une période florissante en Mésopotamie).
Vers -6000, l'agriculture et l'élevage commencent à l'emporter sur la cueillette et la chasse, permettant la sédentarisation de l'habitat et les premiers villages.

● L'âge des Métaux
Cet âge est appelé également *protohistoire :* début de la métallurgie, apparition de l'écriture et fin de la préhistoire. Les commerçants et les artisans prennent une place importante dans la vie économique et sociale. À cette époque, l'en-

semble de l'Europe est occupée par des agriculteurs organisés en petites sociétés. Les premières formes d'écriture apparaissent. Désormais les traces laissées par les hommes sont aussi, et de plus en plus, des documents écrits.
Vers -4500 : premiers métaux.
Vers -4000 : dolmens et menhirs.
Vers -3800 ans : âge du bronze.
Vers -3000, érection du grand Menhir de Locmariaquer et de certaines pyramides en Égypte.
Vers -2500 : début de la métallurgie du cuivre, puis du fer.
Vers -2000 : l'homme travaille l'or et le cuivre.
Vers -800 : Âge du Fer.
Le second Âge du Fer (la Tène) correspond à la période des Gaulois. L'essor économique est marqué par des importations de vin et d'huile transportés dans des amphores. Les premières monnaies font leur apparition. L'histoire commence avec l'apparition de l'écriture (vers -3000).

Les projets proposés

- La grande classification.
- Le dico des animaux !
- Outils techniques et modes de vie.
- Lascaux : un projet liant lecture, histoire et arts visuels.
- Comparer les éditions d'un classique : *La Guerre du feu* de J.-H. Rosny Aîné.
- Avec Rahan.
- Petit Féroce et pastiches divers.

La grande classification : une aventure scientifique, sociale et policière...

La Préhistoire
Hachette Jeunesse « La Vie privée des hommes », 2002.

Lors de la découverte d'une grotte préhistorique ou sur un chantier de fouilles, le travail des préhistoriens consiste, entre autres, à dater les traces. Pour cela, ils utilisent les indices trouvés sur place: la forme des outils, les matériaux utilisés. Un silex taillé grossièrement ou un biface poli n'indique pas la même époque. La science, mettant au point des méthodes modernes, comme la datation au carbone 14, l'examen des pollens ou l'utilisation des radios a permis une avancée des connaissances de la préhistoire. Quant aux ossements, ils nous renseignent sur les animaux vivants à cette époque et donc sur le climat ; si ces animaux sont domestiques, sur l'état

d'avancement des connaissances des anciens habitants. Les dents humaines indiquent le régime alimentaire (les dents plus grosses que les nôtres indiquent une nourriture avec beaucoup de viande crue et un besoin important de mastication).
L'humanité a suivi, dans son évolution vers la civilisation, un certain nombre d'étapes chronologiques, ces étapes se sont succédé pendant des millions d'années mais ne peuvent être enfermées dans des cases étanches. En effet, un outil, une fois inventé, n'est plus jamais oublié: la lampe à graisse inventée par un chasseur magdalénien est un objet qui a continué à être utilisé jusqu'au siècle dernier, même si elle n'était plus en pierre mais en terre cuite ou en métal. Ces hommes préhistoriques, de collecteurs sont devenus chasseurs puis éleveurs, alors que leurs semblables continuaient au même moment à ramasser des myrtilles, des noisettes ou des champignons... Dans les moments de crise, l'homme retrouve d'ailleurs les ressources des âges les plus anciens... ainsi, de nos jours, lors de disettes ou dans les pays pauvres.

Objectifs

- Initier les enfants à l'intelligence des temps des hommes (chronologie, durée, succession, irréversibilité, simultanéité).
- Sensibiliser les élèves aux interrogations des historiens : on ne sait pas tout, ni avec le même degré de certitude sur telle ou telle période.
- Repérer l'évolution des modes de vie et de culture.
- Comprendre les traces laissées par les hommes préhistoriques, les situer chronologiquement.

Ressources nécessaires

Tous les récits préhistoriques possibles (voir page 15 comment se procurer les livres) et, à portée de main, des ouvrages documentaires et des manuels.
Pour construire le corpus de récits, on procédera à une chasse aux titres concernant la période, à la bibliothèque municipale et dans la BCD.
Le maître peut apporter la caisse de livres et faire chercher le point commun.

Méthodologie : deux actions

● Pendant les lectures : repérer dans les récits les traces données par les auteurs pour dater l'époque préhistorique.
Lecture feuilletage, lecture approfondie, tout est possible, cette action est également prétexte à beaucoup d'échanges oraux...
Avec une décision finale à prendre, choisir l'époque visitée.

● Construire la frise avec les manuels
À l'aide des manuels présents dans l'école, repérage des trois grandes périodes de la préhistoire : paléolithique, néolithique et âge des métaux. Identifier leurs caractéristiques.
- Après des échanges méthodologiques, classement chronologique dans les trois époques des récits proposés.
- Mise en mémoire de ce travail dans le cahier de méthodologie de chaque élève.
- Construction d'une affiche mémoire affichée sur les murs de la classe. Celle-ci servira de référence aux enfants lors des échanges oraux.

EXTRAIRE DES DONNÉES

Comment nous avons daté ce récit.
L'auteur l'indiquait.
La quatrième de couverture me l'avait dit.
Les héros ne connaissent pas le feu.
Ils vivent dans une grotte ressemblant à celle de Lascaux.
Ils apprennent l'élevage.
Le héros est le premier à domestiquer un cheval.
Le village possède un tailleur de pierre.
Ils cuisent dans des poteries.
Ils se volent le feu.
Ils sont nomades. Etc.

Exemple 1 : *Le Livre de Napur*
Page 7, le récit débute ainsi :
« C'était... il y a très longtemps...
Des centaines de siècles peut-être !
Le pays n'avait pas de nom.
Les hommes l'appelaient le Grand Pays.
Ils ignoraient l'élevage, la culture.
Ils chassaient à l'épieu, pêchaient au harpon.
Ils utilisaient les dépouilles des animaux sauvages pour se vêtir.
Ils avaient découvert les propriétés de la glaise, façonnaient des poteries rudimentaires.
Ils connaissaient le feu... »

Reboul A., *Le Livre de Napur,* Magnard Jeunesse, 1992.

Argumentaire : Antoine Reboul a situé son récit dans la seconde partie des temps paléolithiques. Il nous l'indique en précisant que ses héros connaissaient le feu et fabriquaient une poterie rudimentaire. Il exclut de faire vivre ses personnages au néolithique en nous précisant leur ignorance de l'élevage et de la culture.
Nous pouvons nous attendre à entrer dans l'âge du nomadisme, de la cueillette et de la chasse mais avec la connaissance du feu et de la poterie.

Exemple 2 : *Un cheval pour totem*
Ici l'auteur indique au lecteur l'année où il a choisi de situer son histoire, à la page 6 :
« Au bord de la Vézère, en Corrèze, vers 15000 avant J.-C. »

Surget A., *Un cheval pour totem,* Flammarion « Castor Poche », 2000.

Le dico des animaux !

Le mammouth

La Préhistoire

Michel Cuisin, illustration de José Olivier, Hachette « La Vie secrète des bêtes », 1986, page 50.

Il s'agit de faire construire le dictionnaire des animaux vivant à l'époque des hommes préhistoriques, de le publier à destination d'autres lecteurs et ainsi de comprendre l'environnement dans lequel les hommes préhistoriques ont évolué (les animaux, le climat, la nature), tout en donnant du sens aux apprentissages.

Les premiers hommes s'efforcent peu à peu de maîtriser la nature. Peu à peu ils acquièrent la technique du feu, cela leur permet de se protéger contre les animaux et le froid, de cuire la nourriture et d'améliorer la fabrication des armes.

Compétences visées par les nouveaux programmes

- Maîtrise de la langue :
Multiplier les bonnes occasions de parler en classe et d'argumenter.
Développer les compétences en recherche documentaire.
Développer un vocabulaire spécifique et la technique de la prise d'indices.
Comprendre le fonctionnement des dictionnaires.
Écrire des fiches descriptives.
- Histoire :
Découvrir la préhistoire.
Lire des documents (images et textes) spécifiques à l'histoire et comprendre leur construction.
- Sciences :
Notion de rôle et place des êtres vivants, notion de chaîne alimentaire.

Les ressources

Deux fiches d'aide à la recherche documentaire destinées aux élèves.
Deux bibliographies : documentaires et sites TICE ainsi qu'une liste commentée d'ouvrages narratifs sur l'époque, lisibles par des élèves de CE2.
Prévoir également des ouvrages documentaires : du manuel aux documentaires spécifiques sur la préhistoire en passant par divers types de dictionnaires ainsi que des récits se déroulant pendant la préhistoire (voir bibliographie, à la fin de ce chapitre).

La méthodologie

Nous proposons une chasse au trésor dans les livres !
Les lecteurs vont devoir relever le nom des animaux pré-

sents autour des hommes de la préhistoire (document n° 1, page 42) afin de construire cet ouvrage documentaire.
Pendant cette chasse au trésor (récits, sites TICE, manuels, documentaires), nous allons focaliser l'attention des enfants sur les animaux vivant à côté des hommes préhistoriques et les aider à prendre conscience de la lente émergence de l'humanité.
La recherche documentaire permettra alors de valider les réponses relevées et aidera à modifier les images mentales erronées sur l'époque (les hommes n'ont jamais pu se battre contre des dinosaures, par exemple).

La chronologie du projet

Lecture recherche (document élève n° 1, page 42) : au moins trois semaines.
Synthèse et mise au point du dictionnaire : une semaine.
- Présentation du projet et distribution de la fiche n° 1 aux élèves de la classe.
Les recherches s'effectueront en classe ou ailleurs. On indiquera la date de la synthèse.
- Parler : chaque jour prendre cinq minutes, pas plus, le matin, au moment du « Quoi de neuf ? » par exemple afin de favoriser les échanges de pratiques.
- En classe, collectivement, effectuer une synthèse exhaustive des résultats.
Lister les noms des animaux découverts.
Diviser le groupe classe en petites équipes. La mission d'une équipe sera de construire la fiche descriptive d'un animal, avec l'aide du document élève n° 2 (page 43).
Prévoir une séance de réécriture.
Organiser la saisie des textes (salle TICE ou aide extérieure), la somme des recherches permettra la réalisation de la publication, mettre en ordre alphabétique comme dans un dictionnaire.
Valorisation : publication, exposition (dans la BCD, le quartier, ou sur le site de l'école).
Remarque : Certaines équipes pourront travailler sur plusieurs animaux.
- En prolongement du projet, on pourra organiser une exposition des fiches et des ouvrages retenus à la BCD.

Évaluation du projet

Faire construire par chaque équipe, sur le sujet qu'elle a étudié, un QCM ou un Vrai / Faux.
Exemples :
Les hommes utilisaient la peau des dinosaures pour se vêtir.
Vrai / Faux

La graisse des ours était utilisée pour s'éclairer. Vrai / Faux

Exemple de première mise en commun

Voici la liste des d'animaux trouvés dans des récits par un élève de CE 2.
« Le renne, le mammouth, l'ours des cavernes, la hyène des cavernes, le cheval, le bison priscus, l'auroch, le rhinocéros laineux, le lion des cavernes, le félin à dent de sabre, le mégacéros, l'antilope saïga, l'antilope Dik-Dik, le bison, le bœuf musqué (ou ovibos), le bouquetin, le cerf, le chien, le dinotherium, l'élan, l'éléphant, la girafe, le loup, les oiseaux, des poissons, l'ours, le sanglier. »
D'autres lectures permettraient, évidemment, de compléter cet inventaire.

Document élève n°1 (enquête large)

Ton nom : . . . . .Ta classe : . . . .
Travail à terminer pour le . . . .

LE DICTIONNAIRE DES ANIMAUX VIVANT AUTOUR DES HOMMES PRÉHISTORIQUES

Enquête

Lis ceci : *Des animaux vivaient en même temps que les premiers hommes, certains furent chassés, d'autres élevés, d'autres encore n'ont jamais rencontré l'homme car ils avaient déjà disparu depuis longtemps. Nous allons découvrir qui ils étaient et comprendre leurs relations avec les hommes préhistoriques.*

Attention : *une seule obligation, la présence de l'homme.*

Aide : *tu rempliras progressivement ce document pendant tes lectures (romans) ou tes recherches documentaires.*

TA CHASSE AU TRÉSOR

Le nom de l'animal	L'époque où il vivait	Le lieu géographique	Utilisation par les hommes	Note ici d'où vient cette information

Document élève n°2 (enquête resserrée et résumé des connaissances)

FICHE D'AIDE À LA RECHERCHE DOCUMENTAIRE

Consigne : *votre groupe va compléter cette fiche au fur et à mesure.*

Nom des élèves du groupe de recherche : ....
Classe et date : ....

Nom de l'animal	Exemple **Le renne**	
Famille des...	Mammifère ruminant	
Ancêtre du... ou cousin du...	Il existe toujours dans les pays froids : caribou au Canada.	
Sa taille (Tu peux utiliser des unités de mesure ou effectuer des comparaisons : gros comme un...)	Gros comme un mouton actuellement : 1,2 m au garrot	
Son poids (Tu peux utiliser des unités de mesure ou effectuer des comparaisons : gros comme un...)	Jusqu'à 150 kg	
Avec sa peau	Vêtements, tentes, couverture	
Son lieu de vie	Partout en Europe lors de la glaciation	
Époque de vie	En France jusqu'en - 10000 puis au nord de l'Europe	
Utilisation	Toutes les parties de l'animal pour faire des vêtements, des outils, des armes, s'éclairer, etc.	
Alimentation	Lichen	
Signes particuliers	Il peut, dès l'âge de 3 mois, parcourir 10 à 15 km par jour. Il nage très bien et vite. Il vit jusqu'à 3 mois avec sa mère.	
Vestiges retrouvés prouvant son existence : lieu (exemple grotte de Lascaux), types (des ossements, des dessins, etc.)	Dans les grottes de Pincevent, Lascaux, Cosquer, Chauvet et bien d'autres.	
Cause de sa disparition ou remarques sur sa vie aujourd'hui	Il a disparu en France à l'état sauvage et vit encore en troupeau dans les pays nordiques.	
Origine des renseignements présentés	Documentaires divers, dictionnaires,récits, encyclopédie.	

▷ Sur une feuille à côté : dessine ton animal et collecte des images, gravures ou dessins le concernant.

RÉSUMÉ POUR LES ÉLÈVES

Dans cette Europe, au milieu de paysages si différents, les hommes côtoyaient à la fin de la glaciation une grande variété d'animaux.
Il y a 15 000 ans, les hommes les ont représentés sur les parois des grottes et ont laissé des monceaux d'os dans des sites redécouverts depuis.
En raison du réchauffement du climat, beaucoup de ces animaux ont abandonné l'Europe occidentale progressivement, d'autres sont restés ici. (construit par un CE2)

Documentation

● De très bons documentaires
Ageorges V., de Saint-Blanquat H., *Lascaux et son temps,* Casterman « Repères / Histoire », 1999.
À partir de 10 ans.
Bontemps P., Lagarde M., Stetten V., *La Préhistoire, les premiers hommes,* Bayard, « L'Encyclopédie des vrais curieux », 1994.
Nougier L.-R., *Les Temps préhistoriques*, Hachette, « La Vie privée des hommes », 1990.
Documentaire présent partout, touffu, rempli de nombreux renseignements, les illustrations sont des dessins.

● Un film
La Guerre du feu de Jean-Jacques Annaud.
On pourra en visionner quelques courts extraits. Nous émettons des réserves sur la réception en version intégrale du film par de jeunes enfants qui peuvent être choqués par certaines scènes.

● Sites sur internet
- Un site d'école à visiter :
Le site de l'école d'application Victor-Hugo à Lescar (Pyrénées-Atlantiques) est remarquable. Il rend compte, entre autres, du voyage scolaire effectué par les enfants de l'école à Lascaux. Un modèle du genre.
http://ecoles.mairie.lescar.lescar.fr/victorhugo/
- Grotte de Lascaux
www.culture.fr/culture/arcnat/lascaux/fr/gvda-d.html
- Grotte Chauvet
www.culture.fr/culture/arcnat/chauvet/fr/gvda-d.html

● Bibliographie de récits (voir en fin de chapitre)

DOCUMENT

La rencontre d'un garçon d'une tribu préhistorique vivant il y a 20 000 ans... avec le premier chien, mais aussi avec quelques autres. L'auteur propose de comprendre la ruse des hommes pour capturer un troupeau de bisons...

> « Ash et Arkla, qui se trouvaient déjà dans les parages, escaladèrent la colline qui surplombait le piège, juste à temps pour voir le troupeau émerger de la forêt. Les bisons devaient passer devant les cavernes. Tous les habitants avaient reçu la consigne de rester à l'intérieur et d'éteindre les feux. Rien ne devait effrayer les animaux et les détourner de leur route.
> Au moment où la tête du troupeau parvenait en terrain découvert, quelques flocons commencèrent à tomber. Au loin, parmi les arbres, un loup se fit entendre... »

Document extrait de *Ash et la bête-qui-parle,*
Anthony Fon Eisen, Flammarion « Castor Poche », 1987.

Outils, techniques et modes de vie

Un cheval pour totem

Alain Surget, Flammarion « Castor Poche », 2000.

Il s'agit d'extraire des récits les informations concernant les outils, les techniques employées et les matériaux utilisés par cet artisanat pour deux types de finalisation :
- Un projet choisi dans ceux proposés : un jeu des 7 familles, par exemple.
- Des pistes de projets liés aux sciences.

● L'évolution des outils

Le temps s'écoulant, de période en période, les outils ont évolué, devenant de plus en plus nombreux, de plus en plus précis. Au début du paléolithique, l'homme se servait de pierres, ensuite du silex brut comme arme, puis il eut l'idée de tailler ce bloc épais (les *coups de poing)* et d'en détacher quelques éclats pour l'adapter à ses besoins *(biface)*. Il travailla ensuite les éclats et obtint alors des outils de plus en plus petits *(pointes)*, de plus en plus tranchants, de plus en plus affinés. 1 kg de silex brut donnait, au début du paléolithique, un bon biface de 400 g et de 20 cm de tranchant. La taille de ce même bloc fournit, à la fin du paléolithique, 10 outils soit 2 mètres de tranchant (certains chercheurs affirment beaucoup plus), proche du tranchant du rasoir.
Puis vint ensuite l'époque de la pierre polie.

● L'origine de nos connaissances

C'est par les outils qu'il a laissés et que le temps n'a pas détruits que nous connaissons l'activité de l'homme préhistorique. Les hommes se servaient de la pierre mais aussi des os des animaux qu'ils avaient tués et des arêtes des poissons pêchés.

● Rappels préhistoriques…

Au paléolithique, vers -2500000, les travaux des chercheurs ont montré que les hommes utilisaient des outils puis avaient découvert le feu vers -800000, l'éclairage vers -20000, le tissage vers -7000, la roue vers -3000 et la métallurgie vers -2000.

Les récits racontent aussi cette évolution des techniques.

Projet n° 1

Réaliser le trousseau de couture d'un homme préhistorique. Cette activité permet d'aider à comprendre la vie quotidienne.

Ressources

Les récits.
Les dictionnaires et la documentation.
La fiche enquête.
Le matériel technologique nécessaire.

Méthodologie

Contrat de lecture (voir organisation page 21), extraction, traitement des informations recueillies.

Base pour l'enquête

Tableau facilitant la prise de notes des lecteurs

Outils	Matériaux	Utilisation observée	Livre lu	Page
Aiguilles à chas	os ou ivoire arête de poisson	Pour coudre les vêtements en peau et fourrures.		
Perçoir	silex	Trouer et préparer les coutures des vêtements.		
Manche d'outils	bois de rennes	Emmancher les outils.		
Harpon dentelé	os	Pour se fournir en matières premières.		
Poinçon	os	Préparer les coutures des vêtements.		
Fil	fibres issues de végétaux, de tendons de cerf ou de crins de chevaux			
Couteau	silex	Pour trancher.		
Peaux	peaux d'animaux	Fabrication de vêtements, de sacs, d'outres, de tentes, de tapis…		

NOTES PRISES LORS DE LA LECTURE DU RÉCIT

Les Chasseurs de mammouths, Auel Jean M., Pocket, 1994.

QUESTIONNAIRE :LES OUTILS UTILISÉS

Nom de l'outil	Matériaux utilisés	Usage	Pages repérées
Harpon	os	pêche	
Couteau	silex	racler la viande, séparer la peau	
Sagaie	bois, silex taillé en biseau	chasse	
Bolas	pierres attachées à des lanières	chasse	

Projet n° 2

La technologie préhistorique

Essayer les technologies préhistoriques pour les comprendre.

Avec des silex

En ramasser, rechercher ce que c'est.
Pour des raisons évidentes de sécurité, éviter d'effectuer des percussions avec les pierres amassées sans protection adéquates (mains, yeux et environnement).
Imaginer quel aurait pu être l'usage de ces pierres si elles avaient été de vrais outils (hachoir, grattoir, etc.).
Rencontrer l'archéologue départemental (contacter le conseil général) pour avoir accès à de véritables objets issus de fouilles.

Comprendre l'évolution des techniques

- Proposer d'utiliser les matériaux de différentes duretés : os, corne, ivoire exclus (expliquer pourquoi). Il est possible de proposer des essais avec du savon, de la terre, du bois. Fabriquer des harpons.

- L'éclairage : on pourra essayer avec de la graisse animale (de bison ?), avec une mèche et une lampe.

- Coudre des vêtements avec des peaux de bêtes pour comprendre la difficulté de cette technique.

- Faire du feu :
Repérer dans les récits les techniques utilisées par les héros. Essayer d'en produire par soi-même en évitant les techniques qui ne marchent pas, par exemple deux silex frappés

l'un contre l'autre (production d'étincelles froides).
Voici quelques techniques efficaces : en choquant deux pierres, un silex et une autre contenant du fer, en utilisant la technique du bois frotté.

TECHNIQUE DE L'ARCHET

« L'homme et la femme placèrent une baguette de bois entre deux pierres et la firent tourner rapidement dans leurs mains jointes. Quelques minutes plus tard, une légère fumée se dégagea d'entre leurs doigts. »

Germain A., *Les Origines de l'homme,* préface d'Yves Coppens,
Hachette Jeunesse, 1997, page 62.

TECHNIQUE DU SILEX

« Les chasseurs ramassèrent des herbes sèches qu'ils entassèrent contre un buisson ; deux d'entre eux allèrent chercher du bois mort ; ceux qui restaient sortirent les entrailles, détachèrent soigneusement l'estomac, le foie, les reins et la langue qu'ils mirent de côté puis ils entassèrent des branches sèches contre la cage thoracique, entre les pattes de devant. L'un d'eux sortit de son petit sac un bloc de pyrite et un silex, qu'il frappa au dessus d'un peu de mousse très sèche. Des points rouges coururent à travers la mousse, l'homme souffla doucement et la flamme jaillit. Aussitôt, il porta la mousse enflammée au milieu des brindilles et bientôt les branches entassées contre la carcasse, s'embrasèrent. »

extrait de *Voyage au pays de la pierre ancienne,* Jean-Claude Froelich,
Magnard Jeunesse, 1996, page 90.
à comparer avec *Histoire de Noli de Peter Dickinson,*
Hachette Jeunesse « Le Livre de Poche jeunesse », 2002, page 29.

Pour élargir encore

Classer les récits comme un jeu de 7 familles en fonction des matériaux utilisés par les hommes préhistoriques (le bois et la coquille, l'os, la pierre, les métaux), en fonction des types d'outils ou d'armes.

Les habitations

Les héros vivent dans ou près de grottes, dans des cabanes, des abris, des trous,des tentes. Les descriptions des auteurs nous permettent d'en établir le plan ou de construire des maquettes.
Relever des extraits montrant leur vie quotidienne avec les éléments fonctionnels de la vie : feu, lumière, orientation, couleurs, matériaux, etc.
Les grottes : leur orientation, ainsi que la découverte du feu et de la lumière ont permis aux hommes de vivre mieux cachés et protégés des multiples dangers.
Les éclairages : torches, lampes à graisse, feux.

HOME, SWEET HOME

« L'intérieur de l'abri était très décevant. Une caverne habitée par des ours eût été mieux entretenue. Ce qui frappa surtout les visiteurs, ce furent des tas impressionnants de racines, de tubercules d'écorces, ainsi que des coquilles d'œuf brisées. Sur un tronc évidé en son centre s'amassaient des herbes et des feuilles finement coupées par une lame de silex posée à côté. Un petit foyer où se consumaient des braises occupait le centre de l'abri. Tout près, quelques bâtonnets épars. Yawna reconnut des tiges de genévrier, très sèches. Les murailles latérales étaient rayées perpendiculairement.
– Des ours ont habité là, dit Ayud. Ils ont laissé les traces de leurs griffes. Regarde ! »

Extrait de *La Vallée aux mammouths*, de Michel Peyramaure, Gallimard Jeunesse « Folio junior », 1983.

Le cadre des histoires

Relever les descriptions du cadre de vie que proposent les auteurs de ces multiples récits, vérifier l'adéquation avec le climat et les animaux rencontrés, réaliser des dessins pour représenter le décor tel qu'il est suggéré dans le livre. Confronter le dessin et l'évocation de l'auteur, se reporter au livre si besoin.

Élargir encore, construire un herbier préhistorique

Les hommes préhistoriques n'étaient pas que des chasseurs. Les paysages qui les entouraient se composaient d'herbes et d'arbres, même aux périodes climatiques froides. Les chercheurs l'ont prouvé en étudiant les pollens ou les petits charbons de bois.

Projet possible : réaliser un herbier ou un arboretum sinon un plantarium, dans le jardin de l'école, avec ces espèces particulières.

On pourra même planter des céréales qui ne seront plus des noms inconnus sur des boîtes de petit déjeuner : maïs, riz, avoine, seigle, millet.

Puis on fabriquera des pains aux céréales ou des gâteaux étonnants en broyant artisanalement entre deux pierres les graines récoltées.

Noms de plantes relevées dans des lectures

Le pin sylvestre, le pin à crochet, l'épicéa, l'aulne, le bouleau, le chêne, le hêtre, le génépi, la bruyère, l'hélianthème, les graminées d'armoise, la chicorée sauvage, l'armeria, le pissenlit, l'ortie, les champignons des bois et beaucoup d'autres.

Cuisiner

Des confitures, des compotes utilisant les baies que l'on retrouve dans les récits : myrtilles, mûres, noisettes.

CUISINE

Souvenir des confitures de cynorhodon du Bois-l'Abbé

« Nous sommes allés cueillir hier des cynorhodons, comme le faisaient les hommes préhistoriques...

Le cynorhodon est le petit fruit rouge du rosier sauvage.

Entre l'école et le supermarché Continent, dans une partie de terrain non construite encore, nous avons effectué notre cueillette. Avec toute la classe, cela a été vite ! Dix seaux remplis à raz bord !

En classe nous avons pesé notre récolte, ajouté la même quantité de sucre, mis à cuire, passé à la moulinette, filtré et mis en pots.

Chaque élève a pu emporter le lendemain son pot. Quel délice ! »

Extrait du journal de l'école Anatole-France-B à Champigny-sur-Marne (94)

POUR ÉLARGIR

Relever dans les récits les pratiques funéraires.

« Le rideau se soulevait pour livrer passage à un nouveau visiteur porteur de présents funèbres : collier de coquillages, lames de silex ou d'os, colifichets d'ivoire, armes de toutes sortes qui accompagneraient le défunt dans son voyage vers les territoires de chasse d'où l'on ne revient pas.

Le corps avait été couché sur un lit de cendres et entièrement badigeonné d'ocre rouge pour lui donner à travers les ténébreuses régions qu'il aurait à traverser, les apparences de la vie. L'heure venue des obsèques, le corps fut enveloppé dans une peau de renne, replié dans la position du sommeil, une main sur la poitrine, l'autre sous la tête. »

Extrait de *La Vallée des mammouths,* Michel Peyramaure, Gallimard Jeunesse « Folio junior », 1983.

Lascaux : un projet liant lecture, histoire et arts visuels (rupestres)

Le Mystère des grottes oubliées

Hans Baumann, Flammarion « Castor poche », 1981.

Nous allons proposer aux élèves une visite du site de Lascaux, pour comprendre la portée de sa découverte, puis élargir nos connaissances en établissant un lien entre maîtrise de la langue, arts plastiques (peintures rupestres...) et histoire. Il s'agit de réaliser que les hommes qui ont vécu à Lascaux ne sont pas si éloignés des hommes d'aujourd'hui, même si leurs connaissances techniques étaient encore très rudimentaires.

On expérimentera aussi des techniques artistiques employées au paléolithique supérieur.

Les magdaléniens formaient une civilisation de chasseurs-collecteurs, ne connaissant pas l'agriculture. Ils exploitaient de grands troupeaux de rennes, le mammouth existait enco-

re. Ils avaient hérité des techniques et des savoirs accumulés pendant l'immensité de la préhistoire.
Ces peuples sans écriture ont peint Lascaux. Ils appartenaient au genre *Homo sapiens sapiens.* Les préhistoriens l'ont surnommé ainsi parce qu'il semble deux fois plus savant que les hommes l'ayant précédé (l'homme de Néandertal et l'*Homo erectus).*
À l'époque de Lascaux, les glaces recouvrent le tiers de la surface des continents (1/7 aujourd'hui). Seules les vallées encaissées permettent la pousse des graminées.
Le grand nombre des animaux herbivores (rennes, bisons, aurochs, mammouths, cerfs, chevaux, etc.) offre aux hommes une vie d'abondance.
Il reste de cette période beaucoup plus de traces que des autres civilisations de la préhistoire. Ils ont fréquenté le bord des rivières, taillé d'énormes quantités de silex et d'os, tué des milliers d'animaux pour le bonheur des chercheurs, des auteurs et de nos lectures.
Les archéologues ont identifié les techniques de réalisation : cent cinquante morceaux de colorants ressemblant à des bouts de craie, de la peinture avec des blocs de couleur, des pinceaux faits de fibres végétales, de poils d'animaux. La peinture était soufflée, la gravure une technique maîtrisée. Des lampes permettaient d'y voir clair : mèche de genévrier, graisse animale. On a retrouvé des traces d'échafaudages pour atteindre le haut des murs.

« Chapelle Sixtine de la préhistoire »

Lascaux, la plus célèbre des grottes ornées, se trouve en Dordogne, elle fut découverte fortuitement en 1940 par quatre jeunes parisiens. Elle fut peinte et gravée il y a 17 000 ans mais nous révèle les traces d'un art extrêmement maîtrisé.
À l'entrée, d'énormes taureaux, entourés de nombreux petits animaux, se font face, impressionnants, longs de plus de trois à cinq mètres (on ne connaît pas de figure plus grande dans tout l'art paléolithique). Plus loin, une vache qui semble sauter en l'air, un cheval à la renverse, des têtes de cerfs (nagent-ils dans une rivière ?), deux bisons tout près d'eux. Plus loin, la fameuse scène du puits nous raconte une histoire ou un mythe : un homme est étendu devant un bison percé d'un trait. En tout, plus de mille cinq cents figures...

Les ressources

Les récits et documentaires.
Les matériaux adaptés.

LA DÉCOUVERTE

« Les enfants revinrent dans la grande salle des bœufs géants. Un couloir latéral s'en échappait. Là, ils virent des animaux plus petits, des bouquetins, des chevaux et de nouveau un peu plus loin, à un endroit où le couloir s'élargissait, une énorme vache. Ensuite, ils tombèrent sur deux grands animaux qui ressemblaient vaguement à des taureaux, mais avec la partie supérieure du corps beaucoup plus puissante. Tous deux étaient noirs, l'un rayé d'une bande couleur feu. Leurs nuques énormes décrivaient des courbes menaçantes, les sabots antérieurs étaient jetés en avant : ce saut semblait annoncer la fuite d'animaux traqués. »

Extrait de *Le Mystère des grottes oubliées,* de H. Baumann, Flammarion « Castor Poche », illustrations nombreuses de l'abbé Breuil, 1993 réédition 2001, page 28.

La méthodologie

Lire, extraire des informations, les exploiter puis agir avec les arts.

Projet n° 1

Mettre en réseau et comparer les récits de la découverte de Lascaux

On trouve dans les livres de nombreux récits mettant en scène la découverte de sites préhistoriques, comme celui de Lascaux en 1940. Les auteurs font revivre ces moments forts en multipliant nos plaisirs.

À propos des récits qui concernent la grotte de Lascaux, on fera vérifier tout d'abord la concordance des découvertes : l'époque, les personnages principaux, le contenu de la grotte, les connaissances qui en ont été tirées, le personnage de l'abbé Breuil.

Puis on comparera avec les illustrations des ouvrages documentaires. On les rapprochera des descriptions (prendre un exemple sur la surprise de la découverte avec une reproduction photographique de l'animal), avant de construire le plan de la grotte pour repérer les lieux du récit (de nombreux documentaires publient ce plan, en coupe ou en plan).

Pour élargir

Utiliser la même démarche avec les récits de découverte. Sont-ils réels ou imaginés ? La grotte existe-t-elle vraiment ? Est-elle située dans une région plausible ? Dans les manuels, reconnaître ce qui est emprunté à Lascaux ou ailleurs, par exemple avec *Les Pilleurs de fresques* (Steiff G., Magnard Jeunesse, 1999) ou dans *Ma Tribu à Lascaux !* (Jolibois C., Balez O., Flammarion-Père Castor « Faim de loup », 2000).

Les lieux préhistoriques

La France compte de nombreux sites préhistoriques qui révèlent dans notre pays une présence ancienne et continue. Repérons si les auteurs ont choisi un lieu ou une région,

vérifier si ce lieu est conforme avec les cartes des sites préhistoriques.
Vérifier les adéquations : époque d'occupation des sites, paysages, climat.

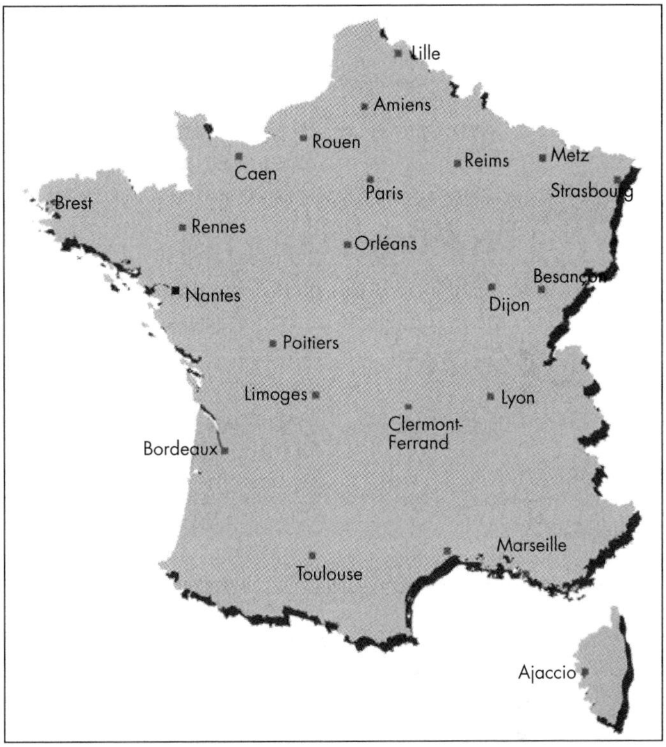

Carte des lieux préhistoriques

Projet n° 2

Établir un lien avec le domaine des arts : les peintres de Lascaux

Les hommes préhistoriques étaient-ils affreux, sales et méchants ? La grande sensibilité artistique observée à travers leurs œuvres prouve, en tout cas, que, parallèlement au développement de l'industrie de la pierre, ils prenaient le temps de peindre.

Les peintures rupestres découvertes à Lascaux nous font découvrir à la fois les animaux de l'époque mais aussi les 600 figures peintes suivant un ordre bien établi, les compositions reposant sur une ligne bien établie appelée « sol imaginaire ». Les aurochs sont dans le bandeau inférieur, les cervidés au-dessus et les équidés dans la coupole. Si on ne connaît pas la signification de cet ordre symbolique, on peut

tirer cependant la conclusion qu'il était capable d'illustrer un sanctuaire selon une symbolique élaborée en utilisant des techniques avancées. Le droit à l'erreur n'existait pas, il fallait composer avec les bosses et les aspérités.
La création de Lascaux II, copie conforme de la vraie grotte, réalisée en 17 ans, nous ouvre une voix sensitive pour comprendre la préhistoire.

Objectif opérationnel

Peindre, graver à la manière des hommes préhistoriques et construire des fragments qui, rassemblés, formeront une fresque ornée à la manière de Lascaux.

La démarche

À l'aide des connaissances élaborées grâce aux fiches : le dico des animaux (voir page 40) ou Lascaux, peindre, modeler, sculpter à la manière des hommes préhistoriques de Lascaux.

Les activités artistiques

Essayer les techniques (peindre, modeler, graver) avec les élèves, les sujets seront ceux des grottes ornées.
De la peinture murale à la taille des silex, en passant par la cuisson de l'argile (la poterie au colombin).

Boîte à idées des techniques

Les récits et les documentaires présentent ou expliquent ces techniques qui permettront de construire des projets porteurs de sens et de chair. Imiter ces techniques c'est aider à appréhender cette période en la représentant. Les activités pourront aller de la peinture murale à la taille des silex ou à la cuisson de l'argile local.
On pourra établir un lien entre ces techniques de l'art rupestre et celles de l'art moderne, chez Paul Klee, par exemple.

Choisir les sujets

Ils seront issus des récits, des documentaires, des manuels, de cartes postales ou de dépliants touristiques originaires des lieux préhistoriques.
Les animaux de Lascaux sont partout, ils sont entrés dans notre inconscient collectif : aurochs, chevaux, rhinocéros laineux, lion sans crinière, bison, ours, cerfs, bouquetins, etc.
Quant aux signes mystérieux qui ont été peints ou gravés, on ignore encore leur signification, mais on pourra s'en inspirer pour en inventer d'autres.

Les pistes possibles

- Dessiner avec le charbon de bois, puis un fixateur (de la laque à cheveux par exemple), ou avec les crayons sur supports divers : feuilles Canson (teintées), pierres de terrasse, papier kraft et autres.

- Graver : pierre tendre contre pierre dure ou stylets divers (clous). Tester et utiliser des roches locales de dureté différente.
- Peindre : on retrouvera le plaisir primitif de la peinture au doigt !
- Construire les outils : avec des racines écrasées, des pinceaux de poils et de plumes, un aérographe comme à Lascaux : soufflage avec paille, dans la bouche ou aérographe simple du commerce (type pour le vernis à tableau).
- Les matériaux : confectionner des pigments de la teinture naturelle (sureau, noix, safran), utiliser une palette en pierre.
- Musique : fabrication et utilisation de flûte et de sifflets en os, en bois.
- La poterie : selon la technique du colombin ou du modelage sur gabarit. Séchage à l'ombre, laisser durcir, lisser plus tard avec de la barbotine. La cuisson pourra se faire sous une meule provisoire, dans un four au sol.
- Fabrication des bijoux : collier avec des coquillages, des dents d'animaux, des pierres sculptées.
- Sculpter : utiliser des roches tendres comme le calcaire ou le béton cellulaire, imiter les Vénus comme la Dame de Brassempouy.
- Objet décorés : selon la technique des bâtons sculptés en bois coupé ou poli.
- Prise d'empreintes : empreinte de mains, de pieds ou d'objets dans de la pâte à modeler, de la pâte à bois, de la terre argileuse. Puis pulvériser les pigments ou les colorants.

Ressources documentaires

Quelques très bons documentaires

- Ageorges V., de Saint-Blanquat H., *Lascaux et son temps,* Casterman « Repères / Histoire », 1999. À partir de 10 ans.

Un plan de Lascaux, L'Europe en ce temps-là, Ce que racontent les sites, la vie quotidienne il y a 12 000 ans, le monde des images, les découvertes de la préhistoire. De 1717 à 1991, avec découverte de la grotte Chauvet.

Les animaux de Lascaux : reproductions. Présentation d'autres grottes et de l'art pariétal.

Documentation iconographique, photos très riches.

- Ageorges V., de Saint-Blanquat H., *Lascaux et son temps,* Casterman, « Les Jours de l'histoire », 1989. Dessins, ouvrages plus ancien que le précédent qui est une remise à jour.
- Girardet S., Salas N., *Les Pinceaux de Lascaux,* Édition des Musées nationaux, « Salut l'artiste », 1998.

Photos, BD, dessins et jeux.

● CEMEA, Bontemps P., Lagarde M., Stetten V., *La Préhistoire, les premiers hommes,* Bayard « L'Encyclopédie des vrais curieux », 1994.
● *Les Temps préhistoriques,* Hachette « La Vie privée des hommes », 1984.
Documentaire présent partout, touffu, rempli de nombreux renseignements, les illustrations sont des dessins.

Comparer les éditions d'un classique : *La Guerre du feu*, J. H. Rosny Aîné

Hachette Jeunesse

Nelson, « Nelson »

Nathan

Il s'agit de comparer les différentes éditions de *La Guerre du feu,* ce grand roman qui évoque la vie d'une tribu et ses efforts pour retrouver le feu perdu, afin d'aider les lecteurs à comprendre sa construction et son contenu et mieux comprendre le paléolithique.
On rassemblera différentes éditions : Hachette, Nathan, Labor, Laffont, Actes Sud, Rouge et Or, Guyot, éditions de l'Amitié, Gallimard, Nelson, Hachette Jeunesse.
On se lancera donc dans une nouvelle chasse au trésor ou à la recherche du feu, source de vie et de lecture pour ce projet.

Comment se procurer les anciennes éditions ?
- Acheter chez votre libraire habituel les éditions disponibles ("3615 Electre" en indique actuellement quatre).
- En direction du monde de l'occasion. Une mission à proposer aux lecteurs et à leur famille: explorer les soldeurs, les foires au troc, les foires à tout, les bibliothèques personnelles, etc.
Nombreux à chercher, on verra ainsi son trésor de guerre (du feu) augmenter sérieusement et rapidement.
- Les lieux de prêt : les bibliothèques municipales, le réseau de BCD, etc.
Le projet lui-même consiste en un contrat de lecture simple.
Les animations vont amener les lecteurs à comparer les contenus, approfondir ainsi leur connaissance et aiguiser leur esprit critique.
Paru en 1909, *La Guerre du feu* prend sa place dans une série de romans et nouvelles préhistoriques. Ce livre mêle plusieurs genres (aventure, fantastique, merveilleux) et annonce les prémices de la science-fiction de la seconde moitié du XXe siècle.

Présentation du roman

Hachette Jeunesse

éditions Rouge et Or

GP Rouge et Or, « Souveraine »

Hachette Jeunesse « Le Livre de Poche jeunesse»

• L'auteur, Rosny Aîné, et son temps

Joseph Henri Boex dit Rosny Aîné, né en 1856 à Bruxelles (1856-1940) est un écrivain belge d'expression française. Il a écrit, en collaboration avec son frère cadet de 1893 à 1907, sous le pseudonyme de J.-H. Rosny, 47 romans. Puis les deux frères ont publié chacun de leur côté, soit près de 90 autres titres pour lui. Ces livres sont introuvables sauf *La Guerre du feu.* Membre de l'Académie Goncourt dès sa création, il en sera le président jusqu'à sa mort en 1940 à Paris.
Il publie dans la revue *Je sais tout* les premiers épisodes, en juillet 1909, de cette grande fresque épique qui continue à fasciner les lecteurs contemporains.

• Le roman *La Guerre du feu*

Rosny Aîné, comme les auteurs de l'époque, puisait largement dans les travaux scientifiques de ses contemporains, avec le souci de s'appuyer constamment sur une documentation solide. Il s'inspira de la chronologie définie par Lartet qui faisait se succéder les âges du grand ours, du mammouth, du renne et de l'auroch.
L'archéologie préhistorique constitue un des grands terrains d'investigation du XIXe siècle. En 1886, Marcel de Puydt et Max Lohest avaient exhumé des squelettes humains à Spy, en Belgique et levé les derniers doutes sur l'existence de l'homme de Néanderthal.
En 1909, l'archéologie préhistorique était encore en plein essor. Henri Breuil venait juste d'infléchir les connaissances de la science de l'époque par ses travaux sur les sites d'Altamira (1902) ou des Eyzies (1906)… nourrissant ainsi l'imaginaire de Rosny Aîné.

• Résumé

L'intrigue se déroule il y a cent mille ans, à l'époque paléolithique, dans une région imaginaire qui ressemble à l'Europe et à l'Afrique. Décimés par une tribu rivale, les Oulhamr perdent le feu qu'ils conservaient dans trois cages. Ils sont ainsi condamnés à mourir de froid et de maladie sous un climat hostile au bord du Grand Marécage où ils vivaient. Naoh, fils du Léopard, Nam et Gaw partent à sa reconquête. Ils vont connaître les rivalités entre chefs, l'amour d'une fille aux cheveux longs, l'alliance avec le grand mammouth et vivre des rencontres avec d'autres formes d'organisation humaine.
Après des luttes héroïques contre d'autres tribus préhistoriques pour conserver le feu, ils en apprennent les secrets et

rentrent chez eux après avoir triomphé de leurs pires ennemis, l'Oulhmar Aghoo et ses frères.

Littérature et symbolisme

Rosny a souhaité faire revivre la préhistoire et malgré quelques inexactitudes, il a réussi. Ce roman est marqué par des tendances littéraires que l'on ne peut aborder à l'école primaire. La mode des romans des âges farouches battait son plein et l'œuvre est traversée d'images symboliques. Ainsi, en laissant mourir les flammes tremblantes qu'il conservent dans trois cages, les Oulhamr sont victimes d'un malheur qui inverse en quelque sorte celui dont sont frappés les contemporains de Noé. Car le feu et l'eau sont des puissances jumelles. La disparition du feu constitue donc une sorte de négatif du déluge. Le personnage de Naoh ressemble à celui donné à Noé par les anglais : Noah.

CONTE PRÉHISTORIQUE

« Pour Naoh et Aghoo, l'enjeu de cette quête est double, car *La Guerre du feu* s'apparente à un conte : le chef Faouhù promet la main de sa fille, la belle Gammala au vainqueur de la course. Pour accomplir sa mission le héros devra quitter les siens et affronter toute une série d'épreuves. Qui rapportera le feu ? On a bien une petite idée... En effet, Naoh et Aghoo incarnent respectivement le bien opposé au mal. Et dans les contes, le bien est souvent victorieux. »

Extrait du passionnant dossier accompagnant le roman *La Guerre du feu*, Hachette Jeunesse « Le Livre de Poche jeunesse », 1997.

Les animations

- Comparer le paratexte

La couverture :

- Masquer le titre et les écrits : faire comparer les images, faire expliciter l'époque du récit et les éléments qui permettent de les identifier.
- Puis dévoiler le titre et comparer avec la quatrième de couverture, s'agit-il de la même histoire ?

Les illustrations : comparer l'aspect physique de Naoh et de ses compagnons, des animaux rencontrés.

LA GUERRE DU FEU
COMPARAISON DE QUATRIÈMES DE COUVERTURE

Éditeur, année d'édition autres détails	Texte de la quatrième	Commentaire
Hachette Jeunesse Livre de Poche jeunesse Le livre de poche Texte intégral 1977	Une aventure passionnante et terrible : le combat sans merci des tribus, la rivalité des chefs, l'amour d'une fille à la belle chevelure... Le monde était sauvage, les mammouths gigantesques, et pour les hommes nus, il n'était pas de	À partir de 12 ans.

	trésor plus précieux que le feu. Remontons ensemble le temps... Cela se passait il y a des milliers et des milliers d'années... (texte intégral)	
Nathan « Bibliothèque des grands classiques » 1951 et 1999	Au cœur de la préhistoire, le clan des Oulhamr a livré une rude bataille contre l'ennemi. Mais le clan a perdu, et les vainqueurs lui ont volé les cages où brûlait le feu, source de vie. Naoh, Nam et Gaw partent en expédition pour rapporter le feu aux Oulhamr. Ils devront échapper aux mammouths et aux aurochs, au lion géant et au tigre, aux Dévoreurs d'hommes et aux Nains-rouges qu'ils croiseront en chemin...	De la publicité pour le reste de la collection
Nathan « Pleine Lune » Texte abrégé 1999	Nous sommes à l'aube de l'humanité. Les Oulhamrs ont perdu le feu à la guerre. Livrée à la nuit, au froid et aux bêtes sauvages, la horde se sait condamnée. Naoh et Aghoo partent accompagnés de leurs meilleurs guerriers à la recherche du feu. Pour le ravir à d'autres tribus, Naoh doit se battre, ruser et affronter les pires dangers.	À partir de 8 ans.
D'après Rosny Aîné GP Rouge et Or	Pas de texte mais un dessin de Naoh devant un grand mammouth.	Une BD où Naoh ressemble à Rahan (voir projet page 63) : il est blond aux yeux bleus.
GP Roman des âges farouches JH Rosny Aîné de l'Académie Goncourt. 1951	J.H. Rosny Aîné, le génial auteur de *La Guerre du feu* écrivait il y a cinquante ans : « Il y a cinq cent mille ans, peut-être un million d'années que nos antiques précurseurs, à peine au niveau des grands singes actuels, allumèrent le brasier des nuits froides, alors que l'épouvantable machaerodus chassait encore dans les mêmes pâtures où vivait le mastodonte, le rhinocéros tertiaire... » *La Guerre du feu* se déroule dans le décor fantastique de la préhistoire. L'auteur nous décrit l'effroi et la terreur de la horde des Oulthamr qui, dans le désarroi d'une rencontre désastreuse avec une horde ennemie, perdit les cages ingénieuses où elle entretenait le feu, source de toute vie. Rosny Aîné dépeint les combats que se livrent entre eux les monstres de ces temps fabuleux : les mammouths et les aurochs, le lion géant et le tigre. Il nous fait revivre l'alliance entre l'homme et le mammouth. Nos trois héros Naoh, Nam et Gaw reviendront-ils vainqueurs après leur longue expédition ? Échapperont-ils aux embûches des Dévoreurs-d'hommes et des Nains-rouges ? Rapporteront-ils enfin le feu à leur tribu ? Vous le lirez en lisant ce récit bouleversant dont le succès mondial et toujours grandissant a été constaté déjà par la vente de plus de deux millions d'exemplaires.	Garçon de 12 à 15 ans ! On dirait un bateleur de cirque pour nous donner envie de lire.

Hachette jeunesse Livre de Poche jeunesse « Gai savoir » Le roman et un dossier 1997	Une aventure passionnante et terrible : le combat sans merci des tribus, la rivalité des chefs, l'amour d'une fille à la belle chevelure... Le monde était sauvage, les mammouths gigantesques, et pour les hommes nus, il n'était pas de trésor plus précieux que le feu. Remontons ensemble le temps... Cela se passait il y a des milliers et des milliers d'années... (texte intégral)	À partir de 9 ans.

● Autres pistes

Les lecteurs vont trouver rapidement des pistes de comparaison : le nombre de pages, l'épaisseur du livre, le nom de l'auteur, la présence ou l'absence d'une bibliographie ou d'un dossier, la présence d'une présentation par un scientifique, le nom de l'illustrateur, le nombre de parties, le nombre de chapitres et leurs titres respectifs, les illustrations internes, leurs places respectives...

● Entrer dans la lecture du roman

La version intégrale, publiée dans la collection le « Le Livre de Poche » des éditions Hachette, comporte 24 chapitres.
Comparer dans un premier temps la structure générale des différentes éditions : le nombre de parties, de chapitres, les titres des chapitres, avant d'entrer dans le texte lui-même.
Méthodologie :
- Répartir le travail de comparaison entre les élèves sur les débuts de roman.
- Lire à deux un chapitre alternativement et comparer chacun des paragraphes (lecture silencieuse).
Synthèse :
- Prendre des notes (ce qui est pareil, ce qui diffère, les mots ou les personnages en moins ou les formules toilettées, etc.),

● Lecture à haute voix

Sur le principe du slalom parallèle à ski.
Chaque enfant prépare un extrait de chapitre.
Par deux, les enfants liront en chœur et au même rythme, face à la classe, leurs extraits issus de deux éditions différentes. Les différences seront repérées à l'oreille par la classe.
Un groupe de preneurs de notes fera le compte rendu de ce défi.
On pourra ensuite discuter du choix du livre en fonction du confort de lisibilité, des préférences personnelles mais aussi du contenu.

- **Les personnages**

Établir la carte d'identité des personnages du roman
Identité, description physique, caractère, habitudes, etc.

- **Les lieux et la durée du récit**

Faire construire la carte géographique du trajet.
La durée du voyage de Naoh est calculée en lunes, la mesurer et évaluer la distance parcourue par un être humain durant ce laps de temps...

- **L'environnement**

Porter attention sur la faune, la flore et les paysages rencontrés.

RELEVÉ D'ENQUÊTE DE LECTURE

Identité du livre lu *La Guerre du feu* (éditeur)	Faune : relever le nom de l'animal et la page.	Flore : relever le nom du végétal et la page.	Paysage : relever le nom de la description et la page.

- **Un, deux, trois !**

Le roman possède une dynamique ternaire : trois parties, trois espaces définis par les textes, délimités par deux fleuves. Il met en scène trois clans. Trois héros : Naoh et ses deux compagnons. Proposer aux lecteurs de repérer tout ce qui va par trois...

Prolongements possibles

- **Projet : les techniques du feu**

Repérer les différents usages du feu dans l'ensemble de la bibliographie relative à la préhistoire.

LES USAGES DU FEU

Notes prises dans le livre	Comment l'allume-t-il ?	Comment le transporte -t-il ?	Ses usages	Autres remarques

Synthèse : époque de découverte, les techniques pour allumer du feu (celles impossibles comme, par exemple, en tapant deux silex...), les utilisations, les croyances...

● Le choix des noms des personnages principaux ou secondaires des récits.

LES PERSONNAGES

Exemple tiré de *La Vallée des mammouths*, de Peyramaure M., Folio Gallimard, 1988.

Origine des notes	Personnage choisi	Habits de la tête au pied	Peintures sur le corps et le visage	Bijoux : portés où ? matière
La Vallée des mammouths pages 163 à 192	Deïwo	coiffe aux cornes badigeonnées d'ocre rouge Une peau de bête constellée de bois et de pierre	Le visage est peint comme un masque d'épouvante avec des couleurs. Le corps est recouvert d'ocre rouge.	Des anneaux et bracelets en os

Relever les noms portés par les héros des histoires, effectuer des recherches documentaires sur leur signification. Écrire aux auteurs possibles.

Le prénom *Lucie* est utilisé depuis quelques années, pour nommer les héroïnes féminines. À ce propos, on pourra fort utilement consulter le livre de Pierre Pelot, Yves Coppins et Tanino Liberatore, *Le Rêve de Lucy,* Seuil, « Points », 1997.

● Liaison avec les sciences

Organiser un repas de « trappeur préhistorique ». Pour cuire les repas, il faudra mettre en application les différentes techniques possibles : cuisson directe, à l'étouffée, dans un four, à l'aide de pierres, etc.

Voir à ce sujet l'ouvrage documentaire : *Le Feu,* de Didier Dufresne, Flammarion-Père Castor « Castor doc », 2001.

Force à la fois bienfaitrice et maléfique. Il permet de nous éclairer, de nous chauffer mais il peut devenir incontrôlable. Des mythes fondateurs à la technologie nouvelle, cet ouvrage passe en revue les différentes utilisations du feu. Indispensable.

En ressource documentaire : un site

Des photos de Rosny Aîné sur le site ci-dessous, les textes sont réservés aux adultes souhaitant en savoir plus sur le roman symbolique. Attention c'est parfois illisible de par le

vocabulaire spécialisé utilisé.
http://asp.ricochet-jeunes.org/ie/biblio/livre.asp?title=Guerre+du+feu+%28La%29

Avec Rahan

Tout Rahan, tome 1

Textes de Roger Lécureux, dessins d'André Chéret, éditions Soleil, 1992.

Ce personnage a été un modèle pour toute une génération de lecteurs de *Pif.* Il enseigne la tolérance et toute une philosophie de la vie. Un humaniste avant l'heure... Mais cette série ne respecte pas vraiment les connaissances établies sur la préhistoire. Le lecteur n'est pas étonné que Rahan soit parfois en contact avec des dinosaures, des brontosaures ou des ptérodactyles... Ce qui ouvre de larges pistes de recherches documentaires afin d'aider à repérer tout ce qui est impossible !
Il s'agit de proposer une lecture exploration de la série des bandes dessinées « Rahan » et de cerner, entre autres, ce qui est conforme à ce que l'on sait de la préhistoire.

Présentation de la série

La bibliographie est énorme, variée et très présente dans le secteur de l'occasion et le fonds des BCD.
De nombreuses histoires sont parues chez Novédi, Dupuis, Lecureux production. En juin 1999, est sorti le dernier album sous le titre *Le Mariage de Rahan.*
Cinq vidéos de trois dessins animés chacune sont éditées par Citel vidéo.

- Le personnage de Rahan

Rahan est un héros de la préhistoire. Avec lui, nous découvrons le monde de « ceux qui marchent debout », les *homo erectus* d'il y a 100 000 ans. Il parcourt les terres tremblantes, les marais, les vallées profondes, suit des fleuves immenses, s'enfonce dans des savanes épaisses et des forêts où la lumière du jour ne pénètre pas. Ses voyages lui apportent un savoir qu'il transmet aux plus déshérités, espèce de voyageur de l'espoir ; c'est un héros solitaire qui cherche à rompre avec cette solitude qui lui pèse.
C'est un héros à succès, original, dont la force principale reste son observation de la nature, des hommes et les applications qu'il fait de ses observations.

- Situer Rahan dans la frise du temps.

Rahan vit ses aventures dans un décor imaginaire assez

réaliste même s'il se permet de nombreux aménagements. Dans « Rahan », on ne trouve pas d'agriculture ni d'érection de mégalithes, ce qui indique la volonté de l'auteur de cloisonner la vie de Rahan pendant la période paléolithique.

● Les auteurs
Roger Lécureux († 31 décembre 1999) est le scénariste. Auteur de nombreux autres récits en BD (le western avec Teddy Ted et Capitaine Apache, le merveilleux et le fantastique avec Nasdine Hodja, la nature sauvage avec Lynx Blanc, l'époque 39-45 avec le Grêlé 7/13). C'est en 1968 qu'il crée son chef d'œuvre, Rahan, héros de la préhistoire.
Les dessins sont d'André Chéret.
Dessinateur de plusieurs BD en rapport avec l'aviation : *Monica hôtesse de l'air, Bob Mallard casse-cou de l'aviation.* Puis *Rock l'invincible.*
En 1968, le journal *Pif* lui confie Rahan et ses décors.
Sa femme, Chantal Chéret, est la coloriste de Rahan.

Les animations

On utilisera toutes les BD de la série.

● Les erreurs temporelles de « Rahan »
Rahan est, dans certaines de ses aventures, en contact avec des dinosaures, brontosaures, ptérodactyles peuplant certaines régions : des pistes de recherche documentaires aideront les lecteurs à repérer toutes les libertés prises par le scénariste.

● Publier un dictionnaire français-crâo.

DICTIONNAIRE FRANÇAIS-CRAO

Langage « Rahan » ou autres	Nous
Bâton à pointe de pierre	lance
Ceux qui marchent debout	les hommes
Deux dents	mammouth
Gorak	tigre à dents de sabre
Grand fleuve	océan
Avoir les jambes creuses	tituber
Un désert d'eau	un lac
Un dos rond	une tortue

Il en existe beaucoup d'autres, dont l'impossible Wampa (ptérodactyle)

La communication entre les hommes préhistoriques imaginée par Roger Lécureux.
Rahan utilise en effet des locutions imagées, créées par ses

auteurs, on pourra s'amuser à trouver leur traduction, en inventer d'autres afin de bien faire saisir qu'elles sont le fruit de l'imagination des auteurs.
Proposer aux lecteurs de les relever et de construire un dictionnaire.

● Les personnages des histoires
Enquête pendant les lectures avec prise de notes selon le modèle suivant : nom, aspect physique, famille, caractère, il aime, il n'aime pas, autres remarques.

CARTE D'IDENTITÉ

Carte d'identité de Rahan construite par un groupe d'élèves de CE2

Son aspect physique
Grand, beau, fort, aux yeux bleus (pour le différencier de Tarzan).

Sa famille
Rahan est orphelin deux fois. Bébé, il a été adopté par Crâo, puis suite à l'éruption du Mont Bleu, il a une adolescence difficile. Adulte, il trouve sa place parmi les hommes, jamais pour très longtemps.
Ses parents sont peu présents dans les récits. Ils sont morts alors que Rahan était encore bébé.
Sa grand-mère, la mère de Crâo, a élevé Rahan au Mont Bleu.

Son caractère
Un grand pouvoir d'adaptation et de réflexion.

Il aime...
Son coutelas est son seul vrai compagnon (bien qu'il se marie dans le dernier album...). C'est une arme très en avance sur son époque, ce qui en fait sa valeur, point de départ de nombreuses aventures.
Son collier de griffes, seul bien lui restant de ses parents.
Inventer et partager ses connaissances.
Les animaux (superbement dessinés).

Il n'aime pas...
Le chef tyrannique.
La loi de la jungle qui est assez éloignée de nos valeurs de démocratie...
Le sorcier fou, contre-pouvoir du chef, qui essaye souvent d'abuser du simple chasseur.Les chasseurs, eux, ont du mal à vivre sans chef, Rahan en général les aide à découvrir la liberté.

● Les inventions de Rahan
Véritable Mac Giver de la préhistoire, il invente souvent pour se sortir d'un mauvais pas.
Rahan observe la nature, l'analyse et, avec bon sens, invente... Puis il essaye de reproduire ce qu'il a compris.
Relever la situation initiale, le problème rencontré puis l'invention de Rahan.

● Écrire l'interview de Rahan
Apprendre ce qu'est une interview, son contenu.
Créer les questions, lire les histoires, écrire les réponses.

Exemple :
« Toutes vos inventions sont un progrès pour la vie préhistorique, quelle est celle que vous préférez ? Pouvez-vous nous dire pourquoi ? »

Élargir

On pourra proposer une comparaison avec l'autre série préhistorique présente dans les bacs des bibliothèques : « Tounga ». Mais aussi avec d'autres héros de BD : Toumac et même Bob et Bobette pour comparer ce que les images de cette période véhiculent à travers la BD, à confronter ensuite aux connaissances scientifiques.

Ressources documentaires

Il faut lire le Tome 1 de *Tout Rahan*. Dans la préface, l'historique du projet de création de cette série. Avec « L'Enfance de Rahan » puis une histoire : « Le Secret du soleil ».

Petit Féroce et pastiches divers

Petit Féroce n'a peur de rien

Paul Thiès, Rageot, « Cascade », 1995.

• Pasticher c'est réécrire un texte connu après en avoir assimilé les ingrédients. C'est un exercice qui permet de vérifier et de consolider les acquis en matière de lecture et d'écriture.
En pastichant les grands récits historiques classiques, comme on le fait si fréquemment à l'école à partir des contes traditionnels, les auteurs montrent des pistes qui pourront être empruntées par les élèves afin de montrer leurs aptitudes à respecter le mode d'énonciation, les contraintes du genre, le rôle des personnages, l'espace-temps et l'époque historique.

• Parodier, c'est pasticher un texte connu en conservant certains éléments du texte et jouer à le modifier, en ajoutant des éléments ou en les déplaçant, en valorisant l'image d'un personnage, en intégrant des détails saugrenus, un nouveau personnage, en modifiant la fonction d'un personnage, en transposant dans l'espace et le temps, (le « Club des Cinq » et *La Guerre du feu)*, en faisant s'entrecroiser l'histoire avec d'autres histoires, en imaginant qu'un événement ne s'est pas produit.
Une parodie est donc une sorte de contrefaçon, une imitation burlesque de quelque chose de respectable.

Le projet : faire écrire des parodies

La dimension ludique élève le niveau d'implication et d'activité des élèves. Attention, il faut veiller à élargir cette compétence en initiant les enfants à des conventions romanesques variées.
On proposera, pour commencer, une lecture exploration de la série « Petit Féroce » afin de comprendre le mode d'organisation par la fréquentation de ce genre (il faut aider les élèves à passer de l'implicite à l'explicite).

Méthodologie

Il s'agit de recenser les informations dans les livres et de rechercher ensuite (phase de recherche documentaire) ce qui est vraisemblable par rapport à l'époque préhistorique et ce qui ne l'est pas.

Les ressources

La série en plusieurs exemplaires.

Présentation de la série

« Petit Féroce » : la saga préhistorique de Paul Thiès
Chez Rageot éditeur dans la collection « Cascade ».
Petit Féroce est le héros d'une préhistoire toute personnelle, dans des épisodes drôles et sérieux à la fois. C'est l'un des grands succès de la littérature de jeunesse, chiffres de ventes importants. Humour et langage pétillant sont au rendez-vous !
À lire dès le CP et le CE1.

Les livres parus

Petit Féroce champion de la jungle
Otage des terribles Maricreux, Petit Féroce et ses amis doivent affronter leurs ennemis au cours d'épreuves sportives originales.
Petit Féroce a décidé de faire du sport pour devenir férocissime ! Il s'entraîne dans la jungle avec son frère Sifflotin, sa cousine Galipette, son cousin Gobe-Gobe et sa fiancée Cerise-qui-mord.
Mais les terribles Marmicreux les capturent comme de vulgaires mammouths.
Pour ne pas finir dans leurs marmites, la petite équipe n'a qu'une issue : sortir gagnante d'un championnat original qui comprend des épreuves aussi diverses que le lancer de massue, la course à pieds et le dressage de galopîtres.
Comment vaincre des adversaires plus grands, plus forts, plus nombreux, plus expérimentés ?
Paul Thiès montre avec humour comment la ruse et la persévérance peuvent venir à bout de la force brutale.

Petit Féroce va à l'école
Petit Féroce et ses amis ont déjà affronté bien des dangers.. Ils n'ont peur ni du mammouth ni des horribles Marmicreux ni bien sûr du monstre du lac qui est le copain de Sifflotin. Mais après avoir commis une grosse bêtise de plus, résisteront-ils à cette nouvelle et terrible épreuve inventée par les parents de la tribu: l'école !
À l'école de Petit Féroce, on apprend la magie et la chasse, la cuisine et la bagarre... Mais l'école buissonnière est tentante près du lac et de son monstre...

Petit Féroce s'en va-t-en guerre
Petit Féroce et ses amis sont inquiets: les Marmicreux, grands ennemis de leur tribu, sont sur le chemin de la guerre. Afin d'empêcher les adultes de faire des bêtises, il faut que les enfants réagissent vite...
Les enfants inventent gags et astuces pour que la paix règne dans les cavernes.

Petit Féroce deviendra grand
Pas facile de grandir quand on est un petit garçon de la préhistoire remuant et inventif. Petit Féroce va rendre le sourire à son petit frère jaloux de son «ronronge», calmer une cousine et taquiner son cousin fanfaron... dans un univers burlesque préhistorique.

Petit Féroce n'a peur de rien
Petit Féroce a de l'énergie et de l'appétit à revendre. Il habite avec sa famille dans une grotte très confortable, au bord du lac de la Lune. Son papa, Grand Féroce, chasse le tigre avec sa massue, sa maman, Jolie Féroce, prépare la soupe de mammouth aux champignons. Avec son ronronge, il parcourt le vaste monde à la recherche d'aventures.

Petit Féroce est un génie
Petit Féroce est au régime, son estomac devient creux comme une marmite sans mammouth. Mais la présence d'aurochs et de bisons va l'amener à faire des entorses à ce régime trop contraignant. On pourra travailler le vocabulaire de la gourmandise et réfléchir à la cuisine préhistorique (voir le projet pages 49 et 50).

Les animations

On fera relever des informations par les enfants puis à la BCD, chercher leur véracité.

RELEVÉ D'INFORMATIONS

Premier relevé d'enquête effectué par un groupe de lecteurs du CE2

Qui est Petit Féroce ?
Nous avons considéré que Petit Féroce vivait à l'époque du néolithique.

Ce qui est vraisemblable :
La chasse au mammouth. Les repas de mammouth. Il habite dans une grotte.
Le rôle du sorcier. La vie en tribu. Les hommes partent chasser.
Un homme préhistorique pouvait avoir mal aux dents (vu ce qu'ils mangeaient).
Les habits en peaux de bêtes. Les oppositions entre tribus. L'utilisation de la massue.
Les arbres cités : séquoias, chênes, hêtres, fougères, mûres, etc.
Dormir dans un lit de peau de bêtes.
Le tigre à dents de sabre. Les colliers à dents d'animaux.
L'habitat : en terrain découvert, des huttes en bois, en branchage ou en os de mammouth quand le bois manquait.
Les outils en os.
Dégustation de mammouth. Ils mangent des racines.
Les traces de sabots de bisons, des aurochs. Les papillons.
L'utilisation d'un chariot avec de grandes roues est possible – la plus ancienne roue que nous connaissions date de 3500 avant J.-C., elle vient de chez les Sumériens.
Ils dorment dans des peaux de bêtes pour avoir bien chaud l'hiver.
L'utilisation de pirogues.
La culture du tournesol. L'utilisation de cruches.
La naissance en présence des femmes.
La présence de mammouths (on a retrouvé des défenses de mammouths dans la grotte de la Madeleine en Dordogne).

Ce qui relève de l'anachronisme
Balayer la grotte avec un balai. La chasse aux ptérodactyles.
La chasse au mammouth avec une massue. La connaissance de l'existence des tyrannosaures.
La cuisson dans une marmite à l'époque de la pierre taillée. La hache de fer.
La présence de diplodocus et de dinosaures vivant à la même époque que des hommes.

Pour élargir d'autres enquêtes possibles

- Les techniques de chasse, les outils, les types de vie, les fresques pariétales, les habitats, la connaissance des animaux chassés (dont le mammouth)…

- Le personnage de Petit Féroce, les problèmes qu'il a à résoudre, les personnages secondaires.
Les lieux d'habitations.

- Les animaux imaginaires qui peuplent les récits (le sifflotin, le ronronge ou le reniflou).

- Les animaux : faire relever les animaux présents, les illustrations les concernant, la nature du lien avec l'homme

- domestique, sauvage, en rapport avec l'époque néolithique, les anachronismes.

- Écrire à Paul Thiès par l'intermédiaire de l'un de ses éditeurs.

- Superbe : un défi Petit Féroce est proposé par l'école de Labarthe-de-Rivière de Miramont (31)
http://ecole.miramont.free.fr/petit_feroce.htm

Élargir encore !

Proposer à lire d'autres pastiches et comparer.
Ma Tribu à Lascaux!
Jolibois C., Balez O., Flammarion-Père Castor «Faim de loup», 2000. Texte très court.
On a piégé le mammouth
Niebisch J., Kid Pocket, 1994.
Quatre enfants des cavernes décident de chasser le mammouth... préhistoire, techniques de chasse, matières premières, cueillette.
Le Mammouth et la châtaigne
Noguès J.-C., éditions Rouge et Or, 1996.
Un roman pastiche et humoristique pour faire partager aux enfants la vie de Petit-Cro-Magnon, à l'âge des cavernes (néolithique).
Touche pas à mon mammouth
Clément C., Matter Ph., Rouge et Or «Première Lecture», 1990.
Pourquoi j'ai mangé mon père
Lewis R., édition Babel, 1996.
Pour les lecteurs adultes et pour lire et rire de plaisir.
Les inventions et mésaventures de Édouard, hominien de génie, auquel s'oppose son frère Vania, un écolo de la préhistoire, narrées avec les tics de langage de nos modernes ethnologues.

Récits sur la préhistoire : nos livres préférés

De lecture facile à lecture plus difficile***, à vous de choisir.*

*La Merveilleuse Découverte de Lascaux***
Fanlac P. et mise en images de Davaine Ph., éditions Fanlac 1986, dès 9 ans.
Présentation superbe. Tous les enfants rêvent d'expéditions au terme desquelles leur apparaîtrait un lieu magique et demeuré secret. C'est ce que vécurent, le 13 septembre

1940, quatre jeunes en vacances à Montignac. Pierre Fanlac raconte comment, s'attendant à trouver un trésor, ces garçons firent une découverte plus belle encore, celle de la "cathédrale" de Lascaux. L'Abbé Breuil vient authentifier les peintures et Lascaux devient le premier site préhistorique d'Europe pour le nombre et la qualité de ses peintures rupestres.

Histoire de Ko

« La Tribu », Peter Dickinson, traduit de l'anglais par Cécile Wajsbrot, Hachette Jeunesse « Le Livre de Poche jeunesse », 2002.

*Au temps des cavernes**
Hoffman A. et de Naurois S., Casterman « Des enfants dans l'histoire », 1998.
La collection permet d'entrer dans l'histoire en suivant les aventures quotidiennes d'un enfant de leur âge.
Meruti vivait il y a 15 000 ans dans le sud-ouest de la France. Grâce à tous les vestiges retrouvés par les préhistoriens, l'une des journées les plus extraordinaires de sa jeune existence a été reconstituée : celle de sa première chasse.
Un dossier documentaire et une carte des grottes de France aident à la compréhension.

*Ougrah, le fils du voleur de femmes***
Couturier Y., illustration de Scouvart R., Édition du Bastberg, « Indigo », 1999.
Il y a 20 000 ans… Dans un monde hostile, peuplé de bêtes féroces, il faut survivre à la lueur du foyer et se protéger tout en repérant ceux qui ont besoin d'aide.

*Le Musicien de l'ombre**
un conte de Claude Clément, illustrations de John Howe, Éditions Duculot (album), 1989.
Une scène de chasse allégorique à l'époque de la pierre taillée.

*Le Mystère des grottes oubliées****
Baumann H., Flammarion « Castor Poche », 1988.
À Lascaux, un jour de l'automne 1940, quatre garçons découvrent par hasard une grotte aux parois couvertes de mystérieuses peintures. Les garçons guident dans ce lieu l'abbé Breuil, le spécialiste de la préhistoire, venu exprès de Paris. Il examine les bouquetins, les chevaux et leur apprend qu'ils viennent de découvrir la plus belle grotte de France et peut-être du monde. Le savant leur raconte la découverte des autres sites préhistoriques (Altamira en 1879 ; La Pouthe en 1895 ; Pech Merle en 1922), la vie de ceux qui y habitèrent, la faune chassée en ce temps.

À la lueur de la lampe, les bêtes sauvages semblent s'animer... Superbe !
Un récit historique d'aventure et documentaire riche, précis et complet.
Une carte en début d'ouvrage situe les différentes grottes préhistoriques en France et en Espagne.
Les illustrations sont les dessins de l'Abbé Breuil : des peintures rupestres de ces régions.
Le problème de la conservation des œuvres de Lascaux est abordé en fin d'ouvrage.
Indispensable.

*Le Maître du salon noir***
Baudouy M.A., Rageot « Cascade », 1991.
Au temps de la préhistoire, Soleil, un jeune garçon, est défiguré par un ours. Il veut se venger de l'animal et commence à reproduire son image sur les pierres et les parois des cavernes.

*La Vallée des mammouths****
Peyramaure M., Gallimard « Folio Junior », 1988.
Dans la vallée de la Vézère à l'âge du renne à Lascaux et aux Eysies. Il y a plus de 30 000 ans, deux jeunes essayèrent de domestiquer des mammouths.
En ce temps-là, des hommes dessinaient sur les parois des cavernes l'image d'un animal fantastique : le mammouth. Comment apprendre à domestiquer ces bêtes, comment s'en faire des alliés, des amis. Les conflits entre les tribus, les combats contre les bêtes féroces.
Ce roman est également un appel à la fraternité et à la paix.

La Guerre du feu ***
Rosny Aîné J.-H., Hachette Jeunesse « Le Livre de Poche jeunesse », 2002.
Il y a cent mille ans, le grand combat de l'homme pour la conquête du feu, les rivalités entre chefs, l'amour d'une fille aux cheveux longs. Et l'alliance avec le grand mammouth.
Luttes héroïques entre tribus préhistoriques pour conserver le feu. Le monde était sauvage, les mammouths gigantesques, et pour les hommes ils n'étaient pas de trésor plus précieux que le feu.

*Le Silex noir****
Mirman L., Gallimard « Folio Junior », 1990.
Il y a 12 000 ans, Finn, un jeune garçon de 13 ans, vit avec sa

famille dans la tribu des Cènes. Il est chargé de surveiller le feu sacré de Zaag, le sorcier et devin de la tribu. Ce récit veut être une représentation possible et romanesque de la vie d'une tribu à l'âge de pierre. Il met l'accent sur l'importance de la réflexion et de l'intelligence, sur ce qui a permis à l'homme, à travers l'histoire, de sortir des ténèbres des explications à caractère magique pour atteindre la voie du savoir objectif et scientifique.

*Histoires de la préhistoire***
Déjean J.-L., illustrations de Robert Diet, Hachette Jeunesse «Le Livre de Poche jeunesse», 1993.
De 5000000 à 3000 avant notre ère, six nouvelles où l'homme poursuit sa longue évolution.
Des premiers voleurs de feu aux peintres-chasseurs de Lascaux et aux bergers du néolithique moyen : six moments-clefs de cette évolution.

Le Premier Dessin du monde
Reynaud Florence, Hachette Jeunesse «Le Livre de Poche jeunesse», 2001.

*Le Premier Dessin du monde**
Reynaud F., Hachette Jeunesse «Le Livre de Poche jeunesse», 2001.
Killik sait dessiner sur les murs, mais un enfant sachant dessiner n'est-il pas un être magique et une menace pour son clan ? En Ardèche, près de la grotte Chauvet.
Vers -30000 ans, époque ayant connu les premières manifestations de l'art pariétal.

*La Grotte sacrée**
Melano O., L'École des loisirs «Archimède», 1999.
Il y a 14 000 ans, dans le nord de l'Aquitaine. Agda vit avec sa tribu encore nomade, c'est le jour où ils vont aller ravitailler les peintres de la grotte sacrée.
Habitation sous la tente, campement, cuisson, repas, chasse, pêche, couture et peinture type Lascaux (à comparer...)

*Noune, l'enfant de la préhistoire**
Sales G., Vaidis M., Édition MSM, 1995.
Il y a 17000 ans, Noune vit avec ses parents au pied de la grande falaise, là où paissent les rennes. Il apprend en observant et au contact de la nature, comment allumer un feu, coudre des vêtements, chasser, pêcher, il assiste à la décoration de la grande caverne dont les peintures si vivantes et si colorées le fascinent... (la grotte de Lascaux découverte dans le dernier dessin par quatre enfants).

*Un cheval pour totem***
Surget A., Flammarion « Castor Poche », 2000.
15000 ans av. J.-C. au bord de la Vézère en Corrèze. La domestication du premier cheval.
Nuun a dix ans, l'âge auquel on devient adulte dans sa tribu, il doit subir un rite initiatique et choisir un animal totem : ce sera le cheval.

*Le Mammouth et la châtaigne**
Noguès J.-C., éditions Rouge et Or, 1996.
Un roman pastiche et humoristique pour faire partager aux enfants la vie de Petit-Cro-Magnon, à l'âge des cavernes (néolithique)
Ce roman plein d'humour et de fantaisie, fait partager aux enfants la vie pleine d'imprévue d'un petit garçon intrépide, à l'Âge des cavernes, qui refuse de devenir chasseur comme son père. La châtaigne en question lui révèle sa vocation : devenir cultivateur.
Il s'agit d'un pastiche, drôle mais très documenté sur la période évoquée.

J'étais enfant pendant la préhistoire
Jean-Pierre Spilmont, images de Daniel Hénon, éditions du Sorbier, 1982.

*J'étais enfant pendant la préhistoire**
Silmont J.-P., Édition du Sorbier, 1982, réédité depuis.
L'histoire romancée en 3500 av. J.-C., c'est-à-dire 5 000 ans avant nous, les premiers graveurs s'installent dans la Vallée des Merveilles, ils y gravent leurs premiers signes. Nao est de ceux-là. Les animaux rencontrés : cheval, bœuf, bouquetin, porc, chien (en France, près de la frontière d'Italie, juste au nord de Nice).

« La découverte de Lascaux », *in Je lis des histoires vraies* n° 74 Fleurus*
1940, en Dordogne, des enfants tombent par hasard sur la plus belle grotte préhistorique qu'on ait jamais découverte en France.

Une grande réussite : « La Tribu » chez Hachette Jeunesse
Une reconstruction de l'aube de l'humanité en quatre romans (*Histoire de Suth, Histoire de Noli, Histoire de Ko, Histoire de Mana).*
*Histoire de Suth***
Dickinson P., Hachette Jeunesse « Le Livre de Poche jeunesse », 2001.
Il y a deux cent mille ans, sur les terres d'Afrique, six enfants tentent de survivre après le massacre de leur tribu. Forcés de

quitter leurs terres, ils recherchent des étendues nouvelles où s'installer. Mais le danger du voyage est grand et celui d'une rencontre avec une tribu inconnue plus grand encore.

*Histoire de Noli***

DickinsonP., Hachette Jeunesse « Le Livre de Poche jeunesse », 2002.

C'est désormais Noli qui dirige le groupe. La petite bande d'orphelins échappe à une éruption volcanique et trouve refuge dans un immense ravin où un nouvel ennemi les attend avec une nouvelle tribu ennemie.

La lecture de ce roman souligne l'importance et la connaissance du feu (comment l'allumer, le transporter, le voler...)

*La Préhistoire expliquée à mes petits enfants****

Clottes J., Seuil, 2002.

Le monde de la préhistoire, les modes de vie, les modes de pensée. Sous la forme d'un entretien avec un préhistorien passionné.

Indispensable dans un contrat lecture.

Quelques autres en supplément

*Les Pilleurs de fresques***

Steiff G., Magnard Jeunesse Policier, 1999.

*Youg****

Mirman L., illustration Munch Ph., Gallimard (Folio), 1985.

« L'Exploit de Gara* »

Crétois Ch., Bayard Poche, *J'aime lire* n° 101, 1996.

*Lucy et son temps****

Picq P., Verrechia N., édition Fontaine-Mango, série « Regard d'aujourd'hui », 1996.

*Le Grand Mammouth***

Cayla F., Pecau J.-P., Pocket, « Soyez le héros, des livres à remonter le temps... », 1986 ; réédité en 2001.

« Rahan » : série BD*

Lecureux R., dessin Chéret A., éditeur Vaillant puis Dupuis (Novedi).

« Tounga » : série BD

Aidans É, éditeur Le Lombard**.

*Naufrage dans le temps****

Froelich J.-Cl., Magnard, 1999.

Voyage au pays de la pierre ancienne ***
Froelich J.-Cl., Magnard, 1999.

*Le Premier Chien****
Déjean J.-L., Hachette Jeunesse « Le Livre de Poche jeunesse », 1984 rédité, 280 pages.

*Les Ailes du renard****
Déjean J.-L., Hachette Jeunesse « Le Livre de Poche jeunesse », 1997.

Pour le reste

Comme nous avons le remords de ne pas pouvoir vous faire profiter de nos recherches et des dernières nouveautés sur le sujet pour des raisons de place, nous vous invitons à consulter le résumé des 70 autres ouvrages que nous avons répertoriés sur cette époque.
Rendez-vous sur le site :
www.crdp.ac-creteil.fr/telemaque

chapitre 3

Antiquité

© Francis Jolly

Antiquité

Présentation de la période

Les Secrets de Pompéi
Caroline Lawrence, traduit de l'anglais par Amélie Sarn-Cantin Milan poche « Histoire », 2002.

Voici la présentation de l'Antiquité selon les *Horaires et programmes d'enseignement de l'école primaire, histoire, cycle III,* 2002.

« Première période historique, l'Antiquité commence lorsqu'il existe des documents écrits sur une société, c'est-à-dire à des moments différents selon les lieux.

Une grande partie de l'Antiquité concerne donc le Moyen-Orient et l'est du bassin méditerranéen, où apparaissent de grandes civilisations qui connaissent très tôt l'écriture, entre autres, celles de l'Égypte et plus tard de la Grèce. Leur succède l'Empire romain qui s'étend progressivement en Europe sur l'ensemble de la Méditerranée et au-delà. Ces grandes civilisations seront étudiées au collège.

À l'école primaire, le programme commence avec l'entrée de notre territoire dans « l'Histoire », c'est-à-dire avec l'arrivée des Grecs et des Celtes (appelés « Gaulois » par les Romains) et plus encore avec la victoire des Romains, la romanisation et la christianisation de la Gaule.

Points forts

- À l'origine de l'histoire du territoire français, une diversité qui en fait la richesse : populations premières, Grecs, Celtes (Gaulois) prédominants.
- La romanisation de la Gaule.
- De plusieurs dieux à un seul Dieu : la christianisation du monde gallo-romain. »

Les récits sur l'époque : un choix impressionnant

L'Antiquité n'occupe que peu de place dans nos programmes de l'école primaire, elle occupera cependant toute l'année de sixième de collège. C'est une raison supplémentaire de lire de nombreux ouvrages et de bâtir des projets ludiques sur cette époque afin de construire les bases culturelles solides qui aideront à la réussite au collège.
L'Égypte est pour l'instant absente des programmes. Nous proposerons cependant une entrée culturelle sur cette période. En effet, outre l'importance de la culture égyptienne dans la construction des cultures grecques et romaines, les élèves rencontrent de plus en plus souvent, à l'occasion de situations problèmes en mathématiques, les numérations égyptiennes... Une excellente occasion de construire des projets liant histoire, maîtrise de la langue et mathématiques !
Le corpus de récits racontant l'Antiquité est d'une grande richesse. Toute la civilisation est explorée. Les auteurs nous racontent, dans le détail, l'origine de notre civilisation et la construction de nos valeurs.
Les documents historiques sont plus précis et nombreux pour construire les connaissances sur l'histoire. Les auteurs sont, grâce à eux, plus proches de la réalité concernant cette période.
Les éditeurs sont nombreux et variés. Leur travail de publication concerne tous les genres et tous les supports, en particulier la bande dessinée, fort bien représentée avec les deux séries « Alix » et « Astérix ». Les documentaires destinés à garnir la BCD sont nombreux, outillés et variés (ne pas oublier les images des guides touristiques pour illustrer le cahier de l'élève).
Ces récits sont au service du développement culturel des jeunes lecteurs, toutes les civilisations sont représentées, profitons-en !
Il faut réserver un sort particulier à la série « Mystéria » chez Bayard qui va prochainement migrer vers la collection « Je bouquine ».

LA SÉRIE « MYSTERIA »

Chez Bayard Poche, collection « Les Aventuriers de l'Histoire », 1999 à 2002.
L'ensemble des récits se situe il y a 2 000 ans, à Rome. Dans chaque livre, un plan permet de situer facilement le lieu où se déroule l'histoire.
Les fins de chapitre, écrites à la manière des feuilletonistes du XIXe siècle, sont un bon accélérateur de lecture, donnant envie de sauter au chapitre suivant.
Titres des six livres publiés (voir leur résumé pages 108 et 109) : ▷

- *Le Secret du domaine*
- *Menace sur le gladiateur*
- *L'Incendiaire de Rome*
- *Sabotage sur le Tibre*
- *La Nuit du sacrifice*
- *Passagers clandestins*
- *Meurtre aux thermes.*

Les projets proposés

- Vercingétorix et les Gaulois avant -52.
- Rome et les Gallo-romains, présentation de l'époque.
- *Panem et circenses:* du pain et des jeux!
- Une société prospère.
- Avec Astérix.
- Avec Alix.
- L'Égypte antique.

Vercingétorix et les Gaulois avant -52

Vercingétorix
Bertrand Solet, Pocket Junior, 2001.

Les élèves connaissent les Gaulois par leurs lectures d'Astérix, ils connaissent Vercingétorix par le tableau d'art pompier le représentant, lançant ses armes aux ou sur (version Astérix) les pieds de César, voire par la statue de Vercingétorix présentée dans tous les manuels d'histoire...

Les projets proposés ci-après ont pour ambition d'aider les élèves à s'interroger sur les sources des représentations collectives, à mener une enquête, à comprendre comment se construit l'histoire et à éventuellement changer leurs propres représentations.

Léger rappel historique

● La Gaule avant la romanisation, les traits caractéristiques
Vers le Ve siècle av. J.-C., une partie des habitants de ce qui sera plus tard la France sont des Gaulois. Ils vivent en « cités » indépendantes, souvent en conflit, ils ont pour activité essentielle l'agriculture. C'est une mosaïque de peuples qui ont développé déjà une civilisation brillante : artisanat, métallurgie, échanges, poésie, religion. Les Gaulois n'étaient donc certainement pas des barbares, braillards, chauvins et gros mangeurs de sangliers.

La Gaule était une région riche dans l'Antiquité. Au Ier siècle avant notre ère, les peuples celtes vivant sur le territoire de la France actuelle étaient appelés « Gaulois » par les Romains. Les Gaulois ne formaient pas un seul peuple uni par un seul gouvernement, plus de cinquante peuples vivaient en Gaule, comme les Arvernes dont Vercingétorix fut le chef à un moment donné.

Gaulois et Romains se connaissaient bien depuis longtemps, c'est ainsi que les Gaulois avaient pillé Rome en 279 av. J.-C. Ce n'était pas l'entente cordiale... Ils faisaient du commerce car les campagnes et les villes gauloises étaient riches : les Romains vendaient de l'huile aux Gaulois et avaient besoin des armes, des tissus et du blé de Gaule.

Puissante, l'armée romaine avait déjà conquis le sud-est de la Gaule où elle avait fondé la province de la Narbonnaise, en 125 av. J.-C. Les armées romaines, attirées par les richesses gauloises, envahirent la Gaule de - 58 à - 52 sous le commandement de Jules César.

● Désaccords

C'est là que les historiens ne sont plus d'accord entre eux. L'histoire de la romanisation ayant été écrite par Jules César, certains affirment qu'il a exagéré la difficulté de la conquête pour en tirer une plus grande gloire.

L'authenticité du personnage de Vercingétorix est contestée par certains historiens qui pensent que l'un des besoins du XIXe siècle avait été de proposer des chefs héroïques aux Français et que le personnage avait été inventé ou transformé en héros. D'autres contestent fortement cette version.

En attendant des conclusions plus éclairées de nos chers historiens, les manuels et les programmes nous racontent que sous la conduite du chef arverne Vercingétorix, des peuples gaulois se révoltèrent en - 52. Malgré un succès à Gergovie, Vercingétorix, enfermé avec son armée à Alésia, dut se rendre.

L'ORIGINE DE NOS REPRÉSENTATIONS

Vercingétorix

Dans les manuels, le personnage légendaire et insaisissable de Vercingétorix est souvent représenté par :

– Sa statue, d'Aimé Millet, dressée au Mont Auxois sous Napoléon III.

Il a vaguement les traits de Napoléon III portant un costume délirant : cuirasse du VIIIe siècle av. J.-C., armes de l'âge du bronze, braies gauloises enserrées dans des lanières mérovingiennes...

– Une pièce de monnaie dont on n'est pas sûr qu'elle le représente vraiment.

▷ – La scène de la reddition, tirée d'un tableau peint par H.-P. Motte en 1886. Art pompier (c'est le nom de l'école de peinture s'y référant) du niveau ou du même goût que *Le Radeau de la Méduse.*

– Les élèves pensent pour beaucoup, après la lecture d'« Astérix », que Vercingétorix a jeté ses armes sur les pieds de César (*Le Bouclier arverne,* page 5 ; *Le Domaine des dieux,* page 2) et non pas au pied de...

Des centaines de livres sur Vercingétorix parmi lesquels :

Vercingétorix, de Paul M. Martin, édition Le Grand Livre du mois et Perrin, 2001.

Vercingétorix, de Georges Bordonove, éditions Pocket, 1978 (ci-contre).

Et un film (hélas assez mal fait).

Les ressources

– Des documentaires : ceux de la BCD, sinon une caisse de documentaires sur l'époque.

– Les récits : nombreux. Beaucoup racontent les aventures de Vercingétorix, la civilisation gauloise y est parfaitement décrite, une vraie mine d'or : en route pour la chasse au trésor ! (N.B. : Les Gaulois étaient de splendides orfèvres.)

Méthodologie

Contrat de lecture et animations plurielles.

Les animations

● Construire une frise historique

Proposer une lecture exploration dans le ou les manuels scolaires disponibles afin d'y relever les événements mis en avant, les dates, les personnages et les lieux cités.

● Construire la carte géographique de la Gaule

Rechercher dans un manuel ou dans un ouvrage documentaire la carte des tribus gauloises (on distinguait une vingtaine de grands peuples importants et une quarantaine de petits). Faire relever dans les récits ceux qui sont évoqués, construire la carte des lieux et des déplacements dans les récits.

RELEVÉ DE LECTURES

Des lecteurs du CE2 ont relevé durant leur lecture les noms de tribus gauloises rencontrées dans les livres :
Les Sernons, les Parisii, les Véliocasses vivaient dans la vallée de la Seine.
Les Bellovaques, les Rèmes, les Trévires dans le Nord.
Les Arvernes et les Lémovices dans la région du Massif Central.
Les Lingons, les Mandubiens à l'Est.
Les Volques dans le Languedoc.
Les Cardurques dans le Sud-Ouest.
Les Pictons et les Santons dans le Centre.
Les Biturriges, les Carnutes, les Turons dans la vallée de la Loire.
Les Vénètes, les Redons, les Namnètes, les Unelles en Bretagne.
Les Lexoves, les Ambares, les Aulerques en Normandie.

● Construire le portrait du peuple gaulois avant les Romains
Relever dans les récits les informations concernant :
- L'agriculture et l'implication sur leurs habitudes alimentaires (la charcuterie, les volailles - le foie gras !), la préparation des repas, les Gaulois à table ou leurs techniques de culture (outils, techniques) et d'élevage.
- La civilisation gauloise : l'importance de la famille, son organisation, le rôle du père, la hiérarchie sociale avec les nobles, les paysans libres, les esclaves.
- L'artisanat (orfèvrerie, poteries, les costumes, etc.).
- L'industrie : la métallurgie, les équipements du guerrier.
- Les habitations gauloises (dans les villages, hors des villages).
- Les inventions et leur utilisation : le tonneau, la roue.
- La religion gauloise : les croyances très complexes, les cultes, l'importance et le rôle des druides.
- Les sciences, les arts (la production littéraire est orale).
- La Guerre des Gaules de -58 à -52 : la bataille et la victoire de Gergovie, le siège d'Alésia, les stratégies et le déroulement des batailles.
Établir la carte d'identité du personnage symbolique de Vercingétorix, rechercher les anachronismes dans ses représentations et la fonction symbolique du personnage.

Des projets pour élargir

Construire la liaison CM2-6e autour de ces lectures : défi lecture, prix littéraire, jeu de l'oie à partir des connaissances acquises dans les livres, etc.
En sixième, la Gaule est à nouveau au programme, une bonne occasion de se voir pour en parler lors de rencontres de liaison !

Lire ou relire « Astérix » et y repérer ce qui est du domaine historique ou du pastiche (voir la fiche, page 97). Succès assuré...

Rome et les Gallo-romains

La Gaule, d'abord indépendante, est conquise par Rome pour plusieurs siècles et « romanisée ». On y use de la langue latine (d'où sortira peu à peu le français). C'est une société où se côtoient hommes libres et esclaves. Les Romains construisent des villes et un réseau routier permettant le développement du grand commerce grâce à la liberté de circulation (sécurité assurée par l'armée romaine). Les Gaulois adoptent les dieux romains à côté de leurs propres dieux.

Gannorix

Jacqueline Mirande, Flammarion « Castor poche », 2002.

Au IIe siècle, une nouvelle religion venue du Proche-Orient s'implante en Gaule, le christianisme. Son inspirateur, Jésus de Nazareth, annonce l'Évangile en Galilée et en Judée. Le christianisme se caractérise par la croyance en un dieu unique dont Jésus est proclamé le Messie (Christ, en grec) et en la résurrection ainsi que par le commandement fait aux hommes, tous égaux entre eux, de s'aimer les uns, les autres. Cette religion se situe dans le prolongement de la religion juive.

● Dates et durées:
- Début de l'ère chrétienne (la naissance de Jésus est située entre -4 et -5).
-Auguste organise l'empire romain après sa victoire sur Antoine à Actium (-31).
- La Gaule romaine (Ier-IVe siècle).
- Les invasions barbares (fin IVe et début Ve).

AIDE-MÉMOIRE

La mise en place de la colonisation gallo-romaine

La conquête de la Gaule par Jules César est trop souvent présentée comme un phénomène brutal et rapide. On peut distinguer trois phases dans la mise en place :

• La Gaule avant la conquête de Jules César
-122 : conquête de la Narbonnaise.
-121: tout le sud de la Gaule est conquis et se trouve relié à l'Italie et l'Espagne de l'époque.

• La conquête romaine
Vaincu, Vercingétorix fut conduit à Rome où il périt. Après quelques rebellions locales, la guerre des Gaules était finie. Très vite, les Gaulois se soumirent à l'autorité nouvelle et adoptèrent les mœurs des vainqueurs, tel le port de la toge.

• La paix romaine
Trois siècles de paix
La culture française a pour base la civilisation gallo-romaine, notre langue est une langue latine (recherche documentaire sur l'étymologie). En quelques siècles, la langue parlée par les Gaulois, le celte, est remplacée par des langues largement influencées par le latin qui, lui, est la langue des soldats, des juges et des fonctionnaires romains. Il faut parler le latin et l'écrire pour réussir socialement.
Jusqu'au milieu du IIIe siècle, la Gaule vécut en paix. Seules les invasions barbares du Ve siècle vont séparer les Gaulois des Romains et interrompre cette longue période de paix.
La civilisation était devenue très urbaine. Rome servit de modèle à toute les villes de l'Empire romain qui étaient désireuses de lui ressembler.

Objectifs généraux des contrats de lecture proposés

Montrer la romanisation relativement rapide de la Gaule.
Montrer qu'il s'agit d'un phénomène urbain.
Expliquer que la période gallo-romaine dure près de quatre siècles et qu'elle apporte la paix et la prospérité.

Les récits

Beaucoup d'entre eux se déroulent près de ou dans Rome. Ils nous permettent d'insister sur la notion de civilisation

urbaine, héritée des cités grecques. Rome servit de modèle à toutes les villes de l'Empire romain désireuses de l'imiter. Lire des récits se déroulant à Rome permet de mieux comprendre l'organisation d'un bon nombre de villes romanisées. De nombreux documents iconographiques : images diverses, films seront une aide précieuse. De la même façon, lancer des recherches sur le net avec le nom d'un lieu antique précis apportera beaucoup de surprises et d'informations aux élèves. Des visites seront à organiser.
Les auteurs se sont surtout inspirés de Rome et de Pompéi pour la description des lieux des aventures.

Petite recherche préalable : les Gallo-romains

Un travail avec les dictionnaires s'impose.
Ce terme est formé de deux noms désignant des peuples différents.
Faire trouver aux enfants d'autres juxtapositions : franco-italien, franco-argentin (penser à des joueurs de football à double nationalité), franco-musulman, franco-russe…

Projet n° 1

Vivre dans une ville en Gaule romaine
Il s'agit de lire pour aider à comprendre le mode de vie romanisé (gallo-romain).
On fera aussi comprendre la place et l'importance de l'eau dans cette civilisation.

Géographie

Construire la carte de géographie de l'Empire romain.
Faire relever le nom et l'emplacement géographique des villes et régions pour aider les enfants à comprendre l'importance des innovations et les mutations que sont les voies romaines, puis construire la carte et les trajets dans les récits.

Enquête

Ta mission est de relever les lieux des récits.
Méthodologie : Afin de ne pas ralentir ta lecture, tu ne noteras que le numéro de la page où se trouve cette information.
Plus tard, en classe, nous mettrons en commun les trouvailles de chaque lecteur.
Ton enquête est à rendre pour le… (donner au moins deux semaines)

Titre du livre dans lequel j'ai relevé ces informations	Les lieux où vivent les héros	Les lieux ou régions traversés	Les lieux évoqués par un personnage (voyage, bataille, lieu de naissance)	D'autres lieux

Synthèse en classe

Organisation : en petits groupes
- Lister les noms relevés.
- Faire vérifier la véracité des informations, la tâche à accomplir sera de regarder dans le dictionnaire ou dans les encyclopédies l'exactitude des lieux relevés, de repérer s'il s'agit d'une ville, d'un quartier, d'une région, etc. et de les situer, éventuellement en traduisant le nom donné en latin.

FRANCO-LATIN

Dictionnaire géographique franco-latin

Lyon, c'est Lugdunum.	Rouen, c'est Rotomagus.	Marseille, c'est Massilia.
Toulouse, c'est Tolosa.	Bordeaux, c'est Burdigala.	Narbonne, c'est Narbo.
Besançon, c'est Vesontio.	Nîmes, c'est Nemausus.	Lillebonne, c'est Juliobona...

Projet n° 2

La ville gallo-romaine

Il s'agit de faire relever les termes architecturaux concernant Rome et d'autres villes gallo-romaines.

Travail individuel puis synthèse collective suivie de recherches documentaires avant finalisation (exposition, articles pour le journal ou le site de l'école, construction d'un jeu).

LE FORUM

Le forum : quelques précisions historiques

À l'origine place de marché, le forum est vite devenu chez les Romains le centre des affaires publiques et privées.

Dans la plupart des villes romaines, le forum était une place publique située près du point où se croisaient les artères principales de la ville. Cette place était dallée, interdite aux chariots et bordée de portiques et de monuments publics. Sous les portiques et sur la place, on érigeait de nombreuses statues, des stèles gravées en l'honneur de personnages importants.

De nombreux récits proposent des descriptions de ce forum, les récits s'y déroulent, les héros y font référence ou le traversent.

UNE SYNTHÈSE

Synthèse de nos lectures : les lieux de la ville gallo-romaine

Le forum, le théâtre, l'amphithéâtre, le cirque, les temples, les palais, les voies romaines, les marchés, les immeubles (ou *insulae)*, les tavernes, les arcs de triomphe, les maisons sont les éléments urbains (la ville en latin se dit *urbs).* Ils indiquent les principales fonctions d'une ville (jeux, circulation, commerce) : le capitole (colline où se dresse le temple principal dédié à Jupiter), les *horrea* (magasins et entrepôts), l'amphithéâtre, la nécropole (cimetière).

Les rues se croisent à angle droit.

Le CE2 de Maryse

Les maisons et les immeubles

La riche iconographie sur Pompéi et Rome a inspiré les auteurs pour les lieux de leurs récits.

VOCABULAIRE

Vocabulaire des villas romaines

Les habitations sont construites en fonction de la richesse de leurs propriétaires. Les gens fortunés ont une maison dotée de nombreuses pièces, parfois 20 à 30 pièces afin d'y loger leur famille et leurs esclaves :

L'*atrium* ou cour intérieure où le maître recevait les invités.

Un bassin, l'*impluvium* qui recueille les eaux de pluie.

Une grande pièce, le *tablinum,* qui est un bureau.

La salle à manger est appelée le *triclinium*. Les maîtres et leur famille y mangent.

Les différentes chambres à coucher.

La cuisine, elle, n'a pas de place précise. Un simple foyer en brique et un évier la composent.

Au fond, un jardin à colonnades avec fontaines et salle à manger d'été.

Les ornements : partout des fresques et des mosaïques.

Les immeubles

Les immeubles sont en briques. Hauts de trois à cinq étages, ils sont bâtis autour d'une cour ou d'un jardin. Parfois les derniers étages étaient construits en bois, ce qui aggravait le risque d'incendie. Des escaliers situés entre les boutiques du rez-de-chaussée permettaient d'accéder aux étages. Les pauvres habitaient dans de petites pièces bâties sur la rue, au-dessus des boutiques.

Chaque étage était divisé en appartements indépendants. L'éclairage était assuré par des fenêtres donnant sur la façade ou sur des puits de lumière intérieurs.

Pas de cuisine, pas de salle de bain, pas de latrines, pas de chauffage, pas d'eau aux étages (il fallait se rendre à la fontaine la plus proche).

Des réchauds à charbon de bois était utilisés pour cuire la nourriture.

Le boutiquier habitait, lui, au fond de sa boutique avec sa famille.

Vocabulaire de la construction

Les grands murs : pierres et briques, scellés avec le béton romain ou un mortier (mortier fait avec un mélange de sable, de chaux, de briques pilées).

Les échafaudages : en bois et accolés contre les murs.

Les grues et des moyens d'élévation : roues, câbles en corde, palans, plans inclinés.

Les murs sont décorés et ornés de peintures multicolores ainsi que de dessins aux formes géométriques.

« Un travail de romain... »

Cette expression désigne une œuvre longue et difficile demandant beaucoup d'efforts.

Le CE2 de Maryse

La Maison romaine

François Michel, illustrations de Yves lavor, « L'Univers en relief », Actes Sud Junior, 1997.

EXTRAIT

Extrait de *L'Éclair qui effaçait tout,* de Philippe Ebly, Hachette Jeunesse « Bibliothèque verte », 1993.

« Toutes les rues se ressemblaient, étroites et sombres, bordées de maisons particulières, d'immeubles à plusieurs étages et de petites boutiques dont les volets étaient déjà fermés. Les deux garçons étaient à bout de force, et la nuit tombait...

Autant rester ici, conclut-il. Puisqu'on devra dormir à la belle étoile, de toute façon ! Ici, au moins il y a un porche. On sera à l 'abri.

[...] L'homme parut surpris.

« Que dis-tu ? Ah ! oui... Tu parles drôlement, garçon. Tu n'es pas romain. D'où viens-tu ?

De Gaule.

Ah ! Je comprends pourquoi tu parles si mal... Écoute-moi, garçon. Tu ne peux pas rester ainsi,

dans la rue. Il y a des patrouilles qui passent, pendant la nuit. Si on te prend à dormir ici... Venez chez moi, proposa gentiment le vieil homme. Toi et ton ami. Je vous prêterai un matelas. »
Tout heureux, les deux garçons l'accompagnèrent sans se faire prier et le virent s'arrêter devant un immeuble de cinq étages.
C'est ici que j'habite... expliqua-t-il.
C'était une *insula*... Le vieillard entra dans une cour sombre et commença de monter un escalier. »

Les autres constructions

Les fermes furent construites sur le modèle des *villae* romaines, véritables domaines d'exploitation agricole. Pour faciliter les échanges et circuler plus facilement, les Gallo-romains construisirent aussi de larges routes pavées. Les chaussées romaines reliaient entre elles les villes de l'Empire romain. Les légions romaines les utilisaient pour se rendre aux frontières dont elles assuraient la protection.
Les Romains construisirent également des ponts, des ports, de nombreuses villes et des viaducs et développèrent les transports fluviaux.

Un fichier iconographique

À la BCD, construire un fichier iconographique
Collecter des cartes postales, des dépliants touristiques, des images représentant des monuments gallo-romains.

Pistes

Les arènes et la maison carrée de Nîmes, les arènes de Lutèce, le théâtre d'Orange, le pont du Gard, etc.

RELEVÉ DE NOTES EN CE2

Projet de lecture : exploration avec la série « Mystéria » (Bayard) : **La ville de Rome**

Le forum, place principale de Rome est le cœur de Rome. Avec de nombreux temples et monuments : la maison des Vestales, les gardiennes du feu sacré de la ville, la Curie où se réunissaient les sénateurs, la basilique Julia où le tribunal des cents rendait la justice, le temple de Saturne.
Il y a des éclairages sur les façades des maisons la nuit, c'est exceptionnel les jours de fête (pièces de théâtre, poètes qui déclament).
L'Argilète, l'administration (le service des postes : lieu où l'on garde le trésor de la ville). L'Annone, les luxueuses demeures de Rome, le quartier résidentiel.
La caserne des cohortes de vigiles (600 !).
Les escaliers des immeubles, les latrines publiques, la prison.
La voie des piscines publiques.
Le tribunal : le tribunal des cents hommes (en réalité 180 en quatre grands groupes qui rendaient la justice sous la présidence d'un juge (*Sabotage*, page 37) : l'organisation et la disposition spatiale la galerie du public.
Les immeubles : 3e étage, terrasse, escaliers, balcon de bois
Il existe des cabanons en bois, en ville.
L'aqueduc.

Le quartier du grand cirque.
Les petites ruelles sombres, malodorantes en labyrinthe.
L'amphithéâtre.
La crainte du feu : la nuit, les gens avant d'aller se coucher ont pris soin d'éteindre les lampes à huile et les braseros des cuisinières. Partout des bassins contre le feu sont installés, tuyaux en cuir, organisation faire la chaîne, pompiers habillés de cuir épais contre le feu et de haches, de cordes avec grappins.
Le cachot de la prison.
La préfecture de la ville.
L'*emporium* du port de Rome.
Le temple : offrandes pour le rétablissement d'un proche (le dieu apparaît au malade et éloigne alors la maladie).
Le Grand Cirque avec ses courses de char avec paris afin de gagner de l'argent (le tiercé de l'époque) sa piste de terre faisait plus de 350 pas : « La piste de terre du Grand cirque faisait plus de 350 pas. Au milieu se trouvait une longue arête de pierre autour de laquelle tournaient les chars. Le magnifique obélisque de Ramsès II, le grand pharaon d'Égypte, ramené d'Héliopolis, se dressait au centre de ce terre-plein. De nombreuses statues décoraient l'arène, ainsi que sept dauphins d'or placés sur un axe : à chaque tour accompli, un dauphin était renversé la tête en bas. »
Le signal du départ : un foulard lâché par un sénateur.

NOTES DE LECTURE

La villa : son architecture et son influence sur l'époque de la Renaissance
Le jardin intérieur, la décoration, les toilettes (plusieurs sièges d'aisance...)
Les luxueuses demeures : parc planté d'arbres magnifiques, propriétaire très riche, un fronton et de grandes colonnes encadrent l'entrée – un porche. Une cour entourée de bâtiments longs et trapus : les parties communes où logeaient les animaux et les esclaves. Un intendant de la maison ; l'allée centrale du parc avec ses grands arbres ; pelouse plantée de cèdres et de chênes ; un grand bassin entouré de colonnes : fontaine dauphin en bronze dans coquillage en marbre rose.
Statue (ex. : Vénus, pour le jardin)
La salle à manger.
La chambre : lit de bambou, fresques sur les murs, coffre, colonnette supportant une lampe à huile.
Le bassin : pièce d'eau décorative réservée aux poissons et aux tortues.
Le vestibule (les noms encore utilisés), les tentures rouge sombre.
L'*atrium* avec les bassins destinés à recueillir les eaux de pluie.

Les Romains et l'eau

Les Romains ont fondé une civilisation de l'eau.
Les auteurs font évoluer leurs personnages dans ces lieux d'hygiène et de plaisir et ainsi nous font découvrir une facette importante de cette civilisation et comprendre le degré de raffinement et de confort des habitations des riches : bassins, jets d'eau, piscines, bains, jardins luxuriants...
Les aqueducs étaient construits pour amener l'eau nécessaire à la cuisine, aux thermes, aux piscines, aux fontaines des villes, mais aussi pour évacuer les eaux usées : le réseau d'égouts (les héros l'utilisent souvent), le grand égout, *cloaca maxima,* est encore visible à Rome (des

canalisations souterraines cimentées et des canalisations en plomb).

Finalisation du projet — Construction de plans et de maquettes

Méthodologie — Contrat de lecture avec enquête d'accompagnement, synthèse collective et construction d'un document finalisé.

Les thermes — À Pompéi, ont été mis à jour de grands ensembles de thermes. Les lieux visités par les héros s'inspirent pour beaucoup de cette ville et des plans des fouilles. À partir du règne d'Auguste, ces établissements publics se sont répandus dans toutes les villes de l'Empire.
Seuls les riches propriétaires pouvaient avoir chez eux l'eau courante dans leur villa, une salle de bains, les habitants des *insulae* devaient se rendre dans des lieux publics.

LES THERMES

Vocabulaire et fonctionnement

Description du lieu	Nom latin	Utilité
La cour intérieure avec piscine ouverte	la palestre	Exercices physiques
Un vestiaire	L'apodyterium	Déshabillage et dépôt des vêtements
Une pièce tiède	Le tepidarium	
Un bain chaud	Le caldarium	
Un bain froid	Le frigidarium	
Le système de chauffage au sous-sol	L'hypocauste	Perfectionné avec conduites et canalisations.

On passe d'une pièce à l'autre et après le bain, on se fait frictionner à l'huile et parfumer le corps. Les Gallo-romains s'y baignaient, faisaient de la gymnastique, jouaient à la balle (le jeu de trigon), se promenaient dans les jardins.
C'était un lieu de rencontre où les Romains discutaient ou parlaient affaire, bref le lieu où l'on « causait » (voir la série « Mystéria »).
S'il y a deux parties, les hommes et les femmes étaient séparés, sinon l'organisation matin-après-midi permettait cette séparation.

RELEVÉ DE NOTES EN CE2

Projet de lecture : exploration avec la série « Mystéria » (Bayard) : **L'eau et les Romains**

Les égouts ; des escaliers, des galeries principales et secondaires, les eaux noires et sales, la technique : le réservoir de décantation des eaux sales. Les auteurs pendant la poursuite nous font entrevoir ce que pouvaient être les égouts, leur fonction, leur fonctionnement.

Les thermes (*Meurtre aux thermes,* page 7) « C'était la fin de la matinée, heure à laquelle les habitants de Rome venaient se laver dans les immenses bassins d'eau bouillante ou tiède et se faire masser ▷

▷ ou épiler gratuitement. »
Lieux : vestiaires, salle des eaux chaudes, sur les marches menant au bassin, la salle de massage, les employés portent une longue tunique bleu clair, employé aux vêtements, un tabouret pour s'asseoir au pied des compartiments où sont rangés les habits des baigneurs, les dalles sont en marbre, des bancs permettent de se reposer, les casiers à vêtements,
Page 56 : le moyen de chauffer les réservoirs d'eau chaude et eau tiède, seau de charbon de bois
Contrairement aux bains privés, les thermes étaient gratuits pour les Romains.
La salle des massages.
Maison : un grand bassin entouré de colonnes – fontaine dauphin en bronze dans coquillage en marbre rose.
L'*atrium* avec les bassins destinés à recueillir les eaux de pluie.
L'aqueduc : page 103 fonctionnement, le débit, l'arrivée de l'eau dans le bassin d'arrivée.
Partout des bassins contre le feu étaient installés.
Les vêtements.
les employés portent une longue tunique bleu clair.
Les sénateurs portent une toge à liseré pourpre.
Les sandales de cuir.
Tunique avec col et manches pour les femmes avec motifs : différents si l'origine est étrangère (Syrie, par exemple), broche décorative.

Panem et circenses : du pain et des jeux !

L'Ultime Combat
6 Histoires de Rome, éditions Fleurus « Z'azimut », 2002.

Manger et s'amuser gratuitement furent pendant l'époque impériale des droits acquis pour la plèbe urbaine et une constante de la gestion de l'État et de sa propagande aussi.
Le petit peuple occupe son temps aux divers spectacles que lui offrent souvent les empereurs et de riches particuliers. Les plus prisés sont les combats de gladiateurs et les jeux du cirque. Ces spectacles vivants attirent aussi bien les riches que les pauvres.
Évoquons le célèbre Colisée qui pouvait accueillir entre 50 000 et 80 000 spectateurs.

Le projet — Focaliser l'attention sur les différents types de spectacles proposés aux Gallo-romains.

Finalisations possibles — Jeux de société, maquettes, plans, expositions explicatives à la BCD.

Les ressources — Les récits de l'époque romaine.
La grande quantité de documents existants (livres documentaires, monuments, iconographie et films).

EXTRAIT

Les 4 Voyageurs à la poursuite d'Aspirinus, de François Appas, Hachette Jeunesse, 1992.

... Les gradins du plus grand cirque de Rome étaient déjà presque pleins. Par chance, les enfants et Wolfram trouvèrent de la place dans un virage qui se trouvait non loin de la tribune de l'Empereur. De là, ils avaient une vue plongeante sur la piste : une étendue de sable de forme ovale, occupée en son milieu par un long mur décoré de colonnes et de statues.
« Les chars vont tourner autour de ce mur, expliqua-t-il. Et ce fossé rempli d'eau, que vous voyez tout autour de la piste, sert à protéger les spectateurs en cas d'accident. » [...]
« Ce sont des dauphins en bronze. Ils servent à compter les tours. Dès que les chars franchissent le grand tournant, on fait basculer un dauphin la tête en bas. Pour connaître le nombre de tours qui restent à faire, il suffit donc de compter les dauphins qui ont encore la tête en haut. »

Méthodologie

Contrat de lecture, enquête individuelle dans les livres lus, synthèse collective et mise en commun.

Projets pour élargir

Étendre l'étude aux autres spectacles :
Dans le Grand Cirque de Rome, *Circus Maximus* (pouvant contenir 300 000 spectateurs sous Néron - Ier siècle) avaient lieu des combats contre des bêtes féroces, des joutes nautiques et des courses de char.

Dans les théâtres

On représentait des tragédies et surtout des comédies. Les concerts et les lectures publiques avaient lieu dans les odéons, plus petits. Ces spectacles étaient moins populaires que les jeux du cirque.

ENQUÊTE SUR LES GLADIATEURS

Indique ici les références de ton récit (utilise une feuille d'enquête par livre lu).

Indique ici le numéro des pages où tu as repéré ces informations.

Qu'as-tu appris sur les habitudes des gladiateurs ?

Type de gladiateur	Armes et habitudes

SYNTHÈSE

Synthèse de notre travail de recherche sur les gladiateurs

Les récits nous racontent souvent les combats qui opposent différentes catégories de gladiateurs, nous avons pu lire le point de vue des gladiateurs et le point de vue des spectateurs. Ils combattaient souvent par paire.
Les gladiateurs étaient entraînés dans des écoles spéciales, la discipline y était très sévère. Ils combattaient en public dans des amphithéâtres. Un gladiateur était un peu l'égal d'une marchandise de valeur.
Ils étaient recrutés parmi les criminels condamnés, les prisonniers de guerre, les esclaves, certains étaient des mercenaires et des hommes libres.
À l'ouverture du spectacle, les gladiateurs défilaient dans l'arène et venaient saluer l'empereur par la formule : « Ave Caesar, morituri te salutant. » (Salut, César, ceux qui vont mourir te saluent).
Blessés, ils attendaient la décision du public et de l'Empereur : le pouce levé, ils étaient soignés, le pouce baissé, ils étaient achevés par l'autre gladiateur, ce qui est beaucoup plus rare qu'on ne l'imagine.
Les Romains organisaient des paris dans le public pour deviner celui qui allait gagner. Cette habitude fut supprimée à la fin du IVe siècle.
Les premiers combats furent organisés en 264 av. J.-C.Honorius, en 404, mit fin à la gladiature.

Type de gladiateur	Armes
Le Thrace	Un petit bouclier, un casque et un sabre court.
Le Gaulois	Un petit bouclier, un casque léger et une épée sans doute.
Le Samnite	Un casque lourd, un bouclier, des jambières, une épée.
Le Rétiaire	Un filet, un trident, un protège-épaule.

Une société prospère

Caïus et le gladiateur
Henry Winterfeld, Hachette Jeunesse, 2001.

Il s'agit de faire relever tout ce qui démontre la prospérité de cette période, des marchandises vendues, en passant par les moyens de transport utilisés pour le commerce de l'huile d'olive, du vin, des charcuteries, des manteaux de laine, etc.
Au cours du temps, les hommes se sont spécialisés dans différents métiers. Ils ont alors eu besoin d'échanger des biens : par exemple, l'agriculteur avait besoin de vêtements et d'outils que d'autres fabriquaient. Il est important de faire percevoir le développement de ces activités d'échange.

Échanges commerciaux

C'est ainsi que le commerce et la monnaie sont nés.
- Le troc : l'agriculteur échangeait un sac de blé contre une faucille. Problème : et si le forgeron n'avait pas besoin de céréales ?

● L'usage des métaux : pour faciliter les échanges, les hommes ont utilisé les métaux. Chaque marchandise était évaluée en quantité d'or, de cuivre ou d'argent. Par exemple, l'agriculteur vendait un sac de blé au tisserand pour un certain poids d'or. Avec cet or, il achetait une faucille au forgeron, le forgeron pouvait alors s'acheter des vêtements.

Méthodologie du projet — Contrat de lecture avec enquête d'accompagnement, synthèse collective et construction d'un document finalisé.

Animation — Relever au cours des lectures, le nom des artisans et des marchandises troquées ou échangées. Relever le nom des monnaies afin de faire comprendre son apparition et son utilité.

ENQUÊTE SUR LES ÉCHANGES COMMERCIAUX DES GALLO-ROMAINS

À rendre pour le ....

Indique ici les références de ton récit.
(Utilise une feuille d'enquête différente pour chaque livre lu.)

Indique ici le numéro des pages où tu as repéré ces informations.

Nom du métier	Activités et renseignements le concernant

SYNTHÈSE

Les échanges commerciaux des Gallo-romains – Synthèse des lectures du CE2 A

Nom du commerçant ou de l'artisan	Renseignements recueillis
Le cabaretier	Il travaille dans un débit de boisson avec comptoir en plein air.
Les marchands de produits alimentaires	Ils vendent des légumes secs, de l'huile d'olive, du vin, de la charcuterie et des salaisons.
Le sabotier	Fabrication de sabots.
Le scieur de long	Fabrication de planches à partir d'arbres.

Les marchands travaillent dans des échoppes en bois alignées le long des faubourgs, ils se signalent aux clients grâce à une enseigne.
Les marchandises empruntent les voies navigables et la route.
Le tonneau : une invention gauloise bien plus pratique que l'amphore romaine.
Les Romains réservaient la plus grande partie du pays aux cultures nécessaires à l'alimentation de la population des villes.
La monnaie : les pièces de monnaie sont devenues le moyen le plus pratique de faire du commerce. Elles pesaient un certain poids de métal et l'on reconnaissait leur valeur au dessin ou à l'inscription qui se trouvait dessus.

RELEVÉS DE NOTES

Relevés des notes de plusieurs élèves, avant réécriture.

• Le commerce, les métiers

La taverne est au rez-de-chaussée de la maison, on y sert à boire et propose des repas.
Le marché aux bœufs, le marchand de poissons, les philosophes, les poètes, les bijoutiers.
Dans la villa : intendant, serviteurs, esclaves.
Les charlatans proposent des onguents pour éloigner le mauvais sort ou une mèche de cheveux prise sur le corps d'un devin mort.
Des marchands de nourriture.
Le tailleur de pierre sculpte des statues, des colonnes, des fontaines.
Les vigiles avec leurs chiens, des "molosses" de Germanie, veillent à la sécurité des rues et éteignent les incendies.
Le tonnelier.
L'usurier : prête de l'argent.
Le professeur de littérature : enseigne les notions de grec utiles (le grec était la langue des commerçants et des diplomates).
Le médecin et son officine.
Le tanneur qui prépare des peaux.
Le précepteur des fils du sénateur.
Des charpentiers qui construisent des chars et des maisons.
Des cochers avec leur personnel : masseurs, soigneurs, entraîneurs et palefreniers (jeux du cirque).

Remarque

On peut trouver des sesterces dans n'importe quelle bourse aux collectionneurs. Prendre contact avec un parent collectionneur ou une association de numismates de la région.

Pour élargir

La balance romaine et les chiffres romains, un lien entre les mathématiques et l'histoire.
Faire comprendre aux enfants que les Romains étaient de si bons commerçants qu'on utilise encore leurs systèmes de pesée et de comptage.
Utiliser la balance romaine et étudier son fonctionnement.
Les Romains se sont inspirés des découvertes des Grecs et des Phéniciens.

MONEY MONEY

Relevé dans les récits sur les mesures

Nom de la monnaie	Valeur d'échange
Le sesterce	
Des pièces d'or	Permet de rembourser un tavernier suite à une bagarre ayant dévasté son commerce.
Quelques pièces de bronze	Les héros achètent du pain et des olives.

MES NOTES DE LECTURE

***La Loi* (« Mystéria »)**
Les sénateurs étaient des hommes d'expérience et de pouvoir, avec les chevaliers, ils constituaient la noblesse de Rome et dirigeaient les affaires de l'Empire sous la direction de l'empereur (ici Auguste).
Seuls les riches Romains pouvaient se payer des cours de littérature.
Le prêtre qui égorge un bœuf (page 30), les croyances et les dieux.
Le préfet est l'homme le plus important après l'empereur.
Pour avoir droit à la justice, il faut être romain, ne pas être esclave et avoir plus de quatorze ans.
• Les esclaves
Lorsqu'un esclave d'une maison est condamné à mort, tous les autres esclaves de la maison sont exécutés en même temps !
Fuir pour un esclave lui interdit à jamais d'être affranchi. Les esclaves pouvaient être affranchis jusqu'avant le règne d'Auguste.
Les esclaves affranchis ont les mêmes droits que les autres citoyens.
• Les transgressions de la loi
Les Romains étaient condamnés au châtiment par le fouet, la peine de mort (pour un incendie criminel, par exemple), la galère en direction de l'Afrique.
Si une dette n'était pas remboursée, jugement, emprisonnement et si deux mois après, la dette n'était toujours pas payée, le marchand devenait l'esclave de son fournisseur (ici le cas d'un marchand de poisson).
Les audiences du tribunal se terminent en fin de matinée.
Existence des testaments.

Boîte à idées

On peut organiser des ateliers en arts visuels et réaliser des mosaïques à la manière des Romains. Succès garanti pendant le temps des lectures…

Avec Astérix

Astérix et Cléopatre
texte de Goscinny, dessins de Uderzo, Dargaud, 1968.

Deux séries de BD se situent pendant cette période de notre histoire. Les deux héros, Astérix et Alix, sont contemporains, mais c'est leur seul point commun.
Dans leur projet pour Astérix, Uderzo et Goscinny voulaient faire rire de notre époque par le biais de la Gaule en jouant sur l'anachronisme, alors que Jacques Martin, le créateur d'Alix, (voir fiche, page 99) par un graphisme très méticuleux, veut rester fidèle à l'histoire en s'inspirant des découvertes en archéologie. Les deux projets et les deux réalisations sont donc fort différents.

La série « Astérix »

Les aventures d'Astérix et d'Obélix racontent de manière humoristique la domination de l'Empire romain sur la Gaule, l'Angleterre et même l'Égypte. Un personnage, Astérix, est célèbre. Les albums dont il est le héros ont fortement alimenté les représentations de nos élèves sur les Gaulois et introduit sans doute un certain nombre d'anachronismes. Certains manuels scolaires ont même choisi d'être illustrés avec des vignettes tirées de la série, pour leur côté évocateur et amusant, ce qui renforce encore les confusions.

Le projet

Une lecture exploration de la série avec pour mission de repérer ce qui est vrai ou faux, comme le propose si bien le n° 253 de *BTJ* : « Qu'est-ce qui est vrai ou pas dans Astérix ? »

Méthodologie

Contrat de lecture, enquête individuelle dans les livres lus, synthèse collective et mise en commun, élargissement à une autre série ou à l'ensemble des livres de l'époque.

Boîte à idées de pistes pour lancer les recherches

Rapprocher les noms et leur signification.
- Les noms donnés aux Gaulois : ex. Astérix et astérisque, chercher dans le dictionnaire la signification.
- Les noms romains en *us :* Saugrenus.
- Les noms de lieux (en *-um*, à prononcer *ome)* : ceux qui ont été attribués aux camps sont faux : ex. Babaorum, Petitbonum ; par contre, les noms des villes traversées par Astérix sont, eux, vrais : les ajouter à la fiche page 87.

Finalisation

Une exposition dans la BCD ou sur votre site valorisera le travail effectué, passionnera et surprendra les visiteurs.

VRAI - FAUX

Ce qui est vrai

Les chiffres romains.
Les noms des peuplades (Vénétes, Carnutes etc.) et peuples (Grecs, Égyptiens, Bretons, Goths, etc.).
Les druides, les gladiateurs.
Le forgeron, c'est l'âge du fer, les Gaulois était de très bons forgerons.
L'organisation du village gaulois et ses commerçants.
La guerre avec les Romains, les techniques (la tortue), les armes et la hiérarchie (légionnaires, décurion, centurion).
Le personnage de Jules César, de Cléopâtre.
Les monuments dans les villes traversées et les grandes routes pavées (le pont du Gard, l'arc de triomphe d'Orange, les arènes romaines d'Arles).

Ce qui est faux, des erreurs pour rire

Les publicités le long des routes, les caricatures de personnages de notre époque, les embouteillages, le service des postes.
Le menhir : objet ne datant pas des Gaulois mais de l'époque néolithique.
Le chef n'était pas porté sur un bouclier (coutume utilisée par les Francs, bien plus tard). ▷

Les bardes n'enseignaient pas aux enfants.
La potion magique : il est vrai que les Gaulois se soignaient avec des plantes mais la potion magique n'a pas existé. Le dopage des athlètes est un phénomène des XXe et XXIe siècle – un bon débat à lancer en classe.

Pour aller plus loin

« Qu'est-ce qui est vrai ou pas dans Astérix ? », *BTJ* n° 253, édition PEMF.
« Astérix héros celte », numéro spécial de *Bretagne magazine*, 2001.

Avec Alix

« Alix » Les Barbares
Rafael Moralès, Jacques Martin, Dargaud, 1998.

Il s'agit d'une lecture exploration de la série de bandes dessinées « Alix » pour permettre aux jeunes lecteurs d'entrer dans ce monde de l'Antiquité, avec la série complète des albums et des documentaires.
Alix est, à l'origine, un jeune esclave gaulois qui va devenir citoyen romain et le protégé de César. En compagnie d'Enak, son jeune compagnon égyptien, Alix sillonne le monde antique de la Gaule à la Chine, en passant par l'Afrique et la Mésopotamie. Chaque épisode est une occasion pour lui de déjouer une intrigue et, pour nous, de découvrir plus précisément un lieu de l'Antiquité. Le graphisme est méticuleux, la vérité historique recherchée, utilisant les découvertes archéologiques récentes grâce à un minutieux travail de documentation de son auteur : raffinement des arts, précision des lieux, fureur des batailles, méticulosité des complots.

Présentation de la série

Le héros est apparu pour la première fois dans le numéro 38 du *Journal Tintin*, le 16 septembre 1948. Le graphisme a été en constante amélioration, les influences des autres séries du *Journal Tintin* se font sentir à travers les personnages.
Alix parcourt le monde et est ainsi un parfait témoin de son époque. C'est un héros courageux, vertueux, sensible, qui a été marqué par ses années d'esclavage, un vrai militant pour enseigner à nos élèves la fraternité, la justice et la paix.

L'auteur

Prolixe, Jacques Martin est à l'origine de nombreuses séries : Alix, Lefranc, Orion, Kéos, Xan/Jhen, Arno. Atteint d'une maladie des yeux, il forme de jeunes collaborateurs qui poursuivent l'aventure. Marc Henniquiau et Raphaël Moralès reprennent les dessins, Jacques Martin écrivant le scénario, dès 1998.

La frise historique

La frise historique (à construire à l'échelle) représente le contexte dans lequel se situent les aventures d'Alix (-50).
-146, destruction de Carthage
-72 à -46, Vercingétorix
-52 à -30, Cléopâtre
-58 à -51, conquête de la Gaule
-44, mort de César
20 à 25, arc de triomphe d'Orange
14 à 37, règne de Tibère
54 à 68, règne de Néron
79, éruption du Vésuve.

La liste des livres

Classés par ordre chronologique de sortie, tous édités chez Casterman
Alix l'intrépide
Le Sphinx d'or
L'Île maudite
La Tiare d'Oribal
La Griffe noire
Les Légions perdues
Le Dernier des Spartiates
Le Tombeau étrusque
Le Dieu sauvage
Iorix le Grand
Le Prince du Nil
Le Fils de Spartacus
Le Spectre de Carthage
Les Proies du volcan
L'Enfant grec
La Tour de Babel
L'Empereur de Chine
Vercingétorix
Le Cheval de Troie
Ô Alexandrie
Les Barbares.

« Les voyages d'Alix »

Une collection documentaire, chez Dargaud, qui illustre ce que pourrait être une exposition à la BCD sur l'Antiquité avec les dessins de Jacques Martin.
L'Égypte 1 et 2; Rome 1 et 2; La Grèce 1 et 2; à suivre…

Le projet

On procédera, comme d'habitude, par contrat de lecture, enquête individuelle dans les livres lus, synthèse collective et mise en commun, puis on pourra élargir à une autre série.

Les animations : les voyages et déplacements d'Alix

Vivre les voyages d'Alix, afin de partager sa passion de la découverte et revivre l'histoire de l'Antiquité comme une aventure. Explorer à travers ces images fortes et vraies les sites, les villes, les monuments et les campagnes. Rencontrer chez eux les gens tels qu'ils vivaient en ces lieux porteurs d'histoire. Ajouter au contrat les albums documentaires « Les Voyages d'Alix ».

- Enquête : Faire relever dans chaque album le lieu du récit ou le déplacement d'Alix, porter ceux-ci sur une carte du Monde. La ville de Rome et la Gaule sont explorées minutieusement par l'auteur.

EN GRÈCE

Athènes reste la rivale de Rome. Alix a eu de nombreuses occasions, parfois non désirées, de se rendre dans ce pays qu'il admire.
Les lieux :
Au pied du colosse de Rhodes, Athènes (l'Agora et l'Acropole), Delphes, le Mont Parnasse, Olympie.

EN AFRIQUE

Carthage reconstruite un siècle après la victoire de Scipion l'Africain et son port, les côtes d'Afrique Occidentale, le désert.

EN ORIENT

La retraite de Syrie, plus à l'Est à Zurbakal, Jérusalem, Babylone, la Perse.

EN ÉGYPTE

Plusieurs voyages le long du Nil, Alexandrie, les Pyramides, Karnak, etc.

EN CHINE

Le long voyage entrepris par Alix est anachronique d'une soixantaine d'années. Alexandre le Grand avait ouvert la voie (350 av. J.-C.) établissant les premiers contacts avec l'Inde.

Autres pistes pour élargir

Les personnages récurrents de la série

● Alix

Alix Graccus est le héros de la série. Ancien esclave des Parthes, il est attaché à son statut de citoyen libre. Audacieux, brave, intelligent. Il possède des qualités humaines affirmées : droiture, fidélité, tolérance, charité. Il aide souvent les personnages en difficulté et refuse la barbarie. Le souligner aidera les jeunes lecteurs à comprendre l'une de nos valeurs républicaines : la fraternité. C'est également un défenseur de la liberté.

Il est ami avec les grands du monde antique, ce qui est pédagogiquement très pratique.

Graphisme : il sera amusant de repérer l'évolution du graphisme au fur et à mesure de la parution des albums.

Document à construire si possible avec des vignettes.

● Enak

Compagnon de route de Alix, orphelin peu bavard, il est héritier d'un prince du Nil. Moins courageux qu'Alix, son personnage évolue en perdant une partie de sa timidité en grandissant.

Graphisme : il sera amusant de repèrer l'évolution de son graphisme au fur et à mesure de la parution des albums.

Document à construire si possible avec des vignettes.

Les autres personnages possibles à étudier

- Arbaces grec d'origine, prince d'Égypte, manipulateur, ambitieux et fourbe.
- Galva, le centurion.
- Horatus, le général.

Mais aussi Pompée, Jules César et d'autres personnages historiques.

Les femmes et Alix

Éternel célibataire, Alix ne semble pas très attiré par le sexe faible. Plusieurs femmes tombent amoureuses de lui, mais Alix ne se fixe jamais. Ses missions lui donnent toujours un bon prétexte pour reprendre la route et démontrer que le courage et l'humanité donnent du sens à la vie.

Trois types de femmes sont présentes dans la série : les compagnes de fortune ou d'infortune, les mégères, les princesses et les reines.

À vous de lancer vos lecteurs à la recherche de Lydia, Octavia, Maluâ, Sabina, Archeloüs, Marah, Maia, Hermia, Daphné, Adrea, Sais et Cléopâtre et de les classer dans l'une (ou dans plusieurs) de ces catégories.

L'Égypte antique

Naissance d'une pyramide
David Macaulay, Deux Coqs d'or, 1992.

C'est une nouveauté, les nouveaux programmes soulignent l'impact et l'influence exercés par les grandes civilisations du bassin méditerranéen ayant connu très tôt l'écriture sur notre civilisation. La culture de l'Égypte ancienne est bien à l'origine des cultures grecque et romaine.
Par ailleurs, les manuels de mathématiques regorgent de projets passionnants utilisant la numération de l'Égypte antique. Ces projets donnent du sens aux apprentissages, l'étude de l'histoire des numérations (ici égyptienne) aide à la compréhension de notre propre système. En effet, l'absence de mise en contexte culturel pouvait induire des représentations fragmentées ou erronées chez nos élèves. On pourra effectuer des comparaisons entre les autres systèmes de numération dans l'Antiquité et ceux qui sont en vigueur aujourd'hui.

Le projet

Il s'agit de faire découvrir les permanences d'une civilisation : un territoire, une société agraire, un pouvoir, des croyances.

Nos objectifs

Aider les élèves à construire une intelligence du temps historique.
Élargir culturellement les connaissances des enfants.
Donner du sens et un contenu à une liaison CM2-6e.
Proposer une entrée culturelle afin de préparer les enfants au programme du collège.
Créer des liens entre mathématiques et histoire pour donner du sens aux apprentissages.

Organisation

Contrat de lecture ou lecture individualisée avec échange et présentation en classe.

Partenariat

Une excellente occasion de développer une liaison riche avec le collège !
Les élèves de sixième viennent apporter leur concours et leurs connaissances sur l'Égypte, puisque cette civilisation est au programme de leur classe.

Des pistes

Extraire des données pour construire des cartes, des frises chronologiques, des expositions ou détourner un jeu avec questions se rapportant au contenu des ouvrages (jeu de l'oie, défi lecture simple, prix littéraire, etc.).

Les projets

Dans les ouvrages lus, extraire les informations puis vérifier dans les documentaires permettant de :
- situer géographiquement les lieux des récits sur la carte de l'Égypte ancienne ;
- repérer chronologiquement l'époque des récits ;
- construire un dictionnaire de base utilisant le lexique égyptien : temple, pyramide, pharaon, dieux, etc.

Les récits proposés

Ils sont en parfait accord avec nos connaissances actuelles de l'Égypte. Des récits souvent courts permettant bien d'entrer dans l'Égypte antique et dans ses croyances. Beaucoup d'histoires de momies, de hiéroglyphes, de pharaon, de scribes et de papyrus...
Les récits nous entraînent dans et autour des pyramides et le long du Nil.
Le mystère est présent partout. Certains récits sont proches du fantastique ou de la science-fiction.
On peut ajouter quelques récits de découvertes archéologiques et des récits utilisant le voyage dans le temps avec des machines ou des objets magiques permettent aux héros de raconter ainsi l'Égypte rencontrée avec leurs yeux et leurs valeurs.

Animations

L'objectif est d'aider les lecteurs à borner temporellement et géographiquement l'époque étudiée, à effectuer de premières mises en réseau (mêmes époques, lieux différents).
Il est aussi de développer des compétences de recherche documentaire.

Construire la frise historique de l'Égypte ancienne

- Ressources

Des manuels de sixième (vous pouvez les récupérer ou les emprunter au collège de votre secteur dans le cadre de votre liaison collège-école).

- Méthodologie

Première séance
Dans des manuels d'histoire de sixième, relever les noms, les lieux, les dates, les événements importants choisis par les auteurs de ces manuels.
Construire une frise (une collective et murale, une autre dans le cahier de méthodologie ou d'histoire de chaque enfant).
Une strate de la frise sera réservée aux titres ou couvertures

des récits du contrat. Elle sera complétée petit à petit après discussions et recherches documentaires à partir des lectures.

Construire la carte des lieux des aventures

Dans des manuels d'histoire de sixième, repérer les lieux importants (les Pyramides, le cours du Nil, Karnak, etc.) choisis par les auteurs de ces manuels.
Une carte murale sera construite et complétée au fur et à mesure des lectures. Chaque enfant en possédera une dans son cahier.

LES LIEUX DE L'ÉGYPTE

Le Nil, la Basse-Égypte, la Haute-Égypte, la vallée des rois, le désert de Canaan, Memphis, Thèbes, Héliopolis, Memphis, Hermopolis, Qadesh, etc.
On pourra situer les lieux des récits sur la carte, tracer les trajets des héros.

CHRONOLOGIE ET PERSONNAGES

Cléopâtre, Amon-Râ, Ahmosis, Toutankhamon, Horus, Anubis, Osiris, Ramsès II, Moïse, Champollion, etc.
Les recherches documentaires permettront dans un premier temps de trier les personnages historiques des autres puis de construire ou d'enrichir progressivement la frise collective.

LEXIQUE

Momie, bandelettes, le Nil, papyrus, hiéroglyphes, pharaon, scribes, les crues du Nil, sarcophages, techniques agraires, etc.
Construire un dictionnaire égyptien, en travaillant le choix du lexique puis en construisant des définitions lisibles afin de donner du sens aux lectures et de parfaire la compréhension fine.

Récits sur la Gaule (avant - 52) : nos livres préférés

Diatorix et Marcus
Bertrand Solat, Flammarion « Castor Poche », 1989.

*Vercingétorix***
BD de Jacques Martin série « Alix », Casterman, 1998.
Alix aide Vercingétorix, le vaincu d'Alésia par Jules César, à s'enfuir et à retrouver son pays. Mais que peuvent faire les Gaulois contre les légions de l'Empire ?

*Alésia**
Adam J.-P., Casterman, « Les jours de l'Histoire », 1984.

*J'étais enfant à Alésia**
Brenet A., illustrations de Pef, Le Sorbier, « J'étais enfant... », 1980 et 2002.

*Vercingétorix**
Carré C., Casterman, 2001.
La BD du film accompagnée d'un dossier documentaire et d'images du film. Très lisible.

La Guerre des Vénètes

Jean Coué, Hachette Jeunesse « Le Livre de poche jeunesse », 1996.

*La Guerre des Vénètes****
Jean Coué, Hachette Senior « Le Livre de Poche jeunesse », 2000.
La guerre des Vénètes est celle qui opposa en 56 av. J.-C. les Romains au peuple de Dariorigum, dans le Morbihan. Face à l'extraordinaire puissance romaine, les chances de l'emporter étaient minces. Pourtant, aux côtés du jeune Gur, tout semble possible. Un célèbre épisode de la guerre des Gaules, vu sous l'angle des vaincus. Un récit à la gloire de la résistance d'un peuple courageux.
L'auteur restitue la splendeur de la région sauvage qui est la sienne.
Un index est présent à la fin du livre afin d'éclairer historiquement certaines des péripéties.

*Diatorix et Marcus****
Bertrand Solet, Flammarion « Castor Poche », 1999.
Un jeune Gaulois, élevé par une famille romaine, se joint à la révolte des Carnutes, en l'an 21 ap. J.-C., en Gaule.
Cela fait 73 ans que Vercingétorix s'est rendu au dictateur Jules César. Les Romains tentent d'imposer la paix en Gaule. Diatorix, fils d'un grand chef gaulois mort au combat, a été élevé par Titus Prolimus, le Romain. Il a grandi aux côtés de Marcus qu'il estime comme un frère…
Le pays s'agite. Les peuples celtes se rassemblent, se soulèvent contre l'occupation romaine et luttent pour leur liberté. Il doit choisir son camp : épouser la fille de Titus Prolimus ou écouter l'appel à la révolte que lance le druide, chef des Carnutes ?

« Alix », la série**
Texte et dessin Jacques Martin, édition Casterman
Premières parutions dans le *Journal Tintin,* en septembre 1948.
Rome, 53 av. J.-C. Alors que César commence à conquérir le monde avec ses légions, un jeune esclave gaulois est adopté par le noble Horus Galla. Pour le jeune Alix, débute une longue vie d'aventures qui le conduira dans tout le bassin méditerranéen, dans sa Gaule natale, mais aussi en Chine. Blond, courageux et fin diplomate, il se tire des situations les

De lecture facile à lecture plus difficile***, à vous de choisir.*

plus difficiles. Il a pour compagnon d'aventure Enak, un ancien esclave lui aussi, qui le seconde efficacement. Héros fictifs, ils rencontrent de nombreux personnages fameux: César, Cléopâtre, Vercingétorix, Andromède et bien d'autres. Les décors sont soignés, grande lisibilité de la série, c'est une véritable leçon d'histoire antique.

« Astérix »*
Texte René Goscinny, dessin Albert Uderzo, édition Dargaud et Albert René
En l'an 50 av. J.-C., la Gaule est occupée par les Romains. Seul un petit village où vivent d'irréductibles Gaulois résiste à l'occupant...
Une série à l'humour décapant, avec un dessin alerte, d'une grande lisibilité.

*Mon Enfance gauloise**
Hochain S., L'École des loisirs, 1999.
Diamid, un jeune Gaulois, vit dans le village de Gallico-Briga. Les guerres romaines et la paix romaine. L'esclavage des Gaulois et la fuite du camp de travail obligatoire. La vie dans un village gaulois, les croyances gauloises, le commerce, l'importance des druides.
Six pages d'explication documentaires accompagnent le récit en fin de volume.

*Légendes et récits de la Gaule et des Gaulois***
Toussaint-Samat M., Fernand Nathan, 1994 et 2002.
De Pythéas le Massaliote à Vercingétorix l'Arverne, l'histoire d'un peuple « brouillon, bricoleur, joyeux, indiscipliné, vantard, contestataire ». Jules César les considérait comme un ramassis de barbares mal lavés. Or, ils habitaient de solides maisons en pierre, ils avaient déjà inventé: le matelas, la cloche, le savon, la bière, le foie gras, le tonneau, le calfatage des bateaux et la greffe des vignes...

*Le Tonnerre de Madrazès****
Cénac Cl., Hachette jeunesse « Le Livre de Poche jeunesse », 1993.
On est au temps de César et de Vercingétorix. Carabelloc, le jeune Gaulois, ne rêve que de fredaines, de jeux et d'aventures. Temniacos, le druide, lui confie une mission secrète. Sous prétexte d'un voyage familial, observer, écouter les étrangers, les marchands... repérer et espionner les espions romains.

*Cavalier arverne***
Léourier Ch., Hachette Jeunesse, 1990.
Premier siècle avant J.-C. Instruit par les Romains et les Germains de la science de la guerre et rêvant de liberté pour son peuple, Vercingétorix, le chef gaulois, veut battre César...
Le jeune paysan gaulois, Limnos, participera donc à l'affrontement où les coups de mains alternent avec les combats navals, le choc des cavaleries avec les assauts et les sièges. À son retour, il perpétuera le sacrifice de Vercingétorix.
Deux qualités majeures pour ce roman : une belle écriture et une grande exactitude historique.

« Vercingétorix »*
Je lis des histoires vraies, Fleurus presse n° 92, janvier 2001.

Récits sur Rome (après –52) : nos livres préférés

La série « Mystéria » (Bayard éditeur)

Les 4 Voyageurs à la poursuite d'Aspirinius
François Appas, illustrations de Christian Maucler, Hachette Jeunesse, 1992.

Bayard poche, collection « Les Aventuriers de l'histoire » : il y a 2000 ans, d'étranges affaires se passent à Rome. Mais Antonius, Titus, Aki et Marcus ne laisseront pas régner l'injustice !
L'éditeur va proposer une mutation de cette superbe série vers la collection « Je bouquine » en 2003, elle reste toujours disponible en attendant sous la forme antérieure « Mystéria ».

*Menace sur le gladiateur**
Alors qu'il assiste à un combat dans les arènes de l'amphithéâtre, Antonius découvre un étrange complot : les jeux sont truqués, et Vinctrix, le célèbre gladiateur, est menacé.

*L'Incendiaire de Rome**
Pourquoi Titus a-t-il disparu, le soir de l'incendie ? Que s'est-il passé ? Est-il vraiment l'incendiaire, comme le prétendent les vigiles qui le recherchent ? Pour prouver son innocence, ses trois amis doivent fournir une preuve.

*Sabotage sur le Tibre**
Au moment où Akis et son père viennent livrer leurs poissons chez le riche Flavius, ils découvrent qu'il vient d'être assassiné ! Akeops, l'intendant de la villa, est injustement accusé du meurtre.

*La Nuit du sacrifice**
Syrilla, une jeune Syrienne, habite à Rome depuis peu de temps. Son père est gravement malade, il faut le soigner au plus vite. Akis et ses amis acceptent de lui venir en aide. Mais l'épidémie se développe et c'est la panique dans la cité.

*Passagers clandestins**
Bakyrès, le marchand de poissons, a disparu. Très inquiet, son fils part à sa recherche avec ses amis. La piste d'une étrange affaire les mène dans le port d'Ostie.

*Meurtre aux thermes**
Marcus est témoin d'un crime dans les thermes où il travaille. Menacé par les meurtriers, il doit pour sauver sa vie, trouver qui a volé le trésor de la ville. Dans le labyrinthe des égouts de Rome.

*La Petite Barbare ***
Roche T., édition Lire c'est partir, 2001.
Le mystère entourant une jeune esclave dans une villa gallo-romaine dans les années -10. Présentation des personnages en début de volume, lexique en fin de volume.

*Naissance d'une cité romaine***
Macaulay David, Deux Coqs d'or, 1992.
L'auteur s'est inspiré des plans de centaines de villes romaines bâties de 330 av. J.-C. à 150 ap. J.-C. et du concept de César qui avait affirmé qu'une ville n'était pas seulement un centre commercial, politique et religieux, mais aussi et surtout un endroit où les gens avaient envie de vivre. La ville imaginaire de Verbonia se construit petit à petit sous nos yeux.

*L'Aigle de Titus***
Royo D., éditions SEDRAP, 1999.
Titus, fils de patricien, vit à Narbo Martius (Narbonne) au temps de Marc Aurèle. Il va déjouer un complot et découvrir l'existence de la religion chrétienne. L'intrigue est un prétexte pour plonger le lecteur dans la vie quotidienne de l'Antiquité. Une excellente manière d'intéresser les élèves à l'histoire romaine.

*Av. J.-C. Au temps des Romains**
Casterman collection «Des enfants dans l'Histoire».
La collection permet d'entrer dans l'Histoire en suivant les aventures quotidiennes d'un enfant de leur âge.

*Ciné-cauchemar***
Jozan O., Hachette Jeunesse, 1997.
En visitant les arènes de Fréjus, Marc pénètre dans un souterrain, sans écouter les avertissements d'un bizarre vieil homme à la barbe blanche.Tout à coup, il est plongé en pleine époque romaine et se retrouve prisonnier d'un autre temps, à l'époque de Trajan... Un temps dangereux, plein de violence et de misère. Nous suivons les efforts de Marc pour rejoindre son époque et sa découverte des aspects de l'Antiquité qu'il ne soupçonnait pas. Une réussite.

L'Affaire Caïus
Henri Winterfeld, Hachette Jeunesse « Le Livre de Poche jeunesse », 2001.

*L'Affaire Caïus ****
Winterfeld H., Hachette Jeunesse « le Livre de Poche jeunesse », 2001.
« Caïus est un âne. » La phrase inscrite par Rufus sur sa tablette remporte un grand succès.Toute la classe se pâme de rire, tandis que Caïus rougit de colère. Comment Rufus ose-t-il l'insulter, lui, le fils d'un richissime sénateur ? Mais le lendemain, personne n'a plus envie de rire. La même phrase est tracée, en lettre rouges... sur la façade du temple de Minerve. Ce qui dans la Rome impériale, est un terrible sacrilège.
Un roman policier à l'époque de la Rome antique.

La suite de L'affaire Caïus : *Caïus et le gladiateur***
Winterfeld H., Hachette Jeunesse, 2002
Un jeune et fort esclave venu du Nord : peut-on rêver plus beau cadeau à offrir à un maître vénéré ? Hélas ! Caïus et ses condisciples ne se doutent pas des conséquences de leur généreux achat ! Car non seulement maître Xantippe refuse ce présent de roi, mais le malheureux esclave est recherché par des individus fort louches, dont un terrible gladiateur borgne.
Une nouvelle enquête policière dans la Rome de Tibère, une visite dans les coulisses des gladiateurs et des jeux cruels du cirque.

*Le Serment des catacombes****
Weulersse O., Hachette Jeunesse « Le Livre de Poche jeunesse », 1986.
En l'an 177, à Lyon, les chrétiens sont persécutés sous l'occupation romaine pendant le règne de Marc Aurèle. Une chrétienne de quinze ans,Toutilla et son amoureux, Gédémo, le fils du prêtre romain, gladiateur et conducteur de char affrontent la haine et les persécutions et tentent d'obtenir la paix pour les chrétiens.

*Complot à Rome****
Gonzalès L., Flammarion « Castor Poche », 1998.
Rome, 44 avant J.-C., un jeune patricien, Drusus, apprend que son oncle a fait partie d'une conjuration pour assassiner Jules César. Les conjurés sont traqués et l'oncle se suicide en confiant à Drusus un précieux document sur lequel beaucoup de gens cherchent à mettre la main, contraignant le jeune à fuir et à se cacher.

*Tumulte à Rome***
Weulersse O., Hachette Jeunesse « Le Livre de Poche jeunesse », 2001.
Rome, 218 av. J.-C. : sur fond historique de la deuxième guerre punique, le récit mythique de deux jumeaux qui forcent le destin.
Après la surprenante nouvelle de la traversée des Alpes par l'armée d'Hannibal, Titus Capitolinus, un jeune noble romain, part faire la guerre contre les Carthaginois. Dans la débandade de la défaite romaine, un groupe de Gaulois enlève Titus pour l'offrir à Hannibal. Passant d'un camp à l'autre, déguisé, suspecté, espion puis espionné, Titus s'enfuit pour retrouver Rome. La ville est en effervescence après de nombreuses défaites.
L'auteur ressuscite avec talent les rites et mentalités de la société romaine, un roman riche d'enseignements et de suspense.

*Récits tirés de l'histoire de Rome**
Defrasne J., Nathan Poche « Contes et légendes », 2001.
Dans la longue histoire de la Rome antique, il y a 2 000 ans, les heures sombres et les jours de gloire ne manquent pas... Les Gaulois à l'assaut de la cité, le combat contre Carthage, la révolte de Spartacus, les folies de Néron.

*Contes et légendes de la naissance de Rome**
Orvieto L., édition Pocket Jeunesse, 2000.
La naissance de Rome, un 21 avril, il y a plus de 2 000 ans. Rome n'est alors qu'une petite bourgade juchée sur une colline. L'aventure des hommes et des femmes qui en furent à l'origine.

*Gannorix****
Mirande J., Flammarion-Père Castor « Romans historiques », 2002.
En Gaule et à Rome, 10 ans avant les conquête de Jules

César, un jeune Gaulois devenu esclave s'évadera et suivra les troupes de Spartacus. Un récit passionnant qui éclaire le lecteur sur les pouvoirs des druides et les croyances gauloises chez les Arvernes. À Rome, on découvrira l'organisation de la société, des gladiateurs à vie en passant par la hiérarchie. Superbe histoire. Récit indispensable dans un contrat lecture sur l'époque.

*Au temps des Gallo-romains**
Coulon G., Sorbier « La Vie des enfants », 2001.
Une biographie sous la forme d'un album aux frontières du documentaire.

*Des femmes dans l'histoire**
Godard Ph., Autrement Jeunesse, 2001.
Neuf histoires de femmes ayant marqué l'histoire, ici : Athanasia au IXe siècle (christianisme).

*Contes et légendes d'Île-de-France**
Toulouze G., Nathan, 1974.
(Les Gallo-romains sont à Lutèce…)

Récits égyptiens : nos récits préférés

Ramsès II, futur pharaon
Viviane Koenig, éditions du Sorbier, « La Vie des enfants », 2001.

*La Vengeance de la momie****
Brissou-Pellen Évelyne, Hachette Jeunesse, 2001.
En Égypte au temps des pharaons, des trésors dorment dans les tombeaux.
Accompagné d'un chacal, Khay arpente les rives du Nil pour montrer à qui le souhaite la momie qu'il a volé. Un travail facile et qui lui permet de manger à sa faim ! Mais la momie se révèle vite inquiétante, et même dangereuse le jour où il découvre son nom.
Une sorte de conte philosophique.

*L'Assassin du Nil***
Surget Alain, Flammarion-Père Castor, 1999.
Depuis qu'il a accompli trois exploits mémorables avec sa jeune amie Thouyi, Menî a été reconnu digne de succéder à son père sur le trône d'Égypte. Mais le jour de la cérémonie, un ambassadeur est assassiné dans le palais. Pour éviter la

guerre avec le royaume de Basse-Égypte, Menî doit se rendre jusqu'à la capitale par le Nil.

*Le Trône de Cléopâtre****
Jay Annie, Hachette Jeunesse, 2002.
Alex, ressemble à la reine d'Égypte, Cléopâtre. Elle n'aurait jamais pensé que la ressemblance pu lui servir... et même lui sauver la vie ! Envoyée en Égypte ancienne grâce à une machine à remonter le temps, la plus hallucinante des aventures commence.

*Le Lévrier du pharaon****
Judenne René, Hatier, 2000.
Un lévrier magnifique dressé pour la chasse à la gazelle est le cadeau le plus précieux que Nazlet ait jamais reçu. Le jeune Égyptien décide de faire du bel animal un compagnon pacifique et joyeux. Mais, un jour, le chien disparaît, Nazlet est prêt à affronter tous les dangers pour le retrouver.
Un dossier documentaire intéressant est proposé en fin de livre.

*Les Pilleurs de sarcophages****
Weulersse Odile, Hachette Jeunesse, 2001.
Pour sauver son pays, Tetiki l'Égyptien, veut mettre un trésor à l'abri des voleurs. Avec l'aide d'un nain danseur et d'un singe presque humain, il défie les espions, le désert et la mort.

*Le Secret du papyrus****
(La suite des *Pilleurs de sarcophages)*
Weulersse Odile, Hachette Jeunesse, 2001.
En l'an 13 de son règne, Ahmosis, premier pharaon de la XVIIe dynastie veut protéger les frontières de son pays et envisage de poursuivre ses ennemis jusqu'au désert de Canaan. Il doit s'assurer la protection du dieu Amon-Râ et souhaite lui faire une magnifique offrande. Tétiki est chargée de cette mission : se rendre parmi les peuples du désert et rapporter une pierre bleue très rare.

*À l'époque des pharaons**
Séthus M., Casterman, « Des enfants dans l'Histoire », 1998.
La collection permet d'entrer dans l'histoire en suivant les aventures quotidiennes d'un enfant de leur âge.

*Le Joyau du pharaon***
Hénard Daniel, Hachette Éducation, 1994.

À Zoriti, petite ville des bords du Nil, chacun se prépare à accueillir le plus illustres des visiteurs, le grand Thoutmôsis lui-même, pharaon d'Égypte. Jamais l'humble berger Djaou n'aurait imaginé que ce jour verrait la naissance de son amitié avec Ameni et Chedou, les fils du Premier Scribe. Et aucun des trois nouveaux compagnons ne se serait douté que leur expédition sur le plateau brûlant allait entraîner une telle aventure. On ne côtoie jamais sans péril le mystère sacré des tombes royales…

*Kéos***
Martin Jacques, Pleyers J. (dessins de Jhen), Casterman, 1999.
Lors du décès de Ramsès II, son écuyer est entraîné dans la mort avec lui. Le fils de ce dernier, le jeune Kéos se retrouve orphelin et anobli. Protégé par le dieu Osiris, Kéos devient à la fois l'ami et le conseiller du nouveau pharaon Mineptah et de Moshe (plus connu sous le nom de Moïse). Mais l'Égypte est ravagée par les pires catastrophes et Kéos en compagnie de son ami Tara a fort à faire pour aider le jeune pharaon face aux intrigues des prêtres de Karnak et aux dangers qui menacent l'Égypte.
La série est restée éphémère, elle s'est arrêtée au bout de deux épisodes.

*Houni bâtisseur de pyramide***
Surget Alain, Flammarion-Père Castor, 2001.
À Memphis en l'an II du règne de Khoufou appelé aussi Keops (2536 av. J.-C.). Houni est un jeune paysan égyptien. Comme des milliers d'autres, il est requis pour participer à l'édification de la « demeure d'éternité » du pharaon Khoufou. Mais ce dernier exige plus grand, plus beau, plus haut que tous ses prédécesseurs. Le chantier va durer trente années, entraînant Houni et le peuple égyptien dans la prodigieuse aventure de la première pyramide.

« Toutankhamon, le trésor du pharaon »*
Je lis des histoires vraies n° 55, Fleurus presse.
En 1922, deux archéologues anglais découvrent en Égypte, l'un des plus fabuleux trésors de tous les temps: le tombeau du pharaon Toutankhamon enseveli depuis des siècles avec d'innombrables richesses…

*L'Égypte aux 100 complots**
Pietri A., Delval J., « Vivez l'aventure / livre jeu », Gründ, 2002.
En Égypte, 1300 ans av. J.-C., à l'époque du Nouvel Empire.

Le pharaon Toutan-Ho et la reine Haressouêt règnent depuis plusieurs années... Humour et enquête policière.

*Hiéroglyphes : l'écriture de l'Égypte ancienne***
Katan N. J., L'École des loisirs « Bibliothèque documentaire », 1982.
Même collection que *Naissance d'une Pyramide* de David Macaulay.

Tirya, le complot du Nil
Alain Surget, Flammarion, 2002.

*Tirya, le complot du Nil***
Surget Alain, Flammarion, 2002.
En 568 av. J.-C. dans le delta du Nil. Tirya est la fille d'un général égyptien injustement accusé d'être le chef d'une bande de pilleurs de tombes. Elle va devoir déjouer le complot contre son père, affronter Pharaon en personne et traverser l'Égypte avec ses redoutables déserts...
Une découverte de l'Égypte, Babylone, Athènes, Olympie, Delphes, Rome et Marseille (Phocée) en utilisant la voie de commerce des Grecs. Une réussite.

*Moïse, le prince en fuite****
Lester J., Bayard jeunesse, 2001.
Quand les soldats de Pharaon décident de massacrer tous les nourrissons hébreux, Almah, la sœur aînée de Moïse, parvient à le sauver en dissimulant son couffin dans les roseaux. Recueillis par la fille de Pharaon, Almah et Moïse auront beaucoup de mal à concilier la culture des Égyptiens avec la foi de leur famille en un Dieu unique. Un jour, l'un après l'autre, ils auront à faire un choix difficile même s'il doit bouleverser leur vie.
Julius Lester est un auteur noir américain. Il s'est appuyé sur la *Torah* pour restituer de façon originale l'enfance et l'adolescence de Moïse.

*Le Cavalier du Nil***
Surget Alain, Flammarion-Père Castor, 2002.
En Égypte, un jeune paysan devient palefrenier de Ramsès II et assiste à la bataille de Qadesh.

Pour le reste

Rendez-vous sur le site :
www.crdp.ac-creteil.fr/telemaque

chapitre 4

Moyen Âge

© Francis Jolly

Moyen Âge

Présentation de la période

Le Dernier des Templiers

Arthur Ténor, Hachette Jeunesse « Le Livre de Poche jeunesse », 2001.

Le Moyen Âge est divisé en trois grandes périodes :

- Le Haut Moyen Âge (du Ve au Xe siècle)

Lors des invasions germaniques, les Francs l'emportent et fondent la dynastie des Mérovingiens. Clovis (481-511) est l'un d'eux, il est baptisé et sacré à Reims, le royaume franc devient un royaume chrétien.

- Le Moyen Âge classique (du Xe au XIIIe siècle)

En France, les Capétiens, rois depuis 987, consolident leur pouvoir et agrandissent leur territoire. On retiendra surtout Philippe Auguste, Louis IX (Saint Louis) et Philippe le Bel. Des progrès techniques dans le domaine de l'agriculture accompagnent le développement du commerce.

- Le Moyen Âge tardif (du XIVe au XVe siècle)

C'est une période de troubles en France qui connaît sur son sol la guerre contre une puissance étrangère (la guerre de Cent Ans) et la guerre civile. Jeanne d'Arc, en suscitant une résistance populaire, permet la reconquête du royaume sur les Anglais.

Quelques dates

476, chute de l'Empire romain
987, avènement de Hugues Capet
1214, Bouvines
1483, mort de Louis XI

Unité et divisions

C'est une période de divisions politiques mais d'unité et de puissance de l'Église chrétienne.

La longue période du Moyen Âge est marquée par l'émiettement du pouvoir politique. Le christianisme joue désormais un rôle central, assurant en partie le contrôle et la cohésion sociale que n'assure plus l'Empire romain disparu.

À partir du IVe siècle, des peuples venus de l'Est, notamment les Francs, attaquent à plusieurs reprises l'Empire romain qui s'effondre définitivement en 476. Cette disparition de l'ordre romain provoque pendant plusieurs siècles un émiettement du pouvoir politique, malgré quelques tentatives de restauration (notamment celle de Charlemagne). Cependant la religion chrétienne continue à se diffuser et à s'organiser, les hommes d'Église étant souvent les seules autorités encore reconnues. Pour réagir contre l'insécurité, le pouvoir se reconstitue au niveau local, avec des seigneurs qui, depuis leurs châteaux forts, font régner l'ordre sur la petite région qu'ils dominent mais se font fréquemment la guerre. En échange de cette protection, les paysans acceptent de payer au seigneur diverses redevances et même, dans certains cas, de devenir « serfs » du seigneur, c'est-à-dire attachés à sa terre. Pendant ces siècles d'insécurité, la vie urbaine et les relations commerciales sont en décadence.

Hommes, faits, monuments, objets

Un château fort, un monastère, une cathédrale, la vie des paysans.

Il n'est pas nécessaire d'expliquer en détail le fonctionnement de la féodalité ; le terme peut d'ailleurs être évité, de même que ceux de *fief, vassal, hommage, adoubement* (sauf à l'occasion de l'explication d'un document figuré).

L'affirmation du pouvoir royal

Hugues Capet, comte de Paris, est couronné et sacré roi de France en 987, à Noyon. Au cours des siècles suivants, ses successeurs rattachent peu à peu au royaume, par mariage ou par conquêtes, les régions d'abord proches de Paris, puis plus lointaines. L'avènement d'Hugues Capet marque le début d'une période qui s'achèvera en 1789.

Dans leur patiente entreprise de formation du royaume de France, les rois capétiens affirment les droits de la monarchie sur les grands seigneurs du royaume en s'appuyant sur l'Église qui, sous l'autorité du pape de Rome, encadre les chrétiens. C'est au nom de la religion que les Français participent aux croisades (Saint Louis), expéditions menées depuis l'Europe chrétienne pour délivrer le tombeau du Christ tombé aux mains des musulmans. En même temps qu'ils bataillent contre les seigneurs à l'intérieur du royaume, les Capétiens défendent celui-ci contre ses voisins, empereurs allemands (Bouvines), rois d'Angleterre (guerre de Cent Ans, Jeanne d'Arc). Lorsque Louis XI, un des successeurs d'Hugues Capet, meurt, le pouvoir royal est consolidé en France et le royaume de France est pour la première fois d'un seul tenant géographique.

Homme, faits, objets, monuments

Godefroy de Bouillon et la première croisade, Bouvines, Saint Louis, Jeanne d'Arc, les grandes étapes de la formation du royaume (carte).
Ne pas aborder les dynasties mérovingiennes et carolingienne ; de même on n'entrera pas dans le détail de la guerre de Cent Ans.

Horaires et programmes d'enseignement

« **Les limites habituellement retenues** (476-1492) vont de la chute de l'Empire romain d'Occident à la découverte des Amériques.
À partir du IVe siècle, des peuples venus de l'Est, notamment les Francs et les Wisigoths s'installent dans l'Empire romain d'Occident qui s'effondre définitivement vers la fin du Ve siècle. Sur ces ruines s'établissent des royaumes fondés par des peuples germaniques. Cette période est décisive dans notre passé national, avec le nom même de notre pays, l'émergence de sa capitale et en même temps des grandes identités régionales. Décisive aussi pour l'Europe avec, d'un côté les différenciations territoriales et linguistiques, mais de l'autre, une première forme d'unité religieuse (la chrétienté), culturelle et artistique. C'est enfin le temps de l'établissement de la troisième grande religion monothéiste, l'Islam, qui crée une nouvelle et brillante civilisation dominant le sud de la Méditerranée. Les chrétiens et les musulmans vont s'affronter, mais aussi échanger produits et idées.
Points essentiels à traiter :
- à la suite de migrations et d'invasions, en particulier celle des Francs, dislocation du pouvoir politique et domination des seigneurs sur les paysans ;
- naissance de la France : un État royal, une capitale, une langue ;
- l'Europe des abbayes et des cathédrales ;
- en Méditerranée, une civilisation fondée autour d'une nouvelle religion, l'Islam. Entre chrétiens et musulmans, des conflits mais aussi des échanges. »

(*in Horaires et programmes d'enseignement de l'école primaire, histoire, cycle III,* 2002).

Des récits déclinés sous tous les genres

C'est une des périodes historiques les plus largement traitées par les éditeurs. Tous les genres du récit sont représentés: romans historiques, d'aventure, policiers et même de science-fiction, sur le mode des voyages dans le temps. Ils se déclinent aussi bien sous la forme de romans que de recueils de nouvelles, de bandes dessinées, d'albums, etc.

De même, on y retrouve à peu près tous les lieux et les périodes, sauf peut-être celle qui correspond au règne des Francs et aux invasions barbares autres que Vikings. Cependant il est à remarquer que les éditions Bayard sont en train de produire une série ou une trilogie dont l'histoire se déroule au temps des Barbares.

Les grands romans classiques étant nombreux, on pourra en profiter pour comparer différentes éditions : par exemple *La Flèche noire, Ivanhoé, Robin des bois.*

Mais il faudra faire attention car les éditions anciennes de *Ivanhoé* contiennent de graves affirmations antisémites. Cela donnera une occasion d'aborder le thème du racisme. De même, l'étude du mythe de Jeanne d'Arc permettra de comprendre certaines tentatives de récupération xénophobes... Un outil pour lutter contre l'intolérance à l'école.

Des pistes au fil des éditeurs

Certains recueils de nouvelles proposent des réécritures de *La Chanson de Roland* (écrite trois siècles après Charlemagne) qui racontent un épisode guerrier à l'origine du genre romanesque, d'autres proposent des réécritures du *Roman de Renart,* parodie qui recourt au monde des animaux pour faire découvrir aux hommes des vérités les concernant. Renart est le double parodique de Roland, preux chevalier, il annonce les personnages de Panurge et de Scapin les siècles suivants...

Les projets proposés

- La frise du Moyen Âge.
- Seigneurs et paysans : les châteaux forts.
- Au temps des cathédrales.
- Les villes du Moyen Âge.
- Maladies et cataclysmes.
- Les croisades.
- « Vasco », la série de BD.
- Lire les romans arthuriens.
- La série « Marcantour ».
- Avec les Vikings.
- La galerie des ancêtres fondateurs.

La frise du Moyen Âge

L'Étalon des mers
Alain Surget, Flammarion « Castor Poche », 2001.

Le Moyen Âge est la période située entre l'Antiquité et l'époque moderne. En Europe, on le situe traditionnellement entre la chute du dernier empereur romain d'Occident (476) et celle de la découverte de l'Amérique (1492). Mais certains préfèrent 1453, la chute de Constantinople ou la date des guerres de religion.
Employé pour la première fois par l'humaniste italien, Giovanni Andrea, en 1469, le terme *moyen âge* ne devient d'usage courant qu'au cours du XVIIe siècle. Il désigne alors, en un sens dépréciatif, le millénaire séparant la disparition de la culture antique de sa redécouverte par la Renaissance. Cette notion a connu une profonde évolution avec Marx au XIXe, Georges Duby et Jacques Le Goff, au XXe siècle.
Sur cette période qui couvre un millénaire, les sources sont nombreuses et variées, mais d'autant plus abondantes qu'on se rapproche de la fin de celle-ci. Les auteurs ont suivi la même voie.
Les histoires proposées dans la frise bibliographique vont permettre de construire des contrats de lecture variés. On pourra choisir d'aborder ainsi la connaissance d'une notion, d'une période donnée, d'un personnage, d'un événement selon la motivation des élèves et l'avancée de la séquence pédagogique.

Le projet

Il s'agit de construire une frise chronologique sur le Moyen Âge à l'aide des manuels et y ajouter une strate, celle de l'époque des récits.
Ce travail permettra un premier contact avec la période.

Objectifs

Initier les enfants à l'intelligence du temps des hommes (chronologie, durée, succession, irréversibilité, simultanéité).
Repérer l'avancement des modes de vie et de culture.
Donner envie de lire la période.

Ressources nécessaires

Les manuels d'histoire, plusieurs éditions en plusieurs exemplaires.

- Étape 1 - Construire la frise classique

- Organisation de la classe en petits groupes

Consigne : chaque groupe reçoit la mission de relever sur cette époque : les dates, les personnages principaux, les événements, les constructions architecturales proposés à l'étude par les manuels.
De les noter sur un *post-it* ou un papier avec de la colle *post-it*.
- Collectivement
Sur une frise murale provisoire, chaque groupe vient coller son information : débat, vérification, prise de décision si litige.
Chaque élève en recevra une reproduction pour son cahier personnel (un groupe peut être chargé de réaliser ce document).

● Étape 2 - Construction de la frise chronologique des récits
Ressources nécessaires
- la frise collective, des ouvrages documentaires (dictionnaires et autres) ;
- l'ensemble des récits proposés pour le contrat sur le Moyen Âge.

● Étape 3 - Ajouter une nouvelle strate à la frise historique
Par une lecture feuilletage, les (futurs) lecteurs vont tenter de dater les récits

Méthodologie

● Organisation de la classe en petits groupes
Consigne : chaque groupe reçoit la mission de relever la date ou l'époque proposée sur chaque récit (chaque groupe en reçoit une partie).
De les noter sur un *post-it* (ou sur un papier avec de la colle *post-it)*.
Collectivement
Sur une nouvelle strate de la frise murale, chaque groupe vient coller son information : débat, vérification, prise de décision.
Deux cas vont se présenter :
- Le récit est daté : pas de problème, il va pouvoir apparaître sur le frise murale.
- Le récit n'a pas pu être daté : son premier lecteur aura la mission de le faire.
Si le récit restait non daté (ce qui va arriver pour quelques récits), prévoir un espace où ces récits seront signalés.
Par la suite, avec les indices chronologiques pris dans le récit, les élèves, collectivement tenteront de déduire l'époque du récit évoquée par l'auteur.

Seigneurs et paysans : les châteaux forts

Gauthier, bâtisseur de château fort
Jacqueline Mirande, Flammarion « Castor Poche », 2001.

Il s'agit d'identifier ces deux acteurs essentiels de la société médiévale : les seigneurs et les paysans. On cherchera aussi à faire comprendre que la construction des châteaux et le début de la féodalité imposent un nouveau mode d'organisation sociale entre les seigneurs et les paysans qui vivent sur leurs terres.
Deux éléments sont à mettre en valeur :
- Le cadre de vie de chacun des groupes (château et village).
- Les rapports qu'ils entretiennent qui organisent la vie des campagnes médiévales et le travail de la terre.

Il ne faut pas s'arrêter à l'étude de l'histoire architecturale des châteaux mais rechercher la compréhension des modes de vie de l'époque (dominant/dominés) et l'évolution de la société qui verra l'avènement des villes.

Rappels historiques

Les diverses invasions, comme celles des Vikings qui sont abordées dans ce chapitre, compromettent la sécurité de tous, paysans, seigneurs et chevaliers, clergé.
La décadence du pouvoir central, l'insécurité générale amènent les seigneurs à construire des châteaux avec trois objectifs : ils doivent être un point d'appui militaire, un lieu de refuge éventuel pour les populations et le centre administratif de l'organisation féodale.
Peu à peu une société différente se met ainsi en place. Celle-ci distingue le monde des combattants, celui des paysans et celui des clercs.
La terre est le fondement économique et social des sociétés féodales.
Les paysans sont organisés en village et exploitent la terre collectivement. Se nourrir est leur première préoccupation, les céréales constituent la base de leur alimentation.
La condition paysanne reste précaire pendant toute la période étudiée. Elle est liée aux aléas du climat et à l'insécurité. Elle s'améliore peu à peu grâce au défrichement et au perfectionnement de l'outillage qui permettent d'augmenter les rendements de production.

Les châteaux forts

Jusqu'au Xe siècle, ils restent des édifices précaires, simples tours de bois dressées sur une butte de terre (une motte),

parfois avec des fossés remplis d'eau. Il sont entourés d'une palissade en bois. Mais ils pouvaient être construits en peu de temps. La brique et la pierre sont utilisées à partir de la fin du XIe siècle.
Leur disparition ou leur aménagement lors de la période de la Renaissance (voir pages 168 et suivantes) correspondent à l'utilisation des armes explosives (la bombarde). Alors, les batailles se feront ailleurs. Les châteaux seront transformés (Chaumont) ou construits selon des principes architecturaux différents.

La féodalité

Le seigneur qui s'installe sur des terres impose aux paysans qui y vivent des redevances (ils doivent lui fournir une partie de leur récolte), la corvée (ils lui doivent du travail gratuit, par exemple pour édifier ou entretenir le château). En échange, ils seront un peu protégés contre toutes les invasions, les agressions commises par des bandes d'hommes armés qui sillonnent le pays.
Ce contrat porte le nom de *fief*, c'est un droit d'usage.

Les récits sur la période

Peu de récits racontent, contrairement aux cathédrales, leur construction. C'est pourquoi il sera indispensable de glisser dans ce projet de lecture l'excellent album documentaire de David Macaulay *Château fort* (Deux Coqs d'or). Les auteurs évoquent souvent la fonctionnalité du château lors de sièges ou d'attaques de châteaux. Par exemple, dans *Thierry le chevalier sans nom* (Jean-Paul Raymond, Milan), on trouve à profusion un vocabulaire technique, tous les lieux servent de décor lors du passage des héros, mais ils sont plus ou moins précisément décrits. Les ouvrages documentaires seront alors les bienvenus.
Les auteurs nous proposent de partager la préparation à la guerre des seigneurs lors de joutes et autres tournois (*Ivanohé...*) ou leurs loisirs (*Le Vœu du paon, Jehan de Loin*). On pourra aussi faire, à l'occasion, se renseigner sur le site de Guanelon (visite sur place ou demande de documentation) pour observer où en est la construction de ce projet de château fort.
Le château fort est certes une forteresse, mais c'est aussi le cadre de la vie seigneuriale. Au cours des repas de fête, on y écoute les récits de chevalerie. C'est ainsi que souvent les auteurs ont choisi les yeux de saltimbanques (trouvères, troubadours) pour nous raconter leur histoire et voyager dans cette période.

Projet n° 1 : le vocabulaire des châteaux

Le château fort est présent dans tous les récits. Il a été choisi ici pour symboliser cette longue période de près de 11 siècles, bien qu'il n'apparaisse qu'au IXe, car il concrétise bien ce type d'organisation sociale particulier.

Objectif du projet

Aider à comprendre les modes de vie de l'époque et le développement progressif des villes, tout en s'appropriant le vocabulaire du château.

Remarque : La fiche qui accompagne l'excellent livre *Le Faucon déniché* de J.-C. Noguès, chez Hachette Jeunesse, fait partie du dossier « Nous lisons des histoires en entier » et a été construite lors d'un stage d'enseignants. Elle est intéressante à plusieurs titres dans la mesure où elle permet de construire un projet de lecture qui donne du sens aux apprentissages. Le seul problème (voir page 21 le contrat lecture), est que ce projet suppose la lecture par tous les élèves du même livre au même moment.

Nous allons tenter d'élargir la proposition et la faire réaliser par les lecteurs à partir de plusieurs ouvrages dans le cadre finalisé d'un défi lecture par exemple.

- La mission des lecteurs

Relever, au cours de leur lecture, tous les mots qui décrivent le château fort et les fonctions des différents lieux.

- Contrainte

Ne jamais citer sur la fiche plus d'un élément architectural provenant d'un récit.

Document élève

Ton nom : . . . . Ta classe : . . . .
Date . . . .

LE VOCABULAIRE DU CHÂTEAU FORT

Enquête

Titre et identité du livre

Partie du château repérée	Page où l'information a été localisée	Utilisation fonctionnelle	Mes remarques personnelles

Réserve lexicale

donjon, machicoulis, lices, courtine, échauguette, douves, pont-levis, herse, hourd, meurtrière, créneaux, chemin de ronde, haute cour, logis, basse cour, chapelle, tour d'angle, puits...

Élargir le lexique

Lors des récits d'attaque de châteaux forts, nous pouvons prélever des informations sur les techniques d'attaque et de défense qui avaient cours à cette époque, mais aussi sur le bâtiment lui-même.
On pourra alors faire relever les informations sur les soldats, leurs armes offensives, (lances, épées, arcs, bombardes, couleuvrines) et leurs armes défensives (armures, écus) ainsi que sur l'architecture défensive: le fossé, le pont-levis, la herse, les meurtrières, les mâchicoulis.

Projet n° 2 : les occupations des seigneurs

Les seigneurs sont avant tout des guerriers, l'éducation des garçons doit en faire des chevaliers capables de défendre les terres qu'ils possèdent. Les loisirs - chasse, tournoi - sont d'ailleurs l'occasion d'un entraînement à la guerre.
Le château fort est une forteresse, mais c'est aussi le cadre de la vie seigneuriale: au cours des repas de fête, on y écoute les récits de chevalerie.
Sur son fief, le seigneur édicte les lois, frappe les monnaies et impose sa justice.

La vassalité

Chaque noble (le vassal) est protégé par un noble plus puissant (le seigneur) à qui il doit l'hommage. Au cours de la cérémonie de l'adoubement, le vassal prête serment de fidélité. En échange de la protection du seigneur, il reçoit une terre : le fief. Ainsi s'édifie la pyramide féodale jusqu'au roi de France.

L'éducation d'un chevalier

On devient d'abord page, puis écuyer et enfin chevalier .
À l'occasion de la cérémonie de l'adoubement (la *coléeun),* le chevalier reçoit un léger coup d'épée sur chaque épaule.

L'armement des chevaliers

Il ne cesse de se perfectionner.
En 800, les étriers permettent aux cavaliers de se tenir debout et de frapper fort sans tomber. Les cavaliers deviennent indispensables aux batailles.
En 1066, lors de la bataille de Hastings, les hommes portent coiffe, haubert ou cotte de maille, casque, nasal, épée, écu ovale, fourreau, chausses, étriers.
En 1200, invention de protections avec des morceaux de

plaques métalliques sur les coudes, les genoux et les chevilles. En 1346 : heaume avec visière, écu triangulaire, cubitière (protection du coude), gantelet, dague, genouillère, plates (jambes), gambisson (manteau rembourré en tissu), solerets (chaussures en fer), caparaçon pour le cheval.

Le tournoi, un divertissement violent

Ces éléments ont été rassemblés par une classe de CM1, au cours de leurs lectures.

Les trois épreuves du tournoi :

- La quintaine : le cavalier doit frapper un bouclier accroché à un poteau et vite se baisser avant qu'un contre-poids ne revienne sur lui et le projette à terre.
- La joute : dans cette épreuve, les adversaires combattent deux par deux à la lance puis à l'épée, à la hache d'armes ensuite et enfin à la massue.
- Le tournoi : deux équipes de cavaliers s'élancent l'une contre l'autre à plein galop. Elle se croisent et reviennent à la charge après avoir « tourné ». Les invités peuvent s'exercer au tir à l'arc, assister à des combats d'animaux et se régaler autour d'un banquet en écoutant des troubadours.

Le vainqueur est couronné par la reine du tournoi, les vaincus versent une rançon pour retrouver leur liberté.

Les loisirs

Les loisirs sont aussi une préparation à la guerre.

- La chasse : on fera raconter ou jouer les scènes décrites dans les récits, on décrira les armes utilisées (pas d'armes à feu), les animaux chassés (sangliers, cerfs, gibier à plumes comme les canards, les faisans, les perdreaux).
- Les destructions dans les champs et les problèmes qui s'ensuivent (famines).
- Un bal : comment les gens sont-ils costumés ? Quelles musiques écoutent-ils ?

Projet n° 3 : le monde paysan

On fera un inventaire des outils en relation avec l'époque du récit : le fléau, le soc, la charrue... À quel usage précis sont-ils utilisés ?

- Aux XIVe et XVe siècles, sévit une grave crise économique qui va entraîner famines et épidémies.
- Quelles sont les charges dues au seigneur, à l'église ? Aux XIe et XIIe siècles, les redevances étaient versées sous forme de produits (céréales, animaux, tissus) ou de travail (les corvées). Les paysans sont appelés des serfs. Ils pouvaient être vendus avec leur terre.
- Aux XIIe et XIIIe siècles, la situation des paysans s'améliore.

Les corvées diminuent, certains vilains deviennent propriétaires d'une partie des terres qu'ils cultivent.
- Le village est le cadre d'une vie en commun, des fêtes religieuses et familiales. Les paysans vivent au rythme des saisons et des activités.
- Des progrès techniques sont réalisés : la herse, instrument à dent qui permet de briser les mottes de terre, le collier d'épaule (avantage, inconvénients), le moulin sur cours d'eau (avant avec meule à bras) puis à vent au XIIe siècle.
- La base de l'alimentation des paysans consistait en bouillies de céréales agrémentées de fruits sauvages et de gibier.

Projet n° 4 : les liens seigneurs-paysans

On pourra par exemple proposer un tableau de ce type pour rassembler les informations :

	Habitat	Activités
Seigneurs Paysans	le château fort le village	la guerre, les tournois, l'agriculture, les corvées

Projet n° 5 : trouvères, troubadours et autres saltimbanques

Les troubadours et les saltimbanques allaient de château en château pour chanter et réciter leurs œuvres ou pour raconter des histoires.
Extrait : le mariage de Clarisse, fille du roi Yvon de Gascogne, dans *Les Quatre Fils Aymon ou Renaud de Montauban*, Gallimard « Folio », 1983.
Enquêtes possibles :
Relever le trajet des saltimbanques, la région où ils circulent, la langue parlée, leurs activités.

TROUVÈRES ET JONGLEURS

Noms	Délimitations géographiques	Délimitations chronologiques	Langues	Origine
Goliards		XIe et XIIe	Latin	
Ménestrels				Populaire
Troubadours	Sud de la France	Première moitié du XIIe au début XIIIe	d'Oc	Noble
Trouvères	Nord de la France	Seconde moitié du XIIe siècle	d'Oïl	Noble
Trovatori	Italie du Nord	début du XIIe		Noble
Mennesingers	Allemagne (surtout Rhénanie et Bavière)	fin XIIe jusqu'au XIVe	Parfois latin, mais surtout ancien allemand	Aristocrate
Meistersingers	Allemagne	XIVe		Bourgeois
Jongleurs				Populaire

Puis comparer avec le plan des châteaux de France, rapprochement avec ceux des récits.

Les ressources

- Un chantier unique au monde : Guenelon, près d'Auxerre. Cachés dans un domaine forestier de 15 hectares, une quarantaine d'ouvriers s'activent lentement mais sûrement à la construction d'un château médiéval. Commencé en 1997, celui-ci sera terminé en 2023.
Adresse : Chantier de Guénelon 89520 Treigney (ouvert du 1er avril au 15 novembre)
Association des compagnons bâtisseurs de Puisaye
Le château 89170 Saint-Fargeau.

Au temps des cathédrales

Meurtres à la cathédrale
Martine Pouchain, Gallimard Jeunesse « Folio Junior », 2000.

Il s'agit de se pencher sur la construction des cathédrales, de comprendre l'importance majeure de la religion dans la société du Moyen Âge et d'observer le développement progressif des villes.
Depuis la fin de l'époque gallo-romaine, la France est un pays chrétien. Il serait difficile de comprendre les mentalités médiévales sans avoir la moindre idée du poids de la foi chrétienne et du rôle de l'Église. Celle-ci est omniprésente. Les religieux assurent la conservation d'une partie de la culture romaine dans les monastères où ils recopient en latin les manuscrits sur des parchemins faits d'un morceau de peau de mouton. C'est encore la religion qui pousse à défricher des territoires, organiser un code de conduite, construire les cathédrales, etc.
De nombreux romans racontent ces constructions. On s'y intéressera à travers la vie de ces apprentis ou de ces commerçants qui vivaient dans les villes autour de ces chantiers des cathédrales. On proposera une mise en réseau comparative des éléments d'informations contenus dans ces récits.

Les cathédrales

Au début du Moyen Âge, les églises de style roman étaient plus petites dans les villages, plus grandes dans les villes ou dans les abbayes. À partir du XIe siècle, on construisit des églises et des cathédrales de style gothique, beaucoup plus vastes. Des chantiers de construction de cathédrales s'ouvrent, elles deviennent le monument le plus significatif de l'essor urbain. Nombre d'entre elles restent faciles à visiter, qu'elles soient de style roman, gothique ou qu'elles croisent les deux.

La démarche

Contrat de lecture avec recherche documentaire.
Prélever des informations dans les récits sur la construction des cathédrales. Puis s'intéresser aux marchands ambulants et autres baladins qui se produisent sur le parvis des cathédrales et finir par la construction des commerces et maisons aux alentours de celle-ci. La ville est en train de naître, la société féodale change sous nos yeux de lecteurs.
Choisir sur la frise (voir page 123) des récits concernant cette période.

Les livres sur l'époque

Ils sont très nombreux. Beaucoup d'aventures, policières ou étonnantes ont pour lieu la cathédrale ou croisent un chantier de construction. Les héros, souvent des enfants, y sont apprentis, fils d'ouvriers ou accompagnent un adulte ayant une responsabilité dans ou autour de la cathédrale. L'apprenti découvre avec des yeux neufs ce monument et les lecteurs profitent en même temps de cet enseignement. Les descriptions sont particulièrement efficaces.

EXEMPLE DE TABLEAU

Les métiers des constructeurs de cathédrale
Partageons l'univers des bâtisseurs en observant un tableau construit à l'aide de ses lectures par un CM1

Métier	Tâche	Outil	Matériaux utilisés
L'architecte	Il trace les plans et les ébauches de la future cathédrale	De quoi écrire et dessiner	
Le maître d'œuvre	Il dirige le chantier, tient les comptes		
Le maître carrier	Extraire les pierres de la carrière (située très loin parfois) aidé par de nombreux manœuvres et apprentis	pic et burin	les pierres de la carrière

Forgeron fabrique les outils en fer, les clous et rivets, tirants qui renforcent les murs.
Terrassiers creusent les tranchées pour les fondations, pelles, pioche, paniers.
Le maître maçon vérifie l'horizontalité des pierres, fil à plomb, maillet et truelle, monte les pierres.
Les manœuvres (ou manouvriers) portent hottes, civières ou paniers puis brouette.
Les gâcheurs (ou mortelliers) préparent le mortier : sable, chaux, eau, truelle, (quelques femmes dans ce corps de métier).
Les verriers : fabrication des verres pour les vitraux, sable, four à sable, cendre de hêtre lavée, baguettes de plombs.
Les tailleurs de pierre préparent les sculptures et cisèlent les chapiteaux.
Les sculpteurs finissent le travail : gargouilles, ciseaux, etc.
Les charpentiers assemblent en verrouillant les tenons et mortaises avec des chevilles en chêne, équerre.
Les couvreurs moulent les feuilles de plomb pour protéger la toiture.
Les plâtriers enduisent la face inférieure des voûtes.
Les fondeurs moulent la cloche.

D'autres finalisations possibles

Il sera aisé d'envisager la construction d'un jeu de 7 familles : chaque famille sera construite autour d'un des thèmes proposés.
Autant d'occasions de recherche documentaire éclairant la compréhension des récits.

Le vocabulaire de la cathédrale

Les tours dressées, les verrières aux mille couleurs, les voûtes, les rosaces, les arcs-boutants, les ogives, les sculptures peintes aux couleurs d'or, la nef, les arcatures où se déplacent, travaillent, vivent et meurent les héros.

Établir la chronologie de sa construction

Ce qui a été entrepris depuis la décision du chapitre jusqu'à son ouverture.

Un lien avec sciences et technologie

Pour les engins qui servent à lever, établir un lien avec sciences et technologie.
Pour lever les pierres et les matériaux, de nombreux outils sont utilisés : le treuil, la grande roue, la cage à écureuil, etc.
Construire leur maquette.

L'origine des finances

- Les recettes : le rôle du chapitre, les taxes, les quêtes, les dons, les corporations et leur vitrail, les tournées d'exposition de reliques.
- Les dépenses : la paye des ouvriers, les époques de construction.

L'importance de la date de la Saint-Michel.

Les gens d'Église

Expliciter qui sont les prêtres, les chanoines, les évêques, les Jacquots, les pèlerins.
Construire la carte de France des cathédrales gothiques évoquées dans les récits.
Relever leur nom, puis rechercher leur situation, vérifier la véracité des propos.

Élargir encore

Les rôles de l'Église

- Rôle social d'assistance aux pauvres et aux malades.
- Les étapes de la vie marquées par une cérémonie religieuse : baptême, mariage, hommage d'un vassal, sacre du roi.
- La vie retirée dans les abbayes et les monastères : prière, étude de la *Bible,* recopie de manuscrits, enseignement, etc.

Les richesses de l'Église et leurs origines : la dîme, les corvées des serfs.
Les pèlerinages et les croisades (voir projet page 138).

EXTRAIT

Tandis que le père abbé continuait à prier, frère Jérôme, aidé de deux faux valets d'armes prêtés par le prévôt pour la circonstance, achevait de pousser les lourds vantaux de bois de la grande porte séparant l'enceinte commune de l'abbaye de celle uniquement réservée aux religieux. On l'ouvrait une fois l'an, pour la fête de la Saint-Martin. Une simple poterne suffisait, le reste de l'année, aux allées et venues des moines et de leurs visiteurs.
C'était dans l'enceinte commune que se trouvaient l'hôtellerie, les écuries, les remises et divers logements affectés à des serviteurs laïcs aidant à l'entretien des bâtiments. Les granges, avec leurs réserves de grains et de foin, les étables à moutons, la porcherie étaient plus éloignées, de l'autre côté de la rivière où commençaient les terres de l'abbaye. Elles étaient très étendues, et le monastère de Saint-Martin, un des plus importants et des plus riches de ce pays des confins d'Auvergne qui alliaient la rudesse de la montagne proche au début de douceur de plaines ensolleillées.

Double Meurtre à l'abbaye, Jacqueline Mirande,
Flammarion « Castor Poche », 1998, page 10.

Les villes du Moyen Âge

Mémoires de voyages
« Vasco », Gilles Chaillet, Luc Révillon, Le Lombard, 1998.

Il s'agit d'aider à comprendre ce qu'est une ville au Moyen Âge : son fonctionnement, son organisation sociale, matérielle et humaine.
Jusque-là, la richesse était celle de la terre. La population a augmenté à la fin du XIIe siècle, le commerce et l'artisanat se sont développés grâce à la sécurité retrouvée, un autre type de richesse est née. Les villes grandissent. La ville, célèbre par ses foires et son marché, est le lieu où sont rassemblés ceux qui vendent et ceux fabriquent : les artisans.
Les villes sont entourées de remparts avec des rues étroites sans égout. Les maisons sont construites en bois et les incendies sont souvent redoutés.
À partir du XIIe siècle, les bourgeois obtiennent davantage de liberté et ont le droit d'élire leur maire et ses échevins (*cf.* conseillers municipaux) au nord de la France. Au Sud, ils sont appelés conseillers et consuls.

Les livres sur le sujet

Des lieux et des personnages qui ont souvent servi les auteurs dans leurs récits : sous la forme de personnages secondaires ou de figurants, ils donnent aux récits un cadre particulier. La ville est en marche !
On peut recommander tout particulièrement les titres suivants : *Bouvines ou les canons de bois, Les Portes de Vannes, L'Année noire, La Relique impériale, Petit Jean*

d'Angoulême, Dans l'officine de Maître Arnaud, Marion et la malpeste, Pierre après pierre, La Cathédrale, Le Chevaucheur de Provence, Le Corsaire de la Baltique.

Projet n° 1 : comprendre les métiers et les corporations

Les artisans et les marchands sont organisés et personne n'a le droit de fabriquer autre chose que ce qui est du registre de sa corporation. Focaliser l'attention des lecteurs, lors des enquêtes de lecture, sur ces métiers et leur organisation va les aider à comprendre l'évolution de ces villes.
On établira un lien avec la fiche "Construire les Cathédrales", (page 131).

Métiers et corporations

Nom du commerçant	Son activité	Le lieu où il travaille	Autres remarques
Le tavernier	Sert à boire ou des repas.	Salle	Lieu où les héros apprennent les dernières nouvelles, lieu souvent mal fréquenté.
Le cordonnier	Fabrique des chaussures avec du cuir.	Échoppe au rez-de-chaussée d'immeubles	Il n'a pas le droit de les réparer.
Le tanneur	Transforme les peaux en cuir.	Échoppe (il existe souvent une rue des tanneurs où l'odeur est nauséabonde)	
Le savetier	Répare les chaussures.	Échoppe	Il ne peut pas fabriquer du neuf.
Le boucher	Tue et vend des animaux de boucherie.		Il ne touche pas au porc.
Le charcutier	Vend du porc.	Échoppe	Appelé le chair cuitier.

La hiérarchie du travail

Le maître	Il commande aux autres, prend contact avec les clients. Ses enfants lui succèdent.
Le compagnon	Il a une plus grande connaissance du métier que les apprentis et il a du mal à devenir maître. Il doit réaliser un chef-d'œuvre pour devenir maître.
Les apprentis	Ils font un long apprentissage.
Les aides	

Projet n° 2 : vocabulaire de l'architecture urbaine

Faire relever les différentes parties de la ville, leur fonction, les mots qui la décrivent. Quand le récit se déroule dans une ville connue, comme Paris par exemple, faire établir les trajets effectués par les héros de l'histoire sur un plan. Voici un exemple de notes relevées dans *Petit Jean d'Angoulême.*

Architecture des maisons bourgeoises

Petite maison en bois et en pisé (*Petit jean d'Angoulême,* page17, dessin page 20).
Rez-de-chaussée : boutique, entrepôt ou atelier ouvert sur la rue, écurie.
1er étage : 2 pièces. Une famille y habite.
2e étage : grenier, lieu pour dormir.
Les rues sont étroites et rarement pavées => boue.
On y trouve : des enfants, des poules, des cochons, des chiens et bien d'autres animaux.
La nuit, on reste chez soi, car malfaiteurs, vagabonds, soldats du guet.
On va à la cathédrale pour prier, discuter, s'amuser.

Projet n° 3 : organisation des nouveaux pouvoirs

Les bourgeois, le maire (élu), les échevins rendent la justice et interviennent sur le cours des événements dans les récits. Faire relever leur nom, ce qu'ils font dans le récit et leur rôle dans la société médiévale.

Maladies et cataclysmes

L'objectif est de comprendre ce qu'a été la fin du Moyen Âge avec ses cataclysmes et les maladies qui l'ont ravagé.
On fera établir un lien avec les sciences : les modes de contamination, les mesures de prévention actuelles en France (hygiène, vaccination). Pourquoi, dans certaines régions du monde, ces maladies existent-elles toujours ?

Bref rappel

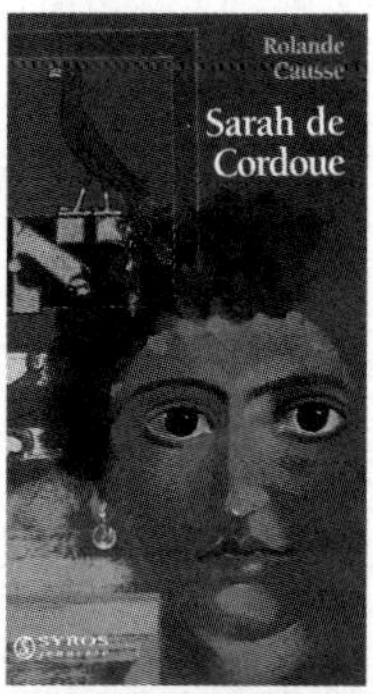

Sarah de Cordoue
Rolande Causse, Syros Jeunesse, 1997.

La France, comme tout le monde chrétien, avait connu une longue période de prospérité depuis l'An Mil. Les campagnes s'épanouissaient. Les villes se développaient. Le nombre d'habitants se multipliait.
Mais, au début du XIVe siècle, tous les espaces cultivables étaient occupés. La production agricole stagnait et ne suffisait plus à nourrir toute cette population.
Le climat devient plus humide. L'été, les moissons ne sont pas effectuées dans de bonnes conditions. Les hivers sont plus rudes, les semences gèlent en terre, le gel des rivières bloque les moulins et les paysans ne peuvent pas moudre le grain pour faire le pain. Au dégel, les crues et les inondations emportent les ponts, les maisons et le bétail.
Le grain semé pourrit en terre et les mauvaises récoltes se succèdent. La condition des paysans redevient problématique. La famine réapparaît en 1314. Entre 1334 et 1450, sept grandes famines touchent nos régions. Les hommes ne man-

gent plus que des herbes, des racines, des charognes et de la chair humaine. Les paysans s'endettent pour acheter de la nourriture. Beaucoup de familles disparaissent.
Les hommes affaiblis ne résistent plus aux maladies.
Le 1er novembre 1347, des navires venus de la mer Noire entrent dans le port de Marseille. Des pestiférés étaient à bord, l'épidémie s'étend le long des routes commerciales. Des centaines de milliers de gens meurent.
Ignorant tout des modes de contamination et des mesures de prévention possibles, les hommes voyaient dans la peste une punition de Dieu ou la vengeance du diable…
La mort était d'ailleurs une obsession et les hommes pensaient que la fin du monde était proche. Dans les tableaux laissés par les artistes de l'époque, la mort est représentée partout, symbolisée par un squelette portant ou non une faux. La main de Satan était redoutée et les prédicateurs entretenaient ces peurs.
La peste (« la mort noire ») est, de loin, le mal qui terrorise le plus les populations, avec la lèpre, surnommée le mal impur en raison de la dégénérescence physique qu'elle entraînait.
Les loups entrent dans Paris, le monde civilisé tremble face à la bête sauvage. On pourra travailler sur le thème de la nuit et de son cortège de terreurs et sur les croyances : diable, diablesse, loups-garous, fantômes, sorcières.

Les livres

Les héros des histoires rencontrent la peste et la fuient. Dans la frise, choisir des ouvrages situés dans le dernier siècle.
On recommandera, dans le contrat, les ouvrages suivants : *La Cour aux étoiles, Le Vœu du paon, Je m'appelle Bern, La Révolte de la chaussure à lacets, Dans l'officine de maître Arnaud, L'Année noire.*

Projet de recherche sur les maladies

• Étape 1 :
Relevé d'informations, pendant les lectures des récits, sur ces maladies.

Enquête : les maladies au Moyen Âge

Livre lu	Nom de la maladie	Lieu où la maladie se développe	Description des symptômes	Soins prodigués. Par qui ?	Croyances et mode de contamination (interdits sociaux)

● Étape 2 :
Recherche documentaire. Comparer les symptômes et la maladie pour approcher la vérité médicale et la vérité historique.
Pour les épidémies et ces maladies, contacter un médecin afin de savoir si l'évocation de cette maladie est plausible ou pas.

● Étape 3 :
Rechercher pourquoi et comment actuellement on échappe en France à certaines maladies, mais pas à toutes (hygiène, vaccination) et pourquoi, dans certaines régions du monde, celles-ci existent toujours.

Autres pistes

● Les loups
Les hivers très froids poussent les loups jusque dans les villes. Pour les chasser, on organise des battues en utilisant des lévriers.
On comparera avec la situation des loups en France aujourd'hui.

● Les croyances populaires
Les habitants des villes touchées par la peste veulent trouver des responsables et on accuse les Juifs de répandre la maladie. Dans de nombreux endroits, on les massacre, en les accusant, eux et d'autres malheureux, de sorcellerie.

Les croisades

La Croisade de la liberté
Bertrand Solet, Flammarion « Castor Poche », 2002.

Pendant le règne de Philippe Ier, une nouvelle inquiète les chrétiens : les Turcs ont envahi les régions d'Asie. Alors que les Arabes laissaient les Chrétiens venir librement à Jérusalem, les Turcs leur refusent cette liberté. En 1095, débute la première croisade, sous la conduite de Pierre l'Ermite.
À partir du XIe siècle, l'Église et les rois organisent des expéditions militaires en Orient pour reprendre Jérusalem tombée aux mains des Musulmans. La ville où se trouve le tombeau du Christ est un important lieu de pèlerinage.
Il y aura 8 croisades avec des destinées différentes du XIe au XIIIe siècle.
Au XIIe siècle, au sud de la France, des chrétiens refusent cer-

taines règles de l'Église. Le Pape et le roi entreprennent une croisade contre les Cathares (Albigeois).
Le terme désignait donc à l'époque une expédition contre des hérétiques... Mais il est devenu plus imprécis : on parlera par exemple de croisade contre l'alcoolisme ou contre les maladies génétiques.
Rarement les récits plus anciens donnent le point de vue des Arabes sur ces croisades. Cela semble heureusement changer ces derniers temps : la série « Marcantour 2000 » (chez Bayard), *La Croisade de la liberté,* (« Castor Poche », 2002), en sont des exemples.

Projet : construire la carte des croisades

L'objectif est de tenter de comprendre ce qu'ont été ces croisades, leurs destinations et leurs buts.

Enquête dans tes lectures

Nom et références du livre	Cause de cette croisade	Destination	Qui la compose ?	But de la croisade

Le point de vue des Arabes est-il présenté ? (oui, dans la série « Marcantour »).
Plus on s'approche de nos jours et plus les auteurs ont pris conscience du point de vue des Arabes sur la question.

Matériel

Carte du Bassin méditerranéen
Retrouver les routes des croisades et celles des principaux pèlerinages. Comparer les croisades vécues ou évoquées par les récits avec celle présentées par les manuels et livres documentaires.

CROISADE DE LA LIBERTÉ

La Croisade de la liberté, Bertrand Solet, Flammarion « Castor Poche », 2002

... Les résultats des croisades

« Si aucune conquête durable n'a été réalisée par l'Europe en Orient, les croisades ont provoqué un fort développement du commerce et des échanges entre ces deux régions du monde, résultat en particulier de l'activité des villes marchandes d'Italie, mais pas seulement.
En Europe elles ont quelque peu modifié les rapports entre la noblesse et la bourgeoisie des ▷

villes et des campagnes : pour financer leurs expéditions, les seigneurs durent céder un certain nombre de leurs droits et leurs biens contre argent comptant, les communes achetèrent des terres, des dispensations de corvées, etc. Des serfs furent libérés ; de plus, le départ régulier pour l'Orient de nobles ne sachant rien faire d'autre que se battre réduisit le nombre des conflits intérieurs et donc assura plus de tranquillité et moins de malheur pour les simples gens...
Mais c'est peut-être chèrement payer la mort de dizaines de milliers de Chrétiens et de Musulmans.
Des Juifs aussi subirent le contrecoup des croisades, qui donnèrent lieu, par exemple, à la naissance des premiers "pogroms" en Europe, attaques meurtrières contre les communautés juives, à Rouen, à Spire et Cologne en Allemagne, en Hongrie. »

Échelle chronologique

1095 Le Pape Urbain II prêche la première croisade.
1099 Prise de Jérusalem par les Croisés.

« Vasco », la série de BD

Ténèbres sur Venise
« Vasco », Gilles Chaillet, Le Lombard, 1994.

Il s'agit de proposer une lecture exploration de la série de bandes dessinées « Vasco » et d'aider les lecteurs à rassembler les connaissances sur le siècle qui précède celui des grandes découvertes.

Présentation de la série
Texte et Dessin : Gilles Chaillet, éditeur : Le Lombard
Vasco Baglioni a été élevé par son oncle, le banquier Lombart Tolomei. Il est devenu son homme de confiance et parcourt l'Europe et l'Asie, au XIVe siècle, afin de remplir les missions que lui confie son riche parent. Les récits se déroulent de 1347 dans le premier album, jusqu'en 1358 dans le quatorzième.
Ces voyages aident les lecteurs à comprendre la synchronisation d'événements qui pourraient apparaître comme totalement séparés. Les lecteurs découvrent un Moyen Âge insolite où l'argent a au moins autant d'importance que les armes. L'auteur est en général plus attiré par la vie urbaine que par la vie rurale. Un lien sera possible avec le projet sur la ville (voir fiche projet 134).
Vasco est un grand voyageur sur terre et sur mer, une carte de ses déplacements est fournie par Gilles Chaillet dans le tome 14.
Les images sont superbes, les décors soignés et précis permettent de parcourir les hauts lieux de l'époque. Le désir de

vérité historique y est constant.
Cette série est une réussite, Gilles Chaillet a su présenter des notions ardues, abstraites en les rendant accessibles (les Cathares par exemple).
On peut signaler aux élèves que la bande dessinée possède des ancêtres remontant au Moyen Âge. La broderie de Bayeux en est un magnifique exemple dans lequel l'image joue un rôle aussi important que le texte.

Projet n° 1 : entrer dans le monde historique de Vasco

L'étude des sources de cette BD permet de développer le sens critique et d'éveiller les lecteurs à l'historiographie, l'auteur manifestant beaucoup de rigueur dans ses reconstitutions du passé. Il s'agit de comprendre certains des secrets de création de l'auteur et de donner l'envie de lire des récits de cette série.

Objectif

Aider à entrer dans la série.
Développer le lien entre lecture, histoire et arts.

Méthodologie

Contrat de lecture avec recherche documentaire finalisée (organisation d'un jeu de l'oie géant).

Ressources

Les albums de la série à la bibliothèque municipale ou le centre documentaire du collège.

Consignes

Nous lançons un défi lecture afin de découvrir certains secrets de l'auteur.

Organisation

La classe est répartie en groupes, chacun ayant reçu une mission dont il aura à rendre compte à la classe. Chaque groupe reçoit la consigne de recherche et le tome de la série « Vasco » correspondant et part pour sa course au trésor.

Course au trésor à la BM

Les documents à rechercher à la bibliothèque municipale	Album de Vasco et repérage du document (vignette ou page)	Le renseignement a été trouvé dans…	Nos remarques
La Tour de Londres	*Sortilèges* Tome 14	Le guide Michelin Vert sur Londres et dans des catalogues d'une agence de voyage.	Le plan et les dessins de la Tour sont rigoureusement exacts.
La Tour de Londres dans la BD *La Marque jaune de Blake et Mortimer*	*Sortilèges* Tome 14	L'album de Black et Mortimer	Gilles Chaillet rend hommage à l'auteur de Black et Mortimer, les lieux sont les mêmes. ▷

La fresque du XIVe siècle à Sienne de Ambrogio Lorenzetti : les « Effets du bon gouvernement »	*La Byzantine* Tome 3 page 6	Les boutiques ouvertes sur l'extérieur	
Marchands et métiers du Moyen Âge *La Documentation photographique* n°6009, 1974 Manuscrit enluminé	*La Byzantine* Tome 3 le décor de la boutique. page 6		
Quentin Metsys, *Le Changeur et sa femme*	*La Byzantine* Tome 3 page 7		
Le Perugin, *Portrait de Francesco delle Opere*	*La Byzantine* Tome 3 page 7 (l'habit du banquier)		
Giovanni Arnolfini Jan Van Eyck	*Les Barons* Tome 5 page 11 (l'habit du banquier)		
Hieronymus Holzschuher, sénateur de Nuremberg Dürer.	*Les Barons* Tome 5 p11 (le visage du banquier)		
Les monnaies utilisées par Vasco : des ducats des pièces d'or des écus des dinars des Florins	Tome 1 page 21 Tome 3 et 4 Tome 11 page 25 Tome 11 page 25 Tome 9 page 12		
Le château de Monterrigioni près de Sienne	Tome 9 page 12		
L'église (ou la mosquée ?) Sainte-Sophie et le Palais de Galata à Constantinople.	Tome 3 pages 41, 42 et 32		
Les église troglodytes de Cappadoce	Tome 4 page 21		
L'aqueduc de Constantinople	Tome 3 page 45		
Le dôme du rocher à Jérusalem	Tome 9 pages 24 et 19		

▷ *L'Assassinat d'Étienne Marcel,* miniature du XVe siècle collection de la Bibliothèque nationale. *Les Très Riches Heures du duc de Berry* les frères de Limbourg Mois de juin, la fenaison : observer à l'arrière-plan, le Palais-Royal.			
Une tempête en mer Méditerranée, manuscrit du XIIIe siècle. *Las Cantigas de Santa Maria,* du Roi Alphonse X le Sage. Bibliothèque de l'Escorial	*Les Fossoyeurs de Belzébuth* Tome 13 page 39	*La Documentation photographique* n° 6043, 1979 diapositive n° 6	Les bateaux, des nefs sont les mêmes que dans Vasco, l'organisation de la BD est la même.

Projet n° 2 : le personnage de Vasco

Le héros principal vieillit tout au long des épisodes.
Établir la carte d'identité du personnage central : Vasco.
Aspect physique : brun, la chevelure frisée, un visage au sourire charmeur…
Sa famille :
- son frère, le méchant Lorenzo, batailleur, dépensier, jaloux, monteur de complot contre les intérêts de sa famille ;
- sa fiancée : la belle princesse Sophie, fille du Basileus de Constantinople ;
- son oncle banquier et ses pouvoirs, etc.

Son caractère : intelligent, diplomate, etc.
Les langues parlées par Vasco le banquier : italien, grec, persan, arabe.
Ses habitudes et ses goûts : …
Puis élargir en comparant Vasco et d'autres héros du Moyen Âge.
Comparer le dessin de « Vasco » à celui d'autres séries du même auteur ou d'auteurs différents.

Projet n° 3 : construire la carte de Vasco le voyageur

Faire relever les lieux visités, traversés ou racontés par Vasco, les identifier à la BCD avec les ouvrages documentaires (certains noms ont changé, tel Constantinople) puis établir la (les) carte(s) de ses voyages (une pour les voyages en France, une autre pour ceux en Europe et Asie).

Méthodologie Répartir les élèves en petits groupes.

Quelques pistes Rhodes, Nuremberg, Paris, Londres, Sienne, Gênes, Ispanhan, Londres, Constantinople, Avignon, de nombreuses villes du sud de la France... les lecteurs vont pouvoir voyager.

Pour élargir

Les moyens de transport

- Les bateaux : leur nom, l'emplacement des vignettes, leur spécificité.

Exemple : *nef*, voile carrée, un seul mât, peu de marins.

- Les autres moyens de transport : idem.

Élargir encore

Établir un lien avec l'importance de l'eau pendant l'Antiquité : lien avec le tome 10, page 31, dans lequel Vasco visite un khanat à Ispahan.

Ressources documentaires sur la série

Vasco ou comment faire de l'Histoire au collège, CRDP Poitou-Charente, 1998.

Pour ceux qui souhaiteraient entrer d'une façon plus précise dans la série, il faut vous procurer l'excellente et indispensable publication de François Righi.

Dans cet album, F. Righi, professeur certifié d'histoire, aborde avec les 14 premiers albums de la série une réflexion sur la BD et sept points du programme d'histoire du Moyen Âge : les transports terrestres et maritimes ; le monde urbain des affaires et du commerce ; l'Empire bysantin ; la civilisation musulmane ; les Cathares et l'Église catholique ; la bataille de Poitiers ainsi que la révolution parisienne de 1356-1358.

Un travail passionnant et convaincant destiné au collège, même s'il tend à le dévaloriser en le présentant comme une proposition hérétique.

Lire les romans arthuriens

Il s'agit de permettre aux lecteurs une première entrée dans le monde symbolique et magique d'Arthur, ce roi mythique.

Les œuvres de littérature médiévale qui composent le « Cycle arthurien » ou « Romans de la Table ronde » puisent leurs sources dans l'histoire de la Grande-Bretagne. Le cycle n'est pas l'œuvre d'un seul écrivain, les auteurs, souvent anonymes et collectifs, n'ont cessé d'ajouter au cours des générations leur contribution soit romanesque, soit pseudo-historique. Cette littérature est loin d'être morte, elle inspire le roman, le théâtre, la poésie et même le cinéma.

Arthur ou la naissance d'une légende

Sur les traces du... Roi Arthur

Claudine Glot, illustrations de Philippe Munch, Gallimard Jeunesse, 2001.

Arthur est un personnage réel du milieu du VIe siècle. Arthus résidait à Carduel, au Pays de Galles où se trouvait la fameuse Table ronde.

Les chevaliers qui l'entouraient aimaient les jeux violents tels que les joutes et les combats à cheval, prétextes à des grandes fêtes. La grande place de la ville était destinée à ces événements, on y dressait des estrades pour les spectateurs qui venaient nombreux.

À côté des jeux, il y eut aussi de terribles batailles contre les Saxons, les Bretons. À la mort du roi, personne ne voulut croire à sa mort. Des pèlerins venant de Terre sainte affirmaient l'avoir rencontré, d'autres voyageurs l'ayant croisé, eux, en Sicile...

Jamais on ne trouva sa tombe et jamais on ne se lassa d'écouter les histoires le concernant. Actuellement encore, en Angleterre, des auteurs continuent de publier des récits le concernant.

Les récits

Les récits sur les Chevaliers de la Table ronde sont nombreux, des romans longs ou plus souvent de petits textes édités sous la forme de contes et légendes. Sous le nom de ces chevaliers, on les retrouve au catalogue de tous les éditeurs : *Lancelot du Lac, Perceval, Le Roman du Graal, Yvain le chevalier au lion, Le Chevalier à la charrette, Gauvain, Le Roi Arthur, Perceval le Gallois,* autant de réponses à la nouvelle demande des programmes de 2002 : lire des classiques ! Sans oublier le monde médiévo-fantastique évoqué dans les bandes dessinées du *Chevalier Ardent !*

Les projets possibles

- Identifier les personnages récurrents

Le roi Arthur, la reine Guenièvre, Lancelot du lac, Gauvain, Merlin, Tristan, Yseult, la fée Morgane, Yvain, Perceval, etc.

- Les lieux des aventures

Avalon, la forêt de Brocéliande, Camelot, Bade, Carduel, Chester, etc.

● La quête du Graal

Comprendre ce qu'elle est et ce qu'elle représente, tâche difficile, d'autant que les auteurs n'en disent pas tous la même chose. Ainsi, Chrétien de Troyes, dans *Perceval,* décrit le Graal comme un simple récipient sans en indiquer le contenu. D'autres auteurs annoncent que c'est un calice contenant le sang du Christ. D'autres parlent d'une pierre tombée du ciel ou d'une une caverne... On a le choix.

● La Table ronde

C'est le cadeau de mariage de Merlin pour Arthur et Guenièvre. Pendant douze années de paix, cette table sera entourée d'un certains nombre de personnages (les faire identifier) : Keu le Sénéchal, Gauvain, Agravain, Lancelot du lac, Perceval, Mordret, etc.
Le nombre des chevaliers de la Table ronde varie selon les moments et les récits. Ces chevaliers sont unis par des sentiments de fraternité indissolubles.
Pour appuyer sa souveraineté, Arthur possède Excalibur, l'épée magique d'Avallon.
Relever les informations concernant la Table ronde : sa place dans le récit, sa forme, l'organisation des relations sociales autour d'elle, les objets qui lui sont associés.
Le principe d'égalité : pour asseoir la souveraineté d'Arthur, il n'y a pas de préséance. Un seul siège y est interdit : le siège périlleux. Même si cela reste hors de portée des références accessibles aux enfants, on n'oubliera pas le rapport avec la table de la Cène réunissant les apôtres autour du Christ.

● La chevalerie

Des pistes intéressantes s'ouvrent aux lecteurs pour en comprendre le fonctionnement. Ainsi du principe de l'adoubement : en effet, la chevalerie n'est pas héréditaire, un cavalier peut toujours être adoubé à la suite d'une prouesse ou en récompense de sa vaillance et de sa loyauté.

● Écrire le code d'honneur des chevaliers

On commencera par un travail sur le lexique, avec quelques notions clés comme :
- prouesse : vaillance dans le combat et dans la vie quotidienne ;
- loyauté : envers son seigneur et sa dame ;
- largesse : prodigalité, générosité (le chevalier doit dépenser sans compter pour ses alliés mais aussi être généreux envers ses adversaires).

Méthodologie : on observera aussi comment, dans les textes, le chevalier met en œuvre (ou pas) ses qualités, dans les tournois, à la guerre, à la croisade, dans les fêtes, sur les chemins, etc.

- L'épée, arme du chevalier par excellence.

Méthodologie : on prélèvera des informations sur sa description (poids, longueur, forme, tranchant) ; ses utilisations (à pied, à cheval, maniée avec une main ou deux) ; les techniques de combat.

Construire le lexique de l'épée (la lame, le pommeau, la garde, le fourreau, etc.) Remarque : de nombreux ordres actuels utilisent le terme de *chevalier.* Or, *les chevaliers du Jedi* dans la série « Star War » proposent un mélange entre la chevalerie médiévale européenne et les samouraïs japonais.

- Écrire le dictionnaire du lexique arthurien

Cette activité constituera une aide à une compréhension plus fine.

Extraire, lors des lectures, des mots dont le sens s'est modifié, chercher leur signification, puis construire le dictionnaire.

Exemple : un *assommoir* est une ouverture arrondie au-dessus de l'entrée d'un château fort. Lors d'attaques du château, on pouvait déverser des liquides ou des pierres sur les assaillants ou tirer verticalement sur eux.

Un *cheval* était une mauvaise monture, un *destrier* un cheval de bataille.

Un *vassal,* un *vilain,* etc.

On pourra proposer le même travail avec les mots du château fort ou l'armement des chevaliers.

- Lire en réseau

Le grand nombre de petits textes racontant la même histoire sous un angle différent permet des comparaisons intéressantes et variées.

EXTRAIT

« Les deux champions s'élancèrent aussitôt l'un contre l'autre, si rapidement qu'ils ne purent éviter de se meurtrir profondément. Et ils étaient si contents d'eux qu'ils continuèrent à se donner de terribles et longs coups d'épée. Blessés tous deux, rapides toujours, et toujours absorbés dans leur lutte, l'issue en parut, un instant incertaine. Ce fut alors que la reine se pencha à la fenêtre et que Lancelot, sentant que la reine le regardait, leva les yeux et l'aperçut. Il en fut tellement troublé qu'il s'en fallut de peu que son épée lui échappât. Profitant de son émotion, Maléagant le blessa en maints endroits, mais déjà Lancelot se ressaisissait et courait sus à son adversaire qui chancela deux fois si dangereusement que le roi Beaudémagu dit à la reine :

– Dame, si le combat dure longtemps, je n'aurai plus de fils, permettez qu'il n'en soit pas ainsi. ▷

> – Beau Sire, allez tout de suite séparer les champions, répondit la reine.
> Lorsque le roi eut répété les paroles de la reine à Lancelot, celui-ci s'empressa d'obéir et cessa de combattre. »
>
> « Le Chevalier à la charrette », Nouvelle extraite de *Légendes des chevaliers de la Table Ronde,* Laurence Camiglieri, Nathan, « Pocket Jeunesse », 2001.

La série « Marcantour »

Il s'agit de proposer une lecture exploration de la série « Marcantour », éditée par Bayard avec, comme objectif spécifique, la découverte d'un genre, le roman de chevalerie.

La démarche

Contrat de lecture sur la série, lecture exploration, enquêtes, puis ajouter peu à peu d'autres récits permettant d'élargir le champ de connaissance sur le Moyen Âge.
Suite : élargissement vers un ou plusieurs autres projets proposés.

Ressources

La série en plusieurs exemplaires (un par élève, prévoir deux ou trois livres en plus afin d'organiser une rotation des volumes).

« Les Aventuriers de l'Histoire »

Au XIIe siècle, dans les monts d'Auvergne au départ, Hugo, chevalier loyal et vaillant, aidé de son fidèle écuyer Ancelin, combat l'injustice. Les lieux et les temps des actions sont multiples : château fort, monastère, champ de bataille, croisade, etc.
L'éditeur a le projet de déplacer cette série dans la collection « Je bouquine ».
Un collectif d'auteurs aidés d'historiens, sous la direction de Charlotte Ruffault, éditrice, est à l'origine de ce projet.

Projet initial : étude du paratexte

Donner l'envie de lire cette série, situer temporellement les récits, aider à comprendre en repérant les personnages principaux.
Organisation de la classe : en petites équipes, chaque équipe possédant plusieurs livres de la série afin de pouvoir émettre des hypothèses. Toutes les remarques sont rassem-

Le Prince à l'étoile d'or

« Marcantour », Bayard Poche, 1999.

blées sur une affiche.

Méthodologie : présentation du travail des autres groupes, débat, synthèse, puis choix des livres à emprunter.

Consignes : proposer un questionnement focalisant l'attention des lecteurs sur la couverture (titre, éditeur, collection), la quatrième de couverture, le dos du livre, la tranche, les illustrations, les premières pages (présentation des personnages principaux et secondaires, les auteurs) et les dernières pages (l'extrait d'un autre livre de la série).

Autres pistes d'enquêtes sur la série

En fonction du projet de la classe et de ses objectifs, on proposera aux jeunes lecteurs d'autres récits sur le même sujet. Par exemple, si vous souhaitez approfondir la connaissance des croisades, vous ajouterez progressivement des livres.

Construire la notion de code d'honneur du chevalier

Ce projet permettra de conduire un travail transversal liant histoire, lecture et éducation civique.
Les conflits, dont nous sommes les témoins à travers ces livres, ne sont-ils pas toujours et encore une affaire d'honneur bafoué provoquant de la violence ? Mais ces récits nous ouvrent aussi à la compréhension de la fraternité d'armes des chevaliers et de leur compagnonnage. On vérifiera si, dans les différents récits, les auteurs font bien respecter ce code d'honneur à leurs héros.
Remarque : des fragments du code d'honneur de la chevalerie sont en effet repris en plusieurs endroits des récits et le héros l'applique avec constance dans l'ensemble des histoires de la série.
Enquête sur l'un des exemples :
Le problème rencontré, comment Hugo le résout-il ?

Identité du livre lu	Page	Problème rencontré par le chevalier	Comment il le résout	Ton avis

Les châteaux forts	Relever les termes techniques qui les décrivent et les utilisations des différents lieux du château.
Les personnages principaux et secondaires	Construire la carte d'identité des personnages des récits. En déduire ensuite si ce sont des personnages principaux ou secondaires. Les femmes dans ces récits : Hugo rencontre dans chacun des récits une femme différente. De cette rencontre naît un amour ou une amitié nouvelle. Les classer selon ce critère.
La société féodale	• Ceux qui se battent : Qui sont-ils ? Pourquoi se battent-ils ? Comment ? En quoi cela contribue-t-il à l'éducation du futur chevalier ? Comment se déroule la cérémonie de l'adoubement ? Dans quels lieux se déroulent les actions (tournois, attaques et défenses de châteaux forts) ? Quel est le rôle du seigneur ? • Ceux qui prient : Qui sont-ils ? Dans quels lieux vivent-ils ? Quelles sont leurs occupations ? Leurs règles de vie ? Les terres et richesses possédées ? • Ceux qui travaillent : Qui sont-ils ? Dans quels lieux vivent-ils ? Quelles sont leurs occupations ? Les techniques utilisées ?...
Construire la carte des lieux des histoires	• Étape 1 Faire relever les lieux pendant les lectures (noms propres, direction ou est près de...) et les trajets des héros. • Étape 2 Reporter ces informations sur une carte : France, Espagne et destination des croisades.

Les récits de la série « Marcantour »

• *Les Diables rouges*

Après une violente dispute avec son père, le seigneur de Marcantour, Hugo, s'enfuit. Traqué par les loups, poursuivi par de terribles brigands, les Diables rouges, il se réfugie dans le château de la belle Marie. Mais Herbert, un chevalier brutal et arrogant, voit d'un mauvais œil l'arrivée de ce rival. Hugo saura-t-il déjouer tous les pièges et sauver Marie, retenue prisonnière ? Le destin du château est entre ses mains.

• *Le Faucon de la mort*

La peste sévit en Auvergne, et les paysans sont assaillis par des bandes de brigands. Hugo et Ancelin sont intrigués : quel est cet étrange cavalier qui, tel un faucon, apparaît chaque fois que le malheur frappe ? Est-il responsable de la tristesse qui règne dans le château de Beauseng? Les deux amis vont de découverte en découverte, car le faucon n'est pas celui qu'on croit!

● *Le Prince à l'étoile d'or*

Hugo et Ancelin doivent remettre un message à l'archevêque de Tolède, en Espagne. En échange, ils recevront une précieuse relique. Mais comment éviter les sabres des musulmans qui brillent en travers de leur route? Un étrange Prince à l'étoile d'or propose de les protéger. Qui est-il? Que veut-il? Saura-t-il user de son pouvoir pour sauver les deux amis?

● *Les Démons de la nuit*

Que s'est-il passé au monastère d'Aiglefond? Les moines ont disparu! Hugo et Ancelin s'aventurent dans le silence de la nuit et soudain se retrouvent prisonniers des terribles Diables rouges. Que font-ils là? Pourquoi ont-ils enlevé les moines? Hugo pressent un grave danger. Saura-t-il déjouer l'attention de ses geôliers et percer le secret du monastère? Le temps presse, il faut sauver les moines.

● *Les Justiciers de l'ombre*

Hugo et Ancelin sont envoyés par le roi de France en Palestine. Le but de leur mission: retrouver le prince Ludovic de Chartres, disparu lors d'une croisade. Au cours de leur expédition, Hugo est confronté a de graves dangers. Quelqu'un cherche à l'éliminer.

Hugo parviendra-t-il à déjouer les pièges de ce mystérieux assassin ?

● *La Révolte des faucheurs*

La révolte gronde en Auvergne. Affamés, les paysans ont enlevé la fille du comte de Rives. Hugo et Ancelin se retrouvent engagés dans le conflit.

Avec les Vikings

Le Drakkar aux 100 Vikings

Jean-Luc Bizien et Emmanuel Saint, Gründ, 2001.

Vers les années 900, des événements dramatiques, invasions de Vikings, de Sarrasins et de Hongrois, perturbent la construction de la France et marquent la fin d'un État: l'Empire de Charlemagne puis celui des royaumes carolingiens. Un autre type d'organisation sociale et politique, la féodalité, est en train de naître.

Le projet: en observant la vie des Vikings et leur mode d'invasion, il s'agit d'aider les élèves à comprendre la formation de la France, l'amorce d'une organisation avec les seigneurs et leurs vassaux ainsi que la construction des châteaux pour se défendre.

Les récits

Nombreux et souvent traduits, ils semblent moins à la mode chez les éditeurs que pendant la période 1970-1990 mais nous pouvons leur faire confiance pour les rééditer. Une exception chez Flammarion-Père Castor, deux romans parus en 2001 : *L'Étalon des mers,* d'Alain Surget et *Les Disparus de Rocheblanche,* de Florence Renaud, très réussis.

Et Thorgal ?

La série de bandes dessinées « Thorgal » est très présente dans les BCD. Elle relève du genre fantastique (Thorgal est d'origine extraterrestre), mais les représentations de drakkars y sont tellement réussies qu'il faut proposer aux lecteurs d'y jeter un petit coup d'œil. Sur le plan historique, des erreurs et des anachronismes sont à signaler. On pourra aborder cette série au moins une fois, en dehors des projets liés à l'enseignement de l'histoire, par exemple autour d'une approche du genre littéraire et de la figure des apparitions extra-terrestres.

Rappels historiques

La dislocation de l'Empire de Charlemagne se trouve accélérée par de nouvelles invasions.

Pendant le IXe et le Xe siècles, l'Europe chrétienne est assaillie de trois côtés :

-Au Sud, les pirates musulmans lancent des raids contre l'Italie, la Corse et la Provence.

- Venant d'Europe centrale : les cavaliers hongrois mènent des raids.

- Au Nord et à l'Ouest, les Normands venus de Scandinavie. Les Vikings (Danois, Norvégiens) arrivent par petites troupes de quelques centaines d'hommes. Ils naviguent sur des drakkars et remontent les fleuves et les rivières (la Seine, le Rhin, l'Escaut...), pillant villes et monastères. En France, on les voit partout, terrorisant la population. Personne n'est capable de les arrêter. L'effet de surprise étant total, ces attaques sèment l'effroi et la terreur. Les écrits monastiques racontent, en l'amplifiant, le phénomène.

En 991, le roi de France cède le duché de Normandie à Rollon, l'un des chefs vikings qui, en échange, protégera les côtes françaises. En l'an mille, les pillages cessent.

C'est de Normandie qu'ils partiront à la conquête de

l'Angleterre avec Guillaume le Conquérant.
Les causes de ces invasions sont mal connues : changement climatique ? Expansion démographique ? Goût de l'aventure et du pillage ?
En tout cas, les rois français n'étaient plus capables de maintenir l'ordre.
Pendant ce temps, d'autres Vikings voyageaient jusqu'en Amérique du Sud.

Frise du temps

841 : pillage de la ville de Rouen et massacre des habitants.
843 : 67 vaisseaux danois devant Nantes, pillage et incendie de la ville.
850 : pillage de Paris, Beauvais, Meaux, Melun, Chartres, Évreux et Bayeux.
Les Vikings s'emparent petit à petit de la Normandie.
861 : découverte des îles Féroé.
872-930 : installation de plus de 10 000 Vikings en Islande.
911 : Rollon, chef viking, signe avec le roi de France, Charles le Simple, le traité de Saint-Clair-sur-Epte qui lui reconnaît la possession de cette province.
Les Normands installés se convertissent au christianisme et s'intègrent.
986 : Erik le Rouge découvre le Groenland.
999 : Leif, fils d'Erik le Rouge, découvre Terre-Neuve, la Nouvelle-Écosse, puis aborde au sud de l'actuelle Philadelphie.
1001 : les Vikings entreprennent de nombreux voyages en Amérique (en Floride, jusqu'au Brésil).
1066 : Guillaume, duc de Normandie, part à la conquête de l'Angleterre. Victorieux, il devient roi de ce pays.
La broderie de la Reine Mathilde, conservée à Bayeux, raconte la conquête de l'Angleterre.

Les projets

Les drakkars étaient de grandes barques effilées de 20 à 25 mètres de long. Elles pouvaient contenir jusqu'à 60 hommes au maximum (dont 32 rameurs) et quelques chevaux. Construits avec un fond plat, les drakkars pouvaient remonter les fleuves avec la possibilité de parcourir plus de 200 km par jour, créant des effets de surprise. Les rois francs n'avaient aucune flotte à opposer à ces embarcations rapides.

Les drakkars : la force des Vikings

● Objectifs : Aider à comprendre la terreur due à l'effet de surprise des attaques vikings.
Une des causes de l'installation de la féodalité et des

châteaux forts.

● Ressources : Les livres de la sélection, les documentaires souhaités.

● Méthodologie : Contrat de lecture avec prise d'indices et recherches documentaires.

● Action : Repérer les descriptions, les utilisations, les capacités et les avantages des drakkars.

● Finalité : Exposition.

Dessiner des drakkars, rechercher des représentations photographiques (*cf.* les musées du Danemark : site internet). Rassembler quelques dates essentielles.

Enquête

Ta mission est de t'intéresser aux drakkars.
Afin de ne pas ralentir ta lecture, tu ne noteras que le numéro de la page où se trouve cette information.
Plus tard, en classe, nous mettrons en commun toutes nos découvertes.
Ton enquête est à rendre pour le... (donner au moins deux semaines)

Identité du livre dans lequel j'ai relevé ces informations	Les descriptions du drakkar	Les manœuvres	Le contenu du bateau	Autres éléments importants

Construire la carte des lieux et des trajets vikings

L'objectif est de comprendre l'origine et l'importance des voyages des Vikings

● Méthodologie : Relever les lieux géographiques nommés ou évoqués dans les récits puis construire les cartes correspondantes, une pour le monde, une pour l'Europe.

Enquête

Ta mission est de t'intéresser aux lieux des histoires.
Afin de ne pas ralentir ta lecture, tu ne noteras que le numéro de la page où se trouve cette information.
Plus tard, en classe, nous mettrons en commun toutes nos découvertes.
Ton enquête est à rendre pour le... (donner au moins deux semaines)

Identité du livre dans lequel j'ai relevé ces informations	Noms des lieux (entre parenthèses, je note la page où j'ai trouvé l'information)

Les récits

L'Étalon des mers
Surget A., Flammarion « Castor Poche », 2001.
Leif est le fils aîné d'Erik le Rouge. Avec toute sa famille, il est banni de leur village viking, à cause d'un splendide étalon noir qu'Erik a ramené d'un voyage et que tout le monde lui envie. Ils partent à l'aventure et finiront par aborder un pays que l'on nommera le Groenland.
Un petit dossier documentaire en fin de volume bien utile pour situer le récit.

Raoul à la conquête de l'Angleterre
Rouault B., Milan « Zanzibar », 1995.
1066, une grande guerre se prépare en Normandie. Le Duc Guillaume veut récupérer l'Angleterre usurpée par le traître Harold.

Une colonie viking au Groenland, Brattahid
Ollivier J., Albin Michel Jeunesse « Un lieu, des hommes, une histoire », 1985.

Prisonniers des Vikings
Torill T. Hauger, Flammarion « Castor Poche », 1994.

La Fuite (« Prisonniers des Vikings 2 »)
Torill T. Hauger, Flammarion « Castor Poche », 1994.

Sigurd, le tueur de dragons (« Prisonniers des Vikings 3 »)
Torill T. Hauger, Flammarion « Castor Poche », 1995.

Vikings
Morley J., Hachette Jeunesse « De mémoire de », 1994.
Si tu étais un Viking, comment vivrais-tu ?
Une réussite : on apprend tout sur les Vikings et la présentation est très attractive. On y entre comme dans un livre jeu ! À mettre le plus tôt possible entre toutes les mains.

Gare v'là les Normands !
Clément G., Duculot, 1987.
La conquête de l'Angleterre par les Normands en 1066 avec la tapisserie de Bayeux traitée en bande dessinée.

Le Viking du dernier rivage
Ollivier J., Hatier, 1993.
L'incroyable épopée d'Erik le Rouge, premier découvreur du

continent américain.
Lieu : entre l'Europe et l'Amérique.

Le Vainqueur de Hastings
Deville M., illustrations de Paul Man et Patrick Philippon, Magnard Jeunesse, 1992.
Au XIe siècle, Guillaume, fils illégitime de Robert le Diable, arrache sa contrée natale aux ambitieux barons de Normandie en obtenant l'aide de son suzerain Henri 1er.

Moi, Eric le Rouge
Bayard G., Casterman, 1988.
Viking qui, le premier, vogua vers l'ouest à la recherche d'un nouveau monde.
Un dossier documentaire complet complète l'ensemble.

« L'Île au nord du monde »
Ligny J.-M., *J'aime lire*, Bayard.
Une légende pour aider à comprendre le courage des navigateurs normands.

9 Récits de Paris
Korb L. et Lefèvre L. nouvelles, Flammarion « Castor Poche », 1998.
Saviez-vous que les Normands avaient attaqué Paris par la Seine ?

Le Viking amoureux
Appas F., Hachette « Bibliothèque rose », 1996.
Un nouveau voyage vers le passé pour nos quatre aventuriers.

« Guillaume le Conquérant »
Je lis des histoires vraies n° 50, Fleurus Presse.
En 1066, Guillaume, duc de Normandie, traverse la Manche avec son armée pour se faire couronner roi d'Angleterre…

Contes et légendes des Vikings
Boucher A., Pocket Junior, 2000.
22 contes et légendes.

Demain l'An Mil
Cénac C., Magnard, 1987.
À la veille de l'An Mil, cette fin du monde annoncée, faut-il y croire ?

Galerie des ancêtres fondateurs

Marco Polo & son temps
Christine Germain, Sylvia Schildge, Pauline Guiraud, éditions Mango, 1996.

Le Moyen Âge, c'est aussi certains personnages fondateurs…
Duguesclin, Jeanne D'Arc, Aliénor d'Aquitaine et certains rois ont inspiré les auteurs qui nous offrent des regards différents, selon qu'ils sont rencontrés par leurs ennemis ou leurs alliés. La carte d'identité du personnage sera riche d'enseignements.
Ainsi, le personnage de Du Guesclin est dans certains récits décrit comme un héros brave, intelligent, modeste, bref possédant toutes les qualités attendues d'un gendre modèle. D'autres récits le représentent à l'opposé : fourbe, rusé, malhonnête, sans parole, etc.
Relever avec les lecteurs ces éléments apparemment contradictoires : certains récits sont écrits par des auteurs français, d'autres sont traduits de l'anglais…
La littérature de jeunesse met en scène les grands personnages fondateurs croisés dans nos manuels. Ils sont quelquefois personnages centraux des récits ou se racontent dans une autobiographie. Parfois le héros de l'histoire les accompagne, parfois ces grands personnages traversent seulement l'histoire ou ne sont que l'objet d'une conversation.

Objectif

Aider les enfants à considérer les personnages historiques comme des individus à dimension humaine (naissance, vie, œuvre, mort), inscrits dans des contextes précis. Faire comprendre que l'on sait des choses sur les puissants ou des personnages remarquables et peu de chose des autres.
Aider à comprendre que nous sommes tributaires des sources historiques.

Des pistes avec d'autres personnages

Ces personnages incarnent, par leurs actions, certaines caractéristiques de leur époque.
Jeanne d'Arc et Charles VII très à la mode depuis la sortie du film de Luc Besson (*Jeanne d'Arc,* avec Milla Jovovich, John Malkovish, Faye Dunaway, Dustin Hoffman…, 1999).
Aliénor d'Aquitaine ; Louis XI ; Philippe Auguste ; Hugues Capet ; Charlemagne ; Clovis : de très rares écrits à son sujet ; Saint Louis (Louis XI).

Projet pour établir la biographie d'un personnage

● Étape 1
Ce que nous apprennent les récits sur :
A - son identité et ses dates : nom, prénom, surnom, filiation et lien familiaux, voire amicaux ;
B - son statut social ;
C - son physique ;
D - son caractère et ses habitudes ;
E - les éléments chronologiques de sa vie ;
F - ce qu'on pense de lui...

● Étape 2
Avec les ouvrages documentaires procéder au même travail.
A - son identité et ses dates : nom, prénom, surnom, filiation et lien familiaux, voire amicaux ;
B - son statut social ;
C - rechercher des images le représentant (manuel et œuvres d'art) ;
D - son caractère et ses habitudes ;
E - établir sa biographie succincte ;
F - pourquoi son souvenir s'est-il transmis jusqu'à nous ?

● Étape 3
Faire la comparaison entre les deux études.

Récits sur le Moyen Âge : nos livres préférés

Naissance d'un château fort
David Macaulay, L'École des loisirs « Bibliothèque documentaire », 1986.

La série de bandes dessinées « Jehan » (Casterman) et « Xan » (Lombard)**
Le personnage a changé de nom en changeant de maison d'édition.
Une époque, la guerre de Cent Ans, décrite avec précision.
Texte : Jacques Martin. Dessin : Jean Pleyers, éditions Casterman.
1431 : En cherchant à libérer Jeanne d'Arc, un jeune tailleur de pierres rencontre Gilles de Rais (l'ogre Barbe-Bleue) et devient l'ami de ce riche connétable, compagnon de la pucelle. Cette rencontre d'une grande richesse permet aux auteurs de promener leurs personnages au fil des événements d'une période particulièrement riche de notre histoire.
Dans une première édition, ce personnage s'est appelé Xan, mais pour des raisons légales, il a dû changer de nom.
Un Moyen Âge flamboyant et attachant.

*Naissance d'un château fort**
David Macaulay, L'École des loisirs : petit format, 1986 ; Deux Coqs d'or : grand format, 1986.
L'histoire de la construction, pierre par pierre, du château de Lord Kevin et de la ville d'Aberwyver : lieux imaginaires mais reprenant avec exactitude différents châteaux bâtis au pays de Galles. C'est un chef-d'œuvre à proposer prioritairement dans un contrat lecture sur ce thème.

*Naissance d'une cathédrale**
David Macaulay, L'École des loisirs : petit format, 1986 ; Deux Coqs d'or : grand format, 1998.
Couvrant plusieurs générations de bâtisseurs, le récit très documenté raconte la construction de la cathédrale imaginaire de Chutreaux, de 1252 à 1338.
Un glossaire et une liste des principale cathédrales ogivales complètent ce grand classique de la littérature de jeunesse.

*Le Livre de Catherine**
Karen Cushman, L'École des loisirs « Neuf », 1998.
Le journal que tient une "demoiselle" du XIIe siècle. Une plongée au cœur d'un Moyen Âge peu conventionnel, dans les yeux d'une jeune fille de 13 ans.
Nous découvrons la vie quotidienne, la nourriture, l'hygiène, les rites religieux, le rythme des activités au fil des saisons.

Prisonniers des Vikings (tome 1 sur 4)***
Torill T. Hauger, Flammarion « Castor Poche », 285 pages, 1986.
Lors d'un raid viking, Patric et Sunniva, deux enfants irlandais, sont capturés et emmenés en Norvège comme esclaves. La société viking est bien difficile pour les deux enfants qui ne rêvent que de s'échapper.
Pour aider à comprendre qui étaient les Vikings, leurs coutumes.

*Dans l'officine de maître Arnaud***
Helgerson M.-C., Flammarion « Castor Poche », 1999.
À Reims, Thierry, fils d'un sculpteur de cathédrale, veut être médecin et guérir les lépreux.

*L'Étalon des mers***
Alain Surget, Flammarion « Castor Poche », 2002.
Leif est le fils aîné d'Erik le Rouge. Avec toute sa famille, il est banni de leur village de Vikings. La raison : Sleipnir, un

De lecture facile à lecture plus difficile***, à vous de choisir.*

splendide étalon noir qu'Erik a ramené d'un voyage et que tout le village convoite. Après mille dangers, les drakkars bannis accostent une terre inconnue. Aussitôt Leif et Spleipnir partent à l'aventure et explore un pays que l'on nommera plus tard *Groenland,* avant de repartir vers d'autres horizons (l'Amérique).
Un petit dossier documentaire en fin de volume est bien utile pour situer le récit.
De l'Island au Groenland vers l'Amérique du Sud.
Soulignons le ton utilisé par cet excellent auteur reconnu, le contenu et l'histoire.

*6 Récits d'un château fort**
Jacqueline Mirande, Flammarion « Castor Poche », 1998.
De la construction à la destruction. Six nouvelles faciles à lire. De Philippe Auguste à Napoléon III, la vie et la mort d'un château fort. Sa construction, ses aventures, ses batailles nous sont racontées à travers les siècles.

Petit-Jean d'Angoulême
Chantal Crétois, Flammarion « Castor Poche », 1991.

*Petit-Jean d'Angoulême***
Chantal Crétois, Flammarion « Castor Poche », 1991.
La vie urbaine, au début du XIIe siècle, des bâtisseur de cathédrales.

*Aliénor d'Aquitaine : une reine à l'aventure****
Brigitte Coppin, Flammarion « Castor Poche », 1998.
Aliénor d'Aquitaine a dominé l'histoire du XIIe siècle. Reine de France, puis d'Angleterre, elle a connu le pouvoir, la gloire et la prison, sans jamais renoncer à ses ambitions. Elle raconte ici son destin.

*Le Trésor des Templiers**
Bertrand Solet, « Je lis des histoires vraies » n° 94, Fleurus Presse, mars 2001.
Les Templiers sont des moines soldats. Leur mission : protéger les pèlerins qui se rendaient à Jérusalem. Les Templiers étaient si riches et puissants que le roi de France les fit arrêter pour s'emparer de leur trésor, mais il ne réussit pas à le trouver, on le cherche toujours. De nos jours.

*L'Inconnu du donjon***
Évelyne Brisou-Pellen, Folio Junior Gallimard, série « Garin Trousseboeuf », 1997.
Au Moyen Âge, le jeune scribe Garin Trousseboeuf (il s'est débrouillé pour apprendre à lire et à écrire et a "emprunté"

un écritoire) parcourt les chemins de Bretagne. S'endormant un soir au pied d'un château, il est capturé par erreur au cours d'une échauffourée entre les partisans de Du Guesclin et ceux des Anglais. Il parvient cependant à se faire embaucher comme scribe par les maîtres du château. Il se trouve alors pris dans un enchevêtrement d'intrigues, de complots et de mensonges en tous genres où il manque plusieurs fois de perdre la vie. Mais, en fait, il se régale de toutes ces aventures, se mêle de tout et fait preuve d'audace et de malice.

*Les Pèlerins maudits****
Évelyne Brisou-Pellen, Folio Junior Gallimard, série « Garin Trousseboeuf », 1999.
Entre Tours et Poitiers, Garin est attaqué par des brigands et ne leur échappe que grâce à son imagination. Aussi, lorsqu'il croise un groupe de pèlerins en route pour Compostelle, il se joint à eux sans hésiter. Mais il apprend que l'un d'eux vient de mourir dans d'étranges circonstances, comprend vite qu'ils ne sont tous là que pour expier des fautes qu'ils se reprochent ou que d'autres leur reprochent. C'est sans doute pour ces raisons encore qu'une série de morts, toutes en rapport avec les péchés commis, surviennent dans le groupe et entraînent autant de peur que de méfiance des uns envers les autres. Ce sont ces énigmes que le roman s'attache à dire ! Pourquoi ces mises en scène ? Qui sera la prochaine victime ?

*Le Crâne percé d'un trou****
Évelyne Brisou-Pellen, Folio Junior Gallimard, série « Garin Trousseboeuf », 1998.
La bourse vide, Garin se rend au Mont-Saint-Michel dans l'espoir de trouver du travail comme scribe. Le lendemain de son arrivée, une relique, le précieux crâne de Saint-Auber, est dérobée. Le monastère est sens dessus dessous… Sans compter que frère Robert n'est jamais là où il le faut et qu'il a égaré des documents qui vont se révéler fort importants. Le vieux moine disparaît et, quand on le retrouve, il est mort.

*Robin des bois****
Michael Morpurgo, Gallimard Jeunesse « Folio junior », 1998.
Le récit imaginaire d'un voyage en France de Robin, Frère Tuck et Petit-Jean.

*Émilie et le crayon magique**
Henriette Bichonnier, Hachette Jeunesse « Le Livre de Poche jeunesse », 2001.

Émilie trouve par hasard, dans la rue, un crayon magique : celui-ci a le pouvoir de rendre réel ce qu'on dessine avec lui. Émilie va dessiner un château du Moyen Âge et vivre des aventures extraordinaires : un tournoi de chevalerie, l'attaque du château fort, les combats de l'époque.

Jehan de Loin

Bertrand Solet, hachette jeunesse « Le Livre de Poche jeunesse », 1987.

*Jehan de Loin***
Bertrand Solet, Livre de Poche, 155 pages, 1987.
C'est une "robindesboissonnade".
La vie des paysans et celle des nobles distraits par Jehan, jongleur avec son ours, alors que dans les bois, la bande des écorcheurs s'apprête à attaquer le château.

La Citadelle du vertige **
Alain Grousset, Hachette Jeunesse « Le Livre de Poche jeunesse », 2001.
Simon, jeune tailleur de pierres, vit en haut d'une cathédrale en construction et n'a jamais vu la terre en raison de la hauteur de celle-ci ! À la suite de la mort de son père, tombé dans le vide, il décide de braver l'interdit : redescendre l'escalier de la cathédrale. Chef-d'œuvre, attention : science-fiction.

*Le Chevalier au bouclier vert****
Odile Weulersse, Hachette Jeunesse « Le Livre de Poche jeunesse », 1990.
Thibault de Sauvigny, chevalier très pauvre, mais vaillant et au cœur noble, est amoureux d'Eléonore, la fille du comte de Blois. Hélas la sœur d'Eléonore ne l'entend pas ainsi !
La construction de la France est passée par de nombreuses batailles pour imposer la souveraineté du roi de France.

Le Faucon déniché **
Jean-Côme Noguès, Hachette Jeunesse « Le Livre de Poche jeunesse », 1981.
Pour garder le faucon qu'il a recueilli, Martin, fils de bûcheron, tient tête au seigneur du château. Pourtant il risque le cachot, l'élevage des faucons est le privilège des seigneurs. Excellente illustration de la vie au Moyen Âge, de la condition des serfs, des chasses du seigneur, des guerres, incendies et pillages. Indispensable. Un grand classique.

La série « Vasco » (voir fiche page 140)**
Texte et dessin de Gilles Chaillet, éditions Le Lombard.
Vasco est le neveu du banquier lombard Tolomei. Il est son

homme de confiance et parcourt l'Europe du XIVe siècle afin de remplir les missions que lui confie son riche parent. Avec Vasco, les lecteurs découvrent un Moyen Âge insolite où l'argent a au moins autant d'importance que les armes. Les images sont superbes aux décors soignés et précis. Elles permettent de parcourir les hauts lieux de l'époque.

*Raoul à la conquête de l'Angleterre****
B. Rouault, Milan, 1995.
1066, une grande guerre se prépare en Normandie, le duc Guillaume veut récupérer l'Angleterre usurpé par le traître Harold. Raoul, écuyer d'un chevalier, participe à la préparation puis à la conquête de l'Angleterre et s'illustre avec les armées normandes au côté de Guillaume le Conquérant. Un roman historique très documenté, les faits et les dates sont exacts, fruits d'une patiente recherche effectuée par l'auteur.

*La Cour aux étoiles****
Évelyne Brisou-Pellen, Rageot, 1996.
Pour échapper à son avenir de serf, Renaud s'enfuit aidé par le curé de son village et gagne la capitale.
Sans refuge, il erre dans la "cour aux étoiles", une des cours des miracles, vivant de mendicité et de petits larcins, protégé par Thibaut, le maître des gueux. Jusqu'au jour où la grande peste envahit Paris.

*Des femmes dans l'histoire**
Philippe Godard, Autrement junior, 2001.
Neuf histoires de femmes ayant marqué l'histoire. Pour cette période : Aliénor d'Aquitaine, Jeanne d'Arc, Anne de Beaujeu, régente de France (1483-1491).

Simon, bâtisseur de cathédrale
Jacqueline Mirande, Flammarion « Castor Poche », 2001.

*Simon, bâtisseur de cathédrale***
Jacqueline Mirande, Flammarion « Castor Poche », 2001.
Fuyant un seigneur trop dur, Simon erre sur les routes quand il entend parler de la construction à Paris d'une immense cathédrale. Avec les outils de tailleur de pierre que lui a légués son père, il se fait facilement embaucher sur le chantier. Il participe à l'édification de Notre-Dame de Paris, chantier qui dura plus d'un siècle.

*Gauthier, bâtisseur de château fort***
Jacqueline Mirande, Flammarion « Castor Poche », 2001.
En 1200, la construction d'un château fort sur une butte.

*Les Disparus de Rocheblanche**
F. Reynaud, Flammarion « Castor Poche », 2001.
À bord d'un drakkar lancé sur les flots de la Vézère, deux enfants se serrent l'un contre l'autre, ils viennent de se faire enlever par des Vikings. Un voyage dans la France de l'époque.

Pour le reste

Rendez-vous sur le site : www.crdp.ac-creteil.fr/telemaque

chapitre 5

Les Temps modernes

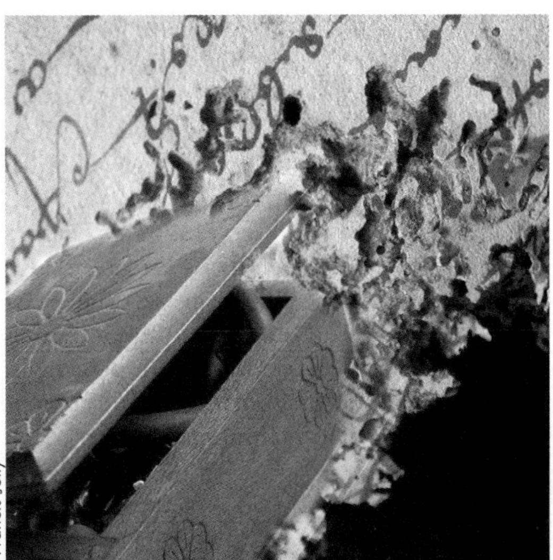

© Francis Jolly

Les Temps modernes

« Cette période de trois siècles, riche de multiples événements, qui s'étend de 1492 jusqu'à 1815 (fin de l'époque napoléonienne), ouvre véritablement au monde moderne, ainsi qualifié par opposition à une période contemporaine plus proche de nous. L'ensemble de la planète est désormais accessible, l'imprimerie facilite une large diffusion des connaissances et des idées. La Renaissance, en Italie et en France, a permis l'émergence progressive d'une vision scientifique du monde durant les XVIe et XVIIe siècles. Avec l'Encyclopédie, le XVIIIe siècle voit se développer l'intérêt pour les techniques. De grands textes fondateurs, marquant encore la vie politique et sociale de notre pays, sont élaborés : la *Déclaration des droits de l'homme et du citoyen* et le *Code civil*. Mais la même période a vu le massacre des Indiens d'Amérique, la traite des Noirs, la terreur révolutionnaire et l'apparition de la « guerre de masse », caractéristique de la Révolution et de l'Empire.

Points essentiels à traiter

- Le temps des découvertes : notre planète est désormais largement accessible mais, en même temps, les conquêtes de nouveaux continents favorisent l'apparition d'une nouvelle forme d'esclavage.
- Une autre vision du monde sur un plan artistique, religieux, scientifique et technique.
- La monarchie absolue en France : Louis XIV et Versailles.
- Le mouvement dit « des Lumières », la Révolution française et le Premier Empire :l'aspiration à la liberté et à l'égalité : réussites et échecs. » (*in Horaires et programmes d'enseignement de l'école primaire, histoire, cycle III,* 2002.)

De la Renaissance à 1789

Les Grandes Découvertes et leurs conséquences

Le voyage inspiré

Jean-Côme Noguès, Hachette Jeunesse « Le livre de Poche jeunesse », 2002.

De la fin du XVe à la fin du XVIIIe siècle, de profonds changements marquent l'histoire de l'Europe et spécialement de la France : invention et diffusion de l'imprimerie, révolution artistique et intellectuelle, grandes découvertes maritimes et leurs conséquences économiques, guerres religieuses.
Dès le début du XVe siècle, les Européens cherchent la route maritime directe vers l'Asie, pour des raisons religieuses (répandre le christianisme) et économiques (se procurer de l'or et des épices). Cela les amène à explorer presque toutes les mers du globe et à découvrir l'Amérique. En conséquence, les grandes puissances européennes, dont la France, en arrivent à dominer plus ou moins directement et à exploiter à leur profit une grande partie de la planète. La France participe à ce grand commerce mondial, elle contribue au peuplement de l'Amérique du Nord (Nouvelle-France) et exploite quelques-unes des îles des Antilles grâce à une main-d'œuvre de Noirs amenée de force d'Afrique et réduite en esclavage. Cependant, le XVIe siècle est marqué par un profond renouveau artistique et littéraire et par la naissance du protestantisme, les protestants étant des chrétiens qui, contrairement aux catholiques, refusent de reconnaître l'autorité du pape de Rome. Les guerres qui opposent, au XVIe siècle, catholiques et protestants se terminent par le compromis de l'édit de Nantes.

Hommes, faits, monuments, objets

Le passage progressif du manuscrit au livre imprimé qui facilite la diffusion du savoir ; la carte des grandes découvertes maritimes ; François 1er et Chambord ; Jacques Cartier ; la Saint-Barthélemy ; Henry IV et l'édit de Nantes ; la traite des Noirs ; la spécificité du protestantisme.

Louis XIV à Versailles

Le règne de Louis XIV, héritier de Hugues Capet et de Louis XI, correspond à l'apogée de la monarchie de l'Ancien Régime fondée sur le pouvoir absolu du roi et sur le caractère inégalitaire de la société. Louis XIV se trouve à la tête du royaume le plus puissant (le pouvoir du roi y est théoriquement absolu), le plus vaste (en 1715, ses limites sont à peu près celles de la France actuelle, sauf la Lorraine, la Corse et

la Savoie), le plus peuplé et le plus riche d'Europe. Il crée à Versailles un somptueux lieu de résidence pour la cour. Mais il veut encore accroître cette puissance, ce qui l'entraîne dans des guerres continuelles avec les autres États européens, provoquant de lourdes augmentations des impôts.
La société française est organisée en trois « ordres » ou « états » : les deux premiers (clergé et noblesse) ont des privilèges que n'a pas le « tiers état » qui regroupe l'essentiel de la population, constitué de près de 90 % de paysans. Ceux-ci vivent dans des conditions qui ont peu changé depuis des siècles, victimes d'une très forte mortalité liée aux conséquences des épidémies ou des mauvaises récoltes. Les Français sont tous officiellement catholiques. À partir de 1685, les protestants ne sont plus tolérés comme ils l'étaient sous le régime de l'édit de Nantes.

Hommes, faits, monuments, objets

Le château et les jardins de Versailles ; Colbert ; Vauban ; la révocation de l'édit de Nantes ; l'hiver de 1709.

Les grands changements au cours des XVIe, XVIIe et XVIIIe siècles

Les traits caractéristiques :

- Après 1450 : ouverture progressive de l'Europe méditerranéenne vers un monde atlantique.
- La Renaissance, phénomène européen, se marque en France dans l'architecture et les lettres.
- Le « Grand Siècle ».
- Une société hiérarchisée, inégalitaire et rurale.
- Un pouvoir royal absolu.
- Un rayonnement littéraire et artistique.
- Le développement du capitalisme marchand et bancaire.
- Des nouvelles idées politiques et économiques.

Les grandes dates

- Une nouveauté plutôt qu'une révolution : le texte imprimé. Gutenberg améliora à Mayence, vers 1438, le procédé des lettres en bois (imaginé par le Hollandais Laurens Cosner). En 1470, on comptait 10 imprimeries en Europe, 110 en 1480. Cette invention va permettre la diffusion du livre.
- 1492 : Christophe Colomb aborde en Amérique.
- 1515 : bataille de Marignan.
- 1539 : l'ordonnance de Villers-Cotterêts impose l'usage du français qui devient la langue de l'administration et du pouvoir.
- 1562-1593 : guerres de religion.
- 1572 : la Saint-Barthélémy.
- 1598 : édit de Nantes.

- 1685 : révocation de l'édit de Nantes - un siècle de paix religieuse.
- 1627-1628 : siège de La Rochelle
- 1643-1715 : règne de Louis XIV.
- 1648-1653 : la Fronde, dernier sursaut de la noblesse contre un pouvoir royal affaibli par une régence.
- 1781 : indépendance de l'Amérique.

Des notions

- La notion d'organisation sociale peut très bien structurer un travail sur les Temps modernes.

Sous les apparences de l'identique - les trois ordres - la société française a évolué. L'affaiblissement de la noblesse et du clergé rend encore plus visible la montée en puissance, économique et politique, de la bourgeoisie.

- La notion d'expansion : les grandes découvertes et la construction d'empires coloniaux sont de bonnes entrées dans la notion d'expansion (ou de colonialisme).

La France fait pâle figure comparée à la Grande-Bretagne, à l'Espagne, au Portugal et aux Provinces-Unies.

- La Renaissance : véritable rebond sur les modes de pensée, des œuvres venues d'une période ancienne. On s'inspire de l'Antiquité en l'adaptant à l'époque : architectes, écrivains et philosophes humanistes. L'humanisme peut être une entrée en éducation civique, dans la mesure où il va aussi renaître à l'époque dite « des Lumières ».
- La notion de pouvoir : la montée du pouvoir royal jusqu'à ce qu'on a appelé le « pouvoir absolu » puis la contestation de ce pouvoir qui aboutit à la Révolution française. Les contre-pouvoirs.
- Les notions de progrès scientifiques et techniques :

• Mathématiques : machine à calculer de Pascal.
• Sciences de la nature : Buffon et son *Histoire naturelle* (1749 à 1789).
• Chimie : Réaumur qui invente en 1780 le premier thermomètre à alcool, Lavoisier qui étudie la composition de l'air, de l'eau, du gaz carbonique (traité sur la chaleur).
• Agriculture : suppression de la jachère, augmentation des rendements.
• Industrie : amélioration du métier à tisser, apparition de la métallurgie au coke et première machine à vapeur (inventée par Denis Papin au XVIIe mais fonctionnelle au XVIIIe).
• Communications : naissance des Ponts et Chaussées en 1747, développement des canaux.
• Démographie : les naissances n'augmentent pas mais les grandes épidémies disparaissent (la dernière frappera à

Marseille, en 1720), la variole va être jugulée par la vaccination et, du coup, l'espérance de vie augmente.

- Autres notions :

L'époque classique : influence culturelle avec le rayonnement européen du Grand Siècle, le grand commerce, les colonies, la cour du roi, etc.

Plus difficiles à aborder : les notions de protestantisme ou de guerre civile.

Les projets proposés

- La frise des Temps modernes.
- Les grands voyages de découverte
- Autour de François Ier, la Renaissance
- Rallye mathématique
- Construire la notion de tolérance : les guerres de religion (1547-1715)
- Henri IV
- Louis XIV et Versailles
- Molière
- Pirates, flibustiers, corsaires.
- Les aventures de Barbe-Rouge, le pirate
- La galerie des ancêtres fondateurs

La frise des Temps modernes

Les Orangers de Versailles

Annie Pietri, Bayard Jeunesse, 2000.

L'expression « Temps modernes » désigne la période qui s'étend de la fin du XVe siècle à la date de 1815, généralement admise par les historiens (chute de l'Empire napoléonien) pour désigner la fin de cette période. On peut être amené à la faire commencer soit en 1453 (prise de Constantinople par les Turcs et fin de l'Empire byzantin), soit en 1492 par la découverte de l'Amérique par Christophe Colomb. Sans prendre parti dans cette querelle au niveau du cycle III, nous la ferons commencer en 1453 car de nombreux récits de voyages et de découvertes racontent, avant la découverte de l'Amérique, le courage des navigateurs grâce aux avancées de la science en opposition avec certaines croyances obscures et religieuses (les monstres, la terre plate, la fin du monde, etc.). Il s'agit de faire comprendre les progrès fantastiques réalisés sur un plan scientifique, mais aussi sur les plans humain et économique, grâce à ces voyages. Il serait dommage de s'en priver…

Cette période peut être divisée en deux parties : les voyages de découvertes, la Renaissance et la Réforme ; la Révolution française et Napoléon.

Les récits

Les sources sont nombreuses et variées mais d'autant plus abondantes qu'on se rapproche de la fin de la période. Le règne de Louis XIV est particulièrement bien raconté.
Les histoires proposées dans la frise bibliographique vont permettre de construire des contrats de lecture variés. On peut choisir d'aborder ainsi la connaissance d'une notion, d'une période donnée, d'un personnage ou d'un événement.

Projet 1 : la frise historique

Il s'agit de construire une frise chronologique sur l'époque, à l'aide des manuels et d'y ajouter une strate, celle de l'époque dans laquelle se situent les récits.
Cette activité permettra de fixer les premiers repères sur la période. Pour cette construction, on rassemblera des manuels d'histoire, d'éditeurs différents, en plusieurs exemplaires.

Étape n° 1 : Construire la frise historique

- Organisation de la classe en petits groupes.

Consigne : chaque groupe reçoit la mission de relever (voir page 22) : les dates, les personnages principaux, les événements, les principales constructions architecturales mis en valeur par les manuels et de les noter sur un *post-it* ou un papier avec de la colle à *post-it.*

- Collectivement

Sur une frise murale provisoire, chaque groupe vient coller son information. Il y a débat, vérification et prise de décision si litige. Chaque élève en recevra une reproduction pour son cahier personnel (un groupe peut être chargé de réaliser ce document).

Étape n° 2 : Ajouter la frise chronologique des récits

- Ressources nécessaires : la frise historique collective, des ouvrages documentaires (dictionnaires et autres), l'ensemble des récits proposés pour cette période.
- Le projet

Grâce à une lecture-feuilletage, les lecteurs vont essayer de dater l'époque du récit.

- Méthodologie

- Organisation de la classe en petits groupes.
Consigne : chaque groupe reçoit la mission (voir page 22) de relever la date ou l'époque proposée pour un certain

nombre de récits et de les noter sur un *post-it* (ou sur un papier avec de la colle *post-it*).

- Collectivement

Sur une nouvelle strate de la frise murale, chaque groupe vient coller son information : débat, vérification, prise de décision.

Deux cas peuvent se présenter :

Le récit est daté. Il n'y a pas de problème, il va pouvoir apparaître sur la frise murale.

Le récit n'a pu être daté. Son premier lecteur aura la mission de le faire.

Si le récit restait non daté (ce qui va arriver pour quelques récits), prévoir un espace où ces récits seront signalés.

Projet n° 2 : chronologie des rois de France

De 1515 à 1715, la frise va borner une époque de transformations artistiques, intellectuelles et religieuses. C'est une époque sombre et compliquée qui présente de grandes difficultés de compréhension pour les enfants.

Les récits se déroulent aussi bien en France qu'aux portes de la France (la Bourgogne), les rois se succèdent très vite.

Le travail sur la frise historique va permettre d'effectuer un ralenti.

Le projet

Classer les récits non en fonction d'une date mais par rapport au roi français régnant à cette époque.

- Étape 1

Rechercher dans les dictionnaires, encyclopédies ou chronologies des rois de France, le nom des souverains ayant régné de 1515 à 1715.

Bien insister sur la notion de durée de vie, différente de celle de durée de règne.

- Étape 2

Sur l'ensemble des récits, repérer la date à laquelle se situe chacun d'entre eux et mettre ces informations en relation avec la chronologie des rois de France.

Deux cas de figure se présentent : soit le récit correspond au règne d'un roi unique et on le classe pendant le règne de celui-ci ; soit la brièveté du règne de certains rois amène certains récits à être classés à plusieurs endroits (exemple dans le tableau pages 174 et 175).

Remarque sur le relevé de dates : celles-ci peuvent être indiquées directement par l'auteur ou par un personnage.

L'évocation de faits historiques (une bataille, un roi d'un autre pays, un personnage indiquant sa participation trente ans plus tôt à une bataille, etc.) obligera les lecteurs à se tourner vers les ouvrages documentaires, dans un projet plus global de compréhension de l'histoire.

Objectif général du projet

Observer pour comprendre des successions, des simultanéités, des durées ainsi que les faits qui se sont déroulés à un moment donné.

Méthodologie

Repérer, pendant la lecture, l'époque où se déroule le récit puis la reporter sur la frise historique symbolisée ici par les rois et les dates de leur règne. Il faut, dans un premier temps, établir la liste des principaux rois avec leurs dates. L'attention des lecteurs peut ensuite se focaliser sur les indices permettant de dater les récits (dates indiquées par l'auteur, personnages connus, événements vécus ou évoqués, etc.).

Précisions historiques

De 1547 à 1715, en écartant François II, fils de Henri II et de Catherine de Médicis qui n'a régné qu'un an, sept rois sont montés sur le trône de France. Nous avons ajouté le temps de la Régence d'Anne d'Autriche – mère du futur Louis XIV qui n'avait que 5 ans à la mort de son père – et de Mazarin.

Les rois de France ayant régné et les histoires

François Ier (1515-1547)
Le Coup de Jarnac, Farrachi A., Bayard «*Je bouquine*», 1995.

Henri II (1547-1559)
Le Coup de Jarnac, Farrachi A., Bayard «*Je bouquine*», 1995.
L'Apprenti amoureux, Helgerson M.-C., Flammarion-Père Castor, 2000.
Les 4 Voyageurs et l'introuvable Huec-Huec, Appas F., Hachette Jeunesse, 1992.
9 Récits de Paris, Korb L., Lefèvre L., Flammarion-Père Castor, 1998.
Le Dresseur d'ours, Graham H., Flammarion-Père Castor, 1997.
Les Diables de Séville, Juderne R., Rageot, 1988.

Charles IX (1559-1574) (massacre de la Saint-Barthélémy : 1572)
Le Jardin d'amour amer, Motsch E., L'École des loisirs «Médium», 1999.
Le Trésor de Mazan, Desplat-Duc A.-M., Flammarion-Père Castor, 1998.
Le Seigneur de l'île Tristan, Faillier J., Flammarion-Père Castor, 1994.
Les Diables de Séville, Juderne R., Rageot, 1988.
Le Dresseur d'ours, Graham H., Flammarion-Père Castor, 1997.
Les Aventures de la chevalière, Hodeir A., Casterman, 1983.
Chroniques du règne de Charles IX, Mérimée P., Gallimard «Folio», 1977.
L'Ombre noire, Rhina M., Hachette Jeunesse «Le Livre de Poche jeunesse», 1991.

Henri III (1574-1589)
Une histoire de brigands, Solet B., Hachette Jeunesse «Le Livre de Poche jeunesse», 1998.

Le Jardin d'amour amer, Motsch E., L'École des loisirs « Médium », 1999.
Maître Martin le tonnelier et ses apprentis, Hoffmann E. T., Flammarion-Père Castor, 1994.
Le Seigneur de l'île Tristan, Faillier J., Flammarion-Père Castor, 1994.
Le Diable et son valet, Horowitz A., Hachette Jeunesse « Le Livre de Poche jeunesse », 2001
L'Ombre noire, Rhina M., Hachette Jeunesse « Le Livre de Poche jeunesse », 1991.
La Fille de la sorcière, Pujade-Renaud C., Scandéditions-La Farandole, 1990.

Henri IV (1589-1610) (1598 : édit de Nantes)

Pas sous le même toit !, Crétois C., Flammarion-Père Castor, 1999.
Une histoire de brigands, Solet B., Hachette Jeunesse « Le Livre de Poche jeunesse », 1998.
Henri IV et son temps, Gaussen D., Mango Jeunesse, 1998.
La Fille de la sorcière, Pujade-Renaud C., Scandéditions-La Farandole, 1990.
15 Récits d'aventures, Gauthier Languereau, 1986.
9 Récits de Paris, Korb L., Lefèvre L., Flammarion-Père Castor, 1998.
L'Arlequin de Venise, Weulersse O., Hachette Jeunesse « Le Livre de Poche jeunesse », 1994.
« L'Affaire Galilée », *Je lis des histoires vraies* n° 75, Fleurus Presse.

Louis XIII (Richelieu) (1610-1642)

Trafic d'armes sur le Rhin, Billard Y., Hatier, 1990.
Au siège de La Rochelle, Hubert-Richou G., Hachette Jeunesse « Le Livre de Poche jeunesse », 1995.
Les Dix Jours impossibles, Ebly Ph., Hachette Jeunesse « Bibliothèque verte », 1988.
Les Trois Mousquetaires, Dumas A. (nombreux éditeurs).
Anne à l'école des femmes, Escudié R., Nathan, 1987.
La Charrette à traverser le temps, Escudié R., Nathan, 1982.
Les Pommes du diable, Pujade-Renaud Cl., Scandéditions-La Farandole, 1992.
Basile à Sans-pantalon, Le Normand V., Reisser C., Hachette Jeunesse, 1992.
La Jeunesse de Molière, Lepère P., Gallimard Jeunesse, 1999.
La Colline aux oliviers, Montardre H., Milan « Zanzibar », 1995.
Le Capitan, Zévaco M., Hachette Jeunesse « Le Livre de Poche jeunesse », 1995.
Constance, Clapp P., L'École des loisirs « Médium », 1989.
La Nourriture des anges, Carminati M., Hachette Jeunesse « Le Livre de Poche jeunesse », 1994.
Molière ou l'éternel baladin, Landreau-Valabrègue J., Hachette Jeunesse « Le Livre de Poche jeunesse », 1995.
Rebekah et le nouveau monde, French Koller J., Hachette Jeunesse « Le Livre de Poche jeunesse », 1996.
Jean de La Fontaine, l'ami de toujours, Landreaux-Valabrègue J., Hachette Jeunesse « Le Livre de Poche jeunesse », 1995.
Les Trois Mousquetaires, A. Dumas (nombreux éditeurs).
Ratafia, Coubert A., Flammarion-Père Castor, 1989
Embuscade à la pierre clouée, Noguès J.-C., Rageot, 1989.
Je suis Juan de Pareja, Borton de Trevino E., L'École des loisirs « Médium », 1990.
José, le peintre et le bouffon, Bourguignon C., Hachette Jeunesse « Le Livre de Poche jeunesse », 1996.
Molière et ses personnages, Colignon T., Monnet C., Mango, 1999.
Au temps des mousquetaires, Bailleux N., Hoffmann G., Casterman, 1999.
L'Arlequin de Venise, Weulersse O., Hachette Jeunesse « Le Livre de Poche jeunesse », 1994.
« Molière », *Je lis des histoires vraies* n° 68, Fleurus.
Molière, une vie pour le théâtre, Jan I., Nathan, 1993.
« A. Dumas et ses trois mousquetaires », *Je lis des histoires vraies* n° 26, Fleurus.
Le Garçon de Séville, Orgad D., Hachette Jeunesse « Le Livre de Poche jeunesse », 1995.
Moi, Marguerite, Laporte M., Nathan, 1987.
15 Histoires à remonter le temps, Hachette Jeunesse « Le Livre de Poche jeunesse », 1999.

Régence (Mazarin) (1642-1661)

Au siège de La Rochelle, Hubert-Richou G., Hachette Jeunesse « Le Livre de Poche jeunesse », 1995.

▷ *Racine, l'enfant à la cicatrice,* Charpentreau J.,Hachette Jeunesse « Le Livre de Poche jeunesse », 1999.
La Jeunesse de Molière, Lepère P., Gallimard Jeunesse, 1999.
Molière ou l'éternel baladin, Landreau-Valabrègue J., Hachette Jeunesse « Le Livre de Poche jeunesse », 1995.
Moi, Marguerite, Laporte M., Nathan, 1987.
Jean de La Fontaine, l'ami de toujours, Landreaux-Valabrègue J., Hachette Jeunesse « Le Livre de Poche jeunesse », 1995.
Le Roman du masque de fer, Dumas A., Hachette Jeunesse « Le Livre de Poche jeunesse », 1998.
Le Vicomte de Bragelone, Dumas A., Gallimard « Folio », 1997.
Au vent de la flibuste, Mauffret Y., Hatier, 1992.
« Molière », *Je lis des histoires vraies* n° 68, Fleurus Presse.
« L'Enfant roi », *Je lis des histoires vraies* n° 44, Fleurus Presse.
Le Pionnier du nouveau monde, Piquemal M., Milan, 1999.

Louis XIV (1661-1715)
La Nuit des dragons, Kupferman S. et F., Hachette Jeunesse « Le Livre de Poche jeunesse », 2002.
Meurtre au Palais-Royal, Pineau M., SEDRAP, 1994.
Racine, l'enfant à la cicatrice, Charpentreau J., Hachette Jeunesse « Le Livre de Poche jeunesse », 1999.
Apolline et la porte du temps, Roche T., Mango Jeunesse, 1993.
Quatre Comédies à lire et à jouer, Molière, L'École des loisirs « Médium », 1986.
Notre-Dame de Buze, Graas L., Flammarion-Père Castor, 1994.
Mon Pays sous les eaux, Noguès J.-C., Flammarion-Père Castor, 2000.
Molière et ses personnages, Colignon T., Monnet C., Mango, 1999.
À l'époque de Molière, Lebrun F., Hoffman G., Casterman, 1999.
Une journée du Roi-Soleil, Ruffieux J.-M., L'École des loisirs « Archimède », 1996.
Les 7 Péchés du diable, Toupet A., Milan, 1996.
Le Secret du maître luthier, Favaro P., Hachette Jeunesse « Le Livre de Poche jeunesse », 2002.
La Bête du Gévaudan, Feron J., Hachette Jeunesse « Le Livre de Poche jeunesse », 2002.
Complot à Versailles, Jay A., Hachette Jeunesse « Le Livre de Poche jeunesse », 2001.
« Le Boulanger de Roc-Noir », Jimenes G., Beaujard Y., Bayard, *J'aime lire,* 1993.
Le Capitaine Fracasse, Gauthier Th., Hachette Éducation, 1998.
Molière ou l'éternel baladin, Landreaux-Valabrègue J., Hachette Jeunesse « Le Livre de Poche jeunesse », 1997.
Moi, Marguerite, Laporte M., Nathan, 1987.
À la poursuite d'Olympe, Jay A., Hachette Jeunesse « Le Livre de Poche jeunesse », 2001.
La Galette du roi soleil, Hénard D., Hachette Éducation, 1993.
Jean de La Fontaine, l'ami de toujours, Landreaux-Valabrègue J., Hachette Jeunesse « Le Livre de Poche jeunesse », 1995.
Le Bossu, Féval P., Hachette Jeunesse « Le Livre de Poche jeunesse », 1997.
La Nuit de la Saint-Sylvain, Ley M., Flammarion-Père Castor, 1997.
Tonio le bouligant, Piguet A., Magnard, 1984.
Le Roman du masque de fer, Dumas A., Hachette Jeunesse « Le Livre de Poche jeunesse », 1998.
Le Vicomte de Bragelone, Dumas A., Gallimard « Folio », 1997.
Vingt Ans après, Dumas A., Hachette Jeunesse « Le Livre de Poche jeunesse », 1985.
Candy et le trésor des Incas, Rouge et Or, 1983.
« Le Grand Voyage de Victorien », de Marolle C., *J'aime lire* n° 21.
« L'Enfant roi », *Je lis des histoires vraies* n° 44, Fleurus Presse.
« Molière », *Je lis des histoires vraies* n° 68, Fleurus Presse.
Au vent de la flibuste, Mauffret Y., Hatier, 1992.
« À Versailles avec Louis XIV », *Images DOC* n° 6, Bayard « Astrapi ».
Le Louvre, 800 ans d'Histoire à Paris, Le Guillou J.-C., Deux Coqs d'or, 1990.
Versailles, histoire du château des rois, Le Guillou J.-C., Deux Coqs d'or, 1998.

Les grands voyages de découverte

Sur les traces de... Christophe Colomb

raconté par Jean-Paul Duviols, illustré par Maurice Pommier, Gallimard Jeunesse, 2002.

À la fin du Moyen Âge, les Européens connaissaient parfaitement le pourtour de la Méditerranée. Ils commerçaient par voie terrestre avec l'Asie. En 1492, Christophe Colomb arriva en Amérique, un continent dont les Européens ignoraient l'existence. Les grandes puissances européennes, dont la France, dominent ainsi une grande partie de la planète. L'espace géographique s'élargit, provoquant une redistribution des forces économiques et politiques avec le glissement des centres vitaux du commerce et de l'argent de la Méditerranée vers l'Atlantique. La conquête du Nouveau Monde amène la formation d'empires coloniaux qui eurent des conséquences très néfastes pour les populations indiennes.

Les récits

Ils sont nombreux et très détaillés, grâce aux nombreuses archives sur l'époque. Les auteurs sont en verve, tous les genres (journaux, correspondances, récits, romans, etc.) sont représentés et vont permettre aux lecteurs de se familiariser avec cette époque.

On trouvera une petite bibliographie des récits d'exploration (page 179). Beaucoup se déroulent en Amérique du Sud et aident à comprendre en partie les exactions dues à la colonisation.

Projet n° 1 : carte des déplacements des navigateurs découvreurs

Christophe Colomb, Magellan, Jacques Cartier, Vasco de Gama et Amerigo Vespucci sont au centre de nombreux récits. Ils en sont les héros principaux même si les auteurs ont imaginé des personnages fictifs les accompagnant, qui sont les narrateurs de ces récits.

Les grandes découvertes furent surtout le fait des Portugais et des Espagnols (Vasco de Gama, Christophe Colomb, Magellan). Les Français, venus plus tard dans l'exploitation et la conquête, vont y participer avec Jacques Cartier et s'implanter au Canada.

Méthodologie

- Étape 1

Relever les dates, la chronologie des faits et lieux précisés dans les récits.

● Étape 2
Recherche documentaire sur les informations prélevées pour en vérifier la véracité.
● Étape 3
Construire la carte des voyages de découverte de ces voyageurs.
Il sera possible également, lors des lectures, de construire la carte d'identité des personnages puis, à travers des recherches documentaires complémentaires, d'y associer une gravure ou un tableau d'époque et de vérifier si l'auteur ou l'illustrateur sont proches de la vérité historique. On découvrira peut-être l'un des secrets de l'illustrateur, l'une de ses sources...
Pour Christophe Colomb : une chevelure blanche dès l'âge de 30 ans, le teint blanc qui tire rapidement sur le rouge vif, un visage long, un homme de grande taille et robuste... très différent de Gérard Depardieu dans ce rôle.

Autres projets autour des voyages de découverte

● Enquête sur les causes des explorations
Comprendre pour quelles raisons les explorateurs partaient (problèmes religieux, espoir de richesse vers un monde nouveau, perte de liberté et esclavage, etc.) grâce à la diffusion par l'imprimerie des récits de voyage, *Le Livre des Merveilles* par exemple de Marco Polo et d'autres récits arabes (Christophe Colomb connaît ces récits).
On pourra construire les cartes de leurs voyages.
On pourra également écrire le cahier de voyage de Magellan ou celui de Christophe Colomb.

● Les types de bateaux utilisés
On pourra construire des maquettes en trois dimensions ou les dessiner.

Les flottes des navigateurs

Nom du navigateur	Renseignements sur sa flotte
Christophe Colomb	Trois bateaux : une nef et deux caravelles
Magellan et Sebastien Del Cano	Au départ, cinq voiliers et 234 hommes. Au retour, un bateau et 19 hommes.
Vasco de Gama	Il rentre avec quatre caravelles remplies d'épices.

● Les conditions de navigation
Les progrès techniques aidèrent aux découvertes avec l'emploi de nouveaux navires à haut bord, à la voilure plus

importante (voir projet pirates page 196), munis de gouvernails, d'étambot qui peuvent affronter la haute mer, la mise au point de navires maniables et rapides, comme la caravelle.
Les appareils de navigation donnent une image plus précise du monde.
Faire enquêter sur les outils utilisés : l'astrolabe, les cartes (portulans) et des globes terrestres, le sablier, le compas et la boussole (devenue portative), la rose des vents, le cadran solaire...
Retenir le rôle important des cartographes.

- Les ports et lieux de passage

Situer Hambourg, Lisbonne, Londres, Bruges, Barcelone, etc. et les ajouter sur la carte des trajets.

- Les conditions de vie à bord et le pouvoir

La loi à bord : qui décide à terre et en mer (importance de la vie à terre) ?

- Les marchandises rapportées ou emportées

Les épices, le poivre, l'or, l'argent et les métaux précieux mais aussi la capucine, les dahlias, les pétunias, les topinambours, les haricots verts, les agaves, les figues de barbarie. Le chocolat, la vanille, le tapioca, la pomme de terre, le maïs, la quinine, le caoutchouc, le tabac, la figue, etc.

Liste de récits concernant les voyages

Autour des conquistadores, la colonisation des nouveaux mondes.
Ces conquistadores, envoyés par l'Espagne en Amérique centrale (les Aztèques) et en Amérique du Sud (les Incas) pour rapporter de l'or et de l'argent, exterminèrent ces civilisations lors des guerres de conquête puis forcèrent les Indiens à travailler dans les plantations et dans les mines d'argent. Les populations sont décimées. Alors commencent le commerce triangulaire et l'importation des esclaves noirs d'Afrique pour la main-d'œuvre (voir projet page 220).
Les Portugais colonisèrent les côtes africaines, l'Océan indien et le Brésil.
Les Espagnols colonisèrent les Antilles où ils firent cultiver la canne à sucre par des esclaves.
Au Pérou et au Mexique, les conquistadores exterminèrent les civilisations maya, aztèque et inca. Certains romans pour la jeunesse rendent compte de ces exactions.

Le Village enfoui
Guillet G., Flammarion-Père Castor, 1989.
Barcelone : un port à l'heure des grandes découvertes
Pierre et Philippe Brochard, Albin Michel Jeunesse «Un lieu, des hommes et une histoire», 1992.
15 Histoires à remonter le temps
Hachette Jeunesse « Le Livre de Poche jeunesse », 1999 (deux histoires correspondent à l'époque souhaitée).
Le Complot de la Bible d'or
Jean-Marc Soyez, Hachette Jeunesse « Le Livre de Poche jeunesse », 1989.
Drôle de passagère pour Christophe Colomb
V. Groussard, Flammarion-Père Castor, 1992.
Pas sous le même toit !
Chantal Crétois, Flammarion-Père Castor, 1999.
« Le Grand Voyage de Vasco de Gama »
Images DOC n° 3 « Astrapi »-« Okapi », Bayard.
Christophe Colomb
Sassier M., Nathan, 1991.
Le Pionnier du Nouveau Monde
Piquemal M., Milan, 1999.
Ratafia
Coubert A., Flammarion-Père Castor, 1989.
Le Premier Tour du Monde
Soncarrieu G., Hachette Jeunesse « Le Livre de Poche jeunesse », 1996.
Colomb Christophe
Rouré J., Hachette Jeunesse « Le Livre de Poche jeunesse », 1992.
Le Perroquet d'Amerigo
Pirotte H., Rageot, 1985.
Moi, Magellan
Mauffret Y., Casterman, 1988.
Notre-Dame de Buze
Graas L., Flammarion-Père Castor, 1994.
« L'Affaire Galilée »
Je lis des histoires vraies n° 75, Fleurus Presse.
« Magellan, le premier tour du monde »
Je lis des histoires vraies n° 67, Fleurus Presse.
La Longue Veille
Arnaud-Valence S., Magnard Jeunesse, 1996.
Constance
Clapp P., L'École des loisirs, 1989.
« Le Grand Voyage de Victorien »
Chantal de Marolles, *J'aime lire* n° 21.

Magellan l'audacieux
Castano Ballesteros I., Flammarion-Père Castor, 1993.

Autour de François Ier, la Renaissance

Le Coup de Jarnac
Armand Farrachi, Bayard Poche «Je bouquine», 1995.

La mise au point de l'imprimerie, de nombreux progrès scientifiques, l'essor d'idées nouvelles chez les humanistes et un grand renouveau artistique ont provoqué de profondes transformations aux XVe et XVIe siècles.
François Ier fait venir en France des artistes italiens dont Léonard de Vinci (1452-1534) qui est à la fois peintre, architecte, sculpteur, musicien, astronome et mathématicien. Ingénieur, il imagine des machines encore inconcevables à son époque : l'avion, l'hélicoptère, le parachute...
Le nouveau courant de pensée, l'humanisme, est caractérisé, entre autres, par la redécouverte des textes de l'Antiquité. Mais ce renouvellement s'exprime aussi au travers de l'architecture des châteaux de la Loire, du château de Fontainebleau ou du Palais du Louvre.
En 1539, l'ordonnance de Villers-Cotterêts impose l'usage officiel de la langue française.
De 1515 à 1559, les rois François Ier (1515-1547) et Henri II (1547-1559) renforcent l'autorité monarchique en transformant les institutions au niveau central et au niveau local. Ils développent la cour afin de faire sentir leur force par leur magnificence. Leur pratique du mécénat favorise les arts et les lettres et permet de réaliser les édifices somptueux.
En Italie, les cités de Florence et de Venise sont embellies grâce aux fortunes de riches banquiers tels les Médicis.
Des découvertes scientifiques importantes sont faites à cette époque : la poudre à canon, les armes à feu, les hauts fourneaux, la serrurerie, la quincaillerie.

Projet n° 1 : les châteaux de la Renaissance

La plupart des châteaux construits ou fortement remaniés au XVIe siècle sont situés en Île-de-France ou sur les bords de la Loire. Cette situation s'explique par la présence, dans cette région, du roi de France et de sa cour. Le grand nombre de châteaux est dû au fait que cette cour est toujours itinérante, elle ne deviendra sédentaire qu'au siècle suivant avec la construction de Versailles par Louis XIV.

Dans la construction des châteaux de la Loire comme dans celle de Chenonceau, de Villandry ou de Chambord, l'influence italienne s'affirme peu à peu. Quelquefois, les forteresse médiévales sont transformées en châteaux de plaisance (Loches, Ussé ou Azay-Le-Rideau).

Méthodologie

● Étape 1
Établir un relevé des châteaux visités ou évoqués par des personnages.
● Étape 2
Recherche documentaire : vérification et localisation sur la carte. Lettres de demande aux syndicats d'initiative et recherche de sites internet. En effet, de nombreuses écoles ayant visité ces châteaux présentent leurs découvertes sur la toile. Des caméras fixes permettent parfois de visionner ces lieux historiques.
● Étape 3
Élaboration de la carte puis d'une exposition en BCD à l'aide des informations recueillies.
● Étape suivante pour élargir
La cour étant itinérante, relever tout ce qui était déménagé : meubles, tentures, tapis, vaisselle et objets de la vie quotidienne voyageaient dans des coffres.

François Ier, le roi chevalier

Sous son règne, la France connut une période de grandeur. Il fit la guerre en Italie contre l'empereur germanique Charles Quint, pour agrandir le territoire français, remporta la victoire de Marignan puis fut vaincu à Pavie.
En 1539, par l'ordonnance de Villers-Coterêts, il remplaça le latin par le français dans les actes de justice.

Carte d'identité

Établir la carte d'identité et la biographie de François 1er.
On fera relever dans les récits des informations sur :
- Sa famille : ascendance et descendance, dates (règne et vie), famille Marguerite de Navarre, sa sœur, qui protège et soutient les artistes, ses deux femmes (Claude puis Éléonore).
- Aspect physique : on connaît, par exemple, sa grande taille de près de deux mètres. Rechercher des tableaux le représentant et comparer avec les illustrations des livres (ex. : *François Ier en costume d'apparat,* de Jean Clouet)
- Ses idées : humanistes.
- Ses goûts esthétiques : comme les humanistes, il voulait renouveler l'art en s'inspirtant des textes de l'Antiquité.
- Ses loisirs : la chasse à cour.

Les batailles sous son règne

Lieux	Date	Contre qui	Vainqueur	Origine du conflit	Conséquences
Marignan en Italie	14 sept. 1515	Charles Quint et ses alliés	François Ier et ses mercenaires suisses	François Ier pensait avoir des droits sur le duché de Milan.	Annexion.
Pavie en Italie	23 fév. 1525	Charles Quint et ses alliés	Charles Quint		Il doit céder la Bourgogne, la Flandres et l'Artois et ses deux fils sont retenus prisonniers.
Autres...					

- La chronologie de sa vie et l'ordre des récits s'y rapportant : guerres, voyages, mariages, captivités, etc.
- Galerie de personnages célèbres vivant à la même époque : Bayard, presque disparu de la mémoire collective, Rabelais, Léonard de Vinci, Nicolas Copernic, Ambroise Paré, Catherine de Médicis.
- Quelques faits significatifs :

Le Concordat de 1519 supprime le droit d'élection des évêques par les prêtres.

François Ier devient un roi absolu et nomade : ne restant jamais plus de trois mois dans le même endroit, il renforce son pouvoir dans les provinces.

Il crée l'état civil et l'ordonnance de Villers-Cotterêt.

Sous son règne, Jacques Cartier découvre le Canada en 1534.

Projet n° 4 : les arts, les sciences et les techniques

● Méthodologie

On fera repérer dans les récits les personnages et les lieux célèbres rencontrés puis on lancera des recherches pour mieux les connaître :

-Les peintres : Michel Ange, Léonard de Vinci, Van Eyck en Flandres, Botticelli, etc. Leurs techniques : peinture à l'huile, lois de la perspective, tapisseries.

- Les scientifiques : Ambroise Paré, Gutenberg, Copernic.

- L'architecture des châteaux, avec tout ce qui caractérise les constructions de cette époque : escaliers, fossés devenus décoratifs, nombreuses chambres destinées aux invités, salons pour recevoir, nombreuses fenêtres ouvrant le château vers l'extérieur, murs bas ne protégeant plus le château, larges jardins.

On pourra faire des comparaisons avec les châteaux forts (*cf.* les projets pages 125 et suivantes).

L'Italie, berceau de la Renaissance

Les grands noms d'artistes, les lieux évocateurs de cette époque (chapelle Sixtine peinte), Rome, Florence, Naples et Venise.

EXTRAIT

« Le château de Chambord ne laisse personne indifférent.
C'est ainsi qu'il l'a voulu, à la fois grandiose et élégant : trois cent soixante-cinq lucarnes et fenêtres, quatre cent quarante pièces, huit cents chapiteaux soutenant autant de pilastres et de colonnes ouvragées... Les travaux, commencés dès 1519 d'après les dessins du grand Léonard de Vinci ont dû être arrêtés pendant la captivité du roi et François, dès sa libération, a exigé qu'ils reprennent, coûte que coûte. Par manque de finances, on a fait fondre les grilles d'argent de l'abbaye Saint-Martin de Tours et les mille huit cents ouvriers engagés sur ce gigantesque chantier ont achevé leur ouvrage à temps. À l'automne 1539, le château était prêt à recevoir l'hôte prestigieux du roi de France. Les chambres réservées à l'empereur ont été tendues de drap noir, selon son souhait, et même la plomberie a été dorée à l'or fin ! »

Brigitte Copin, *Léonard de Vinci et Cinq Génies de la Renaissance*, Flammarion-Père Castor, 2001, page 84.

Rallye mathématique... avec les mesures de l'époque

L'Abordage de la Croix-Morte
Yves Pinguilly, Nathan, 1997.

L'expansion économique s'est accélérée. L'exploration du monde et le grand commerce international connaissent une ampleur nouvelle. L'imprimerie permet une plus grande diffusion des connaissances.
Tous ces échanges font apparaître de nouveaux besoins mathématiques. Pour mesurer, compter, échanger, l'utilisation des mesures comparatives s'accélère.
Les auteurs de récits ont senti ce besoin, ils multiplient les références à des unités de mesure.
Il s'agit d'organiser un rallye mathématique utilisant les mesures découvertes dans les textes. On procédera comme d'habitude par contrat de lecture sur les récits du corpus dans lesquels les élèves devront extraire les données mathématiques, croiser ces informations en recourant aux outils documentaires.

Méthodologie

- Étape 1

Enquête pendant les lectures (document 1 ci-contre).

- Étape 2

Relever dans les récits les unités de mesure rencontrées, noter simplement leur nom et la page de la trouvaille.

- Étape 3

À la BCD ou en classe, vérifier dans la collecte générale ce qui relève de l'unité de mesure (nous avions ainsi écarté lors d'un projet, après recherche, les mots *coing* et *taille)*.

- Étape 4

Classement et construction de l'exposition.

Document 1 : Tableau à distribuer aux enfants pendant leur temps de lecture

RELEVÉ DE NOTES POUR PRÉPARER LE RALLYE MATHÉMATIQUES ET HISTOIRE
Titre du livre
Auteur
Collection
Éditeur
Note ici les mots relevés, le numéro de la page où tu les as trouvés (ne recopie rien d'autre, la page suffit) :

Document 2 : Les livres du contrat

Au siège de La Rochelle, Hubert-Richou G., Hachette Jeunesse « Le Livre de Poche jeunesse », 1995.
Le Trésor de Mazan, Desplat-Duc A.-M., Flammarion-Père Castor, 1998.
Une histoire de brigands, Solet B., Hachette Jeunesse « Le Livre de Poche jeunesse », 1998.
Anne à l'école des femmes, Escudé R., Nathan, 1987.
La Nuit des dragons, S. et F. Kupferman, Hachette Jeunesse « Le Livre de Poche jeunesse », 2002
Trafic d'armes sur le Rhin, Billard Y., Hatier, 1990.
Meurtre au Palais-Royal, Pineau M., SEDRAP, 1994.
La Colline aux oliviers, Montardre H., Milan, 1995.
Le Jardin d'amour amer, Motsch E., L'École des loisirs « Médium », 1999.

Document 3 : Notes relevées par un lecteur

dans *Au siège de La Rochelle,* Hubert-Richou G., Hachette Jeunesse « Le Livre de Poche jeunesse », 1995.
Page 9 le **pied** : 300 pieds, mesure d'une branche de rivière.
Page 31 la **livre**, échange de cinq livres de sel contre du poisson et des moules fraîches.
Pages 74 et 57 la **toise**, ouvrages monumentaux de 350 toises de long sur plus de 8 de haut, la rivière reste large en cet endroit de 100 toises (350 toises = 700 m). Géraud filait à grandes enjambées, derrière lui, Guillemette, à vingt toises trébuchait dans les plis de sa robe (une toise mesurait 6 pieds, soit presque deux mètres).
Page 116 la **lieue**, les fortifications de La Rochelle s'étirent sur plus de quatre lieues (4 x 4 km)
Page 52 l'**écu** : Géraud serrait ses écus, jamais il n'avait possédé pareille fortune.
Page 53 le **sol**, « Je viens de m'engager comme soldat-ouvrier à vingt sols par jour »
Page 110 une **larvée**, « Chaque mois il portait le loyer au propriétaire sous forme de larvée de moules… »

Exemple de finalisation

Exposition construite par une classe de CM1 pour expliquer ces mesures.

N.B. : Ressource bibliographique pour des exploitations mathématiques approfondies : Johan P. et Aberkane X., *Les Maths ont une histoire,* Hachette Éducation, 1998.

Les mesures utilisées de 1547 à 1715

Son nom	la toise
Type	longueur
Équivalence actuelle	une toise = 2 m
Livre et page	p 74 et 57 *Au siège de La Rochelle*
Extrait	La baie est barrée par des digues, ouvrages monumentaux de 350 toises de long sur plus de 8 de haut, la rivière reste large en cet endroit de près de 100 toises (* 350 toises = 700 m).

Pour information, les autres mesures trouvées :

Longueur	le pied, la toise, le pouce, la demi-lieue, la lieue,
Monnaie	la livre, l'écu, l'écu d'or, le sol, le sou-tournoi, l'écu d'or pur, la pistole, la livre tournoi, le sou, le florin hollandais
Volume	la larvée, la carte, la galine, le stère de bois, la boutre
Poids	l'once
Surface	le demi-arpent, l'arpent

De 1547 à 1715, les guerres de religion

Le jardin d'amour amer
Élisabeth Motsch, L'École des loisirs « Médium », 1999.

Pour construire la notion de tolérance

Quels sont les souvenirs qui nous assaillent quand nous pensons à Richelieu, Louis XIII, Anne d'Autriche ou Mazarin au-delà des aventures des *Trois Mousquetaires* d'Alexandre Dumas ? Au moment où Henri de Navarre devient roi de France en 1589, le royaume est en miettes, déchiré par les guerres de religion et par l'opposition mortelle des deux grands partis.

La Ligue, dont l'idéologie associe royauté, royaume et catholicisme, est soucieuse de préserver les traditions que l'on appelle « libertés ». Elle refuse qu'un roi huguenot prenne la couronne, même si les lois coutumières œuvrent pour sa légitimité. Une bonne partie de la France est tenue par la Ligue, soutenue par Rome et par l'Espagne de Philippe II.

L'Union protestante, minoritaire, soutenue par l'Allemagne, les Anglais, les Hollandais, les Genevois et les Suisses, correspond aux couches urbaines, aux couches supérieures de la noblesse de robe ou d'épée, assez peu aux strates paysannes. Entre ces deux mouvements antagonistes, un mince groupe, celui des Politiques, des catholiques qui ont rallié Henry IV parce qu'ils le considèrent comme un souverain légitime dont ils espèrent sa conversion à la religion dominante.

La notion de tolérance

Être tolérant aujourd'hui est trop souvent équivalent à une forme d'indifférence aux autres qui pourrait s'exprimer par des formules du genre « je ne veux pas y regarder de trop près », « à chacun sa liberté » ou « chacun pour soi ».

L'État laïque hésite entre deux logiques : celle de la tolérance qui confère à une religion hégémonique le droit d'en tolérer d'autres - pas nécessairement toutes - et celle de l'indifférence qui, libérale, laisse les croyances - religieuses ou non - s'exprimer sans contrainte.

Qu'est-ce qui amène certains hommes à en rejeter d'autres au nom de leurs différences, voire à les combattre ? Voltaire paraît toujours d'actualité : « L'intolérable par excellence, c'est le fanatisme. »

Si l'édit de Nantes est communément présenté comme une pierre fondatrice de la tolérance, on doit plutôt observer qu'il a contribué à édifier l'absolutisme autour d'une véritable religion d'État qui culminera avec Louis XIV en religion... solaire. En instrumentalisant la religion pour une bonne cause - l'ordre public - Henri IV a fondé l'absolutisme de droit divin avec tous ses abus qui seront remis en question bien plus tard par les philosophes des Lumières.

La notion de tolérance est, à l'époque, exclusivement négative : c'est l'acceptation fatalement temporaire d'un mal que l'on est incapable d'empêcher.

L'édit de Nantes ne marque donc pas l'aube d'une ère nouvelle. En 1598, la tolérance ne s'oppose pas à l'intolérance, comme les ténèbres à la lumière, elle en est le versant temporisateur. Il fallait bien accepter ce mal, l'hérésie, et la « tolérance » était présentée par le suzerain comme le seul moyen de veiller à ce que Dieu puisse être adoré et prié par tous ses sujets.

L'édit de Nantes ne fait qu'octroyer aux protestants un statut particulier de tolérance. La révocation de l'édit de Nantes est, elle aussi, une décision politique, relevant de ce que nous appelons de nos jours le totalitarisme. Le statut du religieux dans notre pays semble dominé par quatre grandes dates jalonnant quatre siècles :

1598 : édit de Nantes.

1685 : édit de Fontainebleau qui révoque l'édit de Nantes.

1789 : déclaration des droits de l'homme et du citoyen, précédé par l'édit de tolérance.

Ce que nous disent les romans sur cette période

Les guerres qui ont opposé catholiques et protestants, à travers deux conceptions de l'homme et de l'autorité (*cf. Une histoire de brigands*), permettent d'aborder avec les élèves une période importante de l'histoire : celle de la fin de l'unité du monde chrétien (*cf. Le Trésor de Mazan*).
Les guerres de religion (*cf. Pas sous le même toit!*) ne peuvent pas se résumer à quelques massacres (*cf. Le Jardin d'amour amer*), à quelques sièges (cf. *Au siège de La Rochelle, Le Chevalier Tempête*). Elles furent de vraies guerres et pas seulement civiles, elles furent imbriquées dans des conflits avec de puissants voisins (*cf. Trafic d'armes sur le Rhin*).
Vieilles histoires, les dragonnades (*cf. La Nuit des dragons*), les duels (*cf. Le Coup de Jarnac*), les déportations (*cf. Notre-Dame de Buze*), les camisards, les destructions de la guerre (*cf. Mon pays sous les eaux, La Colline aux oliviers*) ? Non, l'histoire d'aujourd'hui montre, dans le monde entier, au travers de l'exclusion, du rejet de minorités, des tentations de pousser des populations entières vers l'exil, de la Bosnie à l'Albanie, du Timor au Rwanda… l'actualité de ces préoccupations.
Comment la littérature de jeunesse peut-elle nous aider à préserver la liberté de conscience et l'égalité des droits, à construire une France sans exclusion, une France toujours plus fraternelle où chacun, croyant ou incroyant, ait sa place pour participer pleinement à la vie du pays ?

Pistes de travail

On pourra amener les élèves à identifier les différents camps et points de vue en présence dans les récits, à vérifier à quels partis ils pouvaient correspondre dans l'histoire de cette guerre des religions française puis à trouver d'autres exemples plus actuels.
Au-delà, les élèves pourront s'appuyer sur ces lectures pour engager un débat argumenté plus général sur ce qui pourrait fonder la tolérance.

Henri IV (1589-1610)

« Ralliez-vous à mon panache blanc ! »

Paradoxalement, si les ouvrages documentaires abondent sur le « bon roi Henri », très peu de romans le mettent en scène directement. Et pourtant, c'est sous son règne que fut promulgué l'édit de Nantes (1598).

Restaurateur de l'autorité royale, Henri IV fut aussi notre premier monarque absolu, avec une humanité et une affabilité qui restèrent toujours au service de l'État.

Des livres à sélectionner pour votre contrat de lecture

Pas sous le même toit !, Crétois C. , Flammarion-Père Castor, 1999.
Une histoire de brigands, Solet B., Hachette Jeunesse « Le Livre de Poche jeunesse », 1998
Henri IV et son temps, Gaussen D., Mango Jeunesse, 1998.
La Fille de la sorcière, Pujade-Renaud Cl., Scandédéitions-La Farandole, 1990.
15 Récits d'aventures, Gauthier-Languereau, 1986.
9 Récits de Paris, Korb L. et Lefèvre L., Flammarion-Père Castor, 1998.
L'Arlequin de Venise, Weulersse O., Hachette Jeunesse « Le Livre de Poche jeunesse », 1994.
« L'Affaire Galilée », *Je lis des histoires vraies* n° 75, Fleurus Presse.
Les Aventures de la chevalière, Hodeir A., Casterman, 1983.

Projet n° 1 : établir sa carte d'identité

Avant de s'engager dans ce projet, on ne peut qu'inviter à lire le *Henry IV* de Dominique Gaussen publié chez Mango : chaque double page donne des idées fort amusantes quant à la forme que pourraient revêtir vos projets finalisés.
Il s'agira de faire explorer les différentes éditions des albums et documentaires qui lui sont consacrés, puis de comparer avec les manuels d'histoire.

Des pistes pour les enquêtes

Qu'est-ce qui passe ici si tard?
Anne Sylvestreet Christophe Merlin, Casterman « Huit et plus », 2001.

- Ses dates

Naissance et mort, règne, cause de sa mort.

- Son aspect physique

Rechercher et collectionner les portraits le présentant (les manuels en sont riches) : Henri IV au siège d'Amiens, la mort d'Henri IV, l'enregistrement de l'édit de Nantes, etc.

- Son entourage

Sa famille : ses ancêtres, son arbre généalogique (indispensable afin de comprendre pourquoi il a succédé à Henri III), ses femmes.

- Ses alliés et ses ennemis

Ses ministres, ses collaborateurs, les artistes ayant eu une influence sur lui.

- Sa ou ses religions

Son abjuration du protestantisme.

- Sa politique étrangère

Les monarques étrangers avec qui il s'est opposé ou allié.

- Les principales réalisations de son règne

L'édit de Nantes, la restauration de l'État, la monarchie absolue, l'agriculture, les réparations, la construction du canal de Briare, le premier voyage de Samuel de Champlain au

Canada, les constructions et agrandissements.
● Ce que dit sa légende
Rechercher dans de vieux manuels.

Illustration : Frise

Les grandes dates de son règne :
1589 : victoire à Arques sur les Ligueurs.
1590 : nouvelle victoire d'Ivry.
1593 : abjuration solennelle de Henri IV.
1594 : entrée du roi à Paris.
1598 (avril) : l'édit de Nantes accorde aux protestants la liberté de conscience et rétablit la paix.
1598 (mai) : traité de Vervins qui rétablit la paix avec l'Espagne.
1601 : traité de Lyon signé avec le duc de Savoie qui abandonne la Bresse, le Bugey, le Valromey et le pays de Gex.

Louis XIV et Versailles

L'Espionne du Roi-Soleil
Annie Pietri, Bayard Jeunesse, 2002.

À Versailles et dans les autres demeures royales, le Roi vit entouré de nombreux membres de la noblesse, les courtisans. La place et le comportement de chacun sont définis par l'étiquette, un ensemble de règles strictement observées par tous. Le développement du commerce avec des pays lointains et les progrès techniques ont permis au roi et à la cour de vivre d'une façon luxueuse, au contraire de l'ensemble des Français qui vivaient encore dans des conditions difficiles, souvent même dans la misère. Certains, évoquant la journée du roi, disaient qu'avec un almanach et une montre, on pouvait, à trois cents lieues, savoir ce qu'il faisait.
Il s'agit d'aider à faire comprendre ce qu'est la monarchie absolue, que symbolise le règne de Louis XIV.
Montrer que l'installation de la cour à Versailles est un moyen de gouvernement.

Projet 1 : relever dans les récits les événements liés à la vie du roi à Versailles

En voici les principales étapes.
● Étape 1
Extractions d'indices.
● Étape 2
Classement des données et mise en ordre chronologique de celles-ci.
● Étape 3
Réécriture.

UNE JOURNÉE DU ROI

Ce CM1 a relevé, dans les différents récits consacré à Louis XIV ou bien dans les récits se déroulant pendant son règne, tout ce qui relevait de l'organisation de la vie du roi conformément à « l'étiquette ».

Une journée du Roi, la vie à la cour et l'étiquette

Le matin

6 h-7 h

Début de la journée. Les courtisans se lèvent très tôt, bien avant le Roi car ils doivent être arrivés au château avant le début de la cérémonie du lever du Roi.

Les courtisans qui ont une charge ont le privilège d'habiter le château – même dans de très petits appartements. Les autres habitent des hôtels particuliers dans la ville de Versailles ou en dehors et viennent tous les jours à la Cour.

8 h

Les courtisans se rassemblent dans l'appartement du Roi et attendent le réveil du souverain.

Les plus importants participent tous les matins au « petit lever » ; les autres pénètrent dans la chambre royale pour la suite de la cérémonie, le « grand lever ». Les dames de la Cour ne sont pas admises à ces cérémonies.

Le petit Lever

Le Roi est réveillé par son premier valet de chambre qui a dormi dans la pièce. Quelques membres de la famille royale et des courtisans très privilégiés entrent.

Le Premier médecin et le Premier chirurgien examinent le Roi et font rapidement sa toilette. Son corps est frotté avec un linge, puis ses mains sont lavées avec un peu d'esprit de vin (alcool). Louis XIV se lève et s'installe près d'une table de toilette.

Le « petit lever » commence dès l'entrée des premiers courtisans. Son barbier rase le Roi un matin sur deux. Louis XIV est ensuite coiffé de la perruque de son choix.

Le « grand lever » débute ensuite en présence d'un nombre plus élevé de courtisans. Au cours de la cérémonie, le Roi déjeune d'un bol de bouillon et s'habille : chemise donnée par le Dauphin, haut-de-chausse, gilet, cravate, mouchoir, montre... Pour finir, le Roi récite quelques prières.

10 h Messe (à la Chapelle royale)

Tous les matins, le Roi et les courtisans assistent à la messe. Les dames et les seigneurs de la Cour attendent le Roi dans la Galerie des Glaces puis le suivent en cortège jusqu'à la Chapelle royale. Les courtisans assistent à la messe au rez-de-chaussée de la Chapelle. Le Roi et sa famille prennent place à la tribune royale. Pendant la célébration, le Roi récite souvent son chapelet, agenouillé sur un *carreau*, un gros coussin dur, tout en écoutant les nombreux musiciens et chanteurs regroupés autour de l'orgue.

11 h Conseil (dans le Cabinet du conseil)

Tous les matins, le Roi tient conseil. Trois fois par semaine, il réunit le Conseil d'En-haut (5 à 7 ministres), où sont prises toutes les grandes décisions concernant le royaume et ses relations avec les pays étrangers.

Pendant que le Roi tient conseil avec ses ministres, les courtisans restent dans la Galerie des Glaces, rentrent dans leurs appartements ou prennent un repas, préparé aux frais du Roi pour ceux qui ont le privilège d'*avoir bouche à la Cour.*

Vers 13 h Dîner au petit couvert (dans la chambre du Roi)

Louis XIV prend son repas seul, en public.

L'après-midi

Le Roi sort quel que soit le temps. Au programme, chasse ou promenade. Louis XIV chasse deux à trois fois par semaine dans les forêts environnantes. Il aime aussi se promener dans les jardins de Versailles. Parfois, il invite la famille royale et quelques courtisans à des collations au château de Trianon ou au château de Marly.

La soirée
18 h à 22 h « Soirées d'Appartement » (dans les salons du Grand Appartement du Roi)
Trois fois par semaine, Louis XIV offre à la Cour des fêtes nommées d'« Appartement » à cause du lieu où elles se déroulent. Les courtisans prennent des rafraîchissements, dansent, écoutent de la musique, se passionnent pour le billard, les jeux de cartes, et beaucoup d'argent circule.
Les autres soirs, il y a bal ou théâtre. Les œuvres de Molière, Racine et Corneille sont très appréciées jusqu'à la fin du règne de Louis XIV et même au-delà.
Souvent pendant que la Cour se divertit, le Roi a une séance de travail avec un ministre.
22 h
Souper au Grand Couvert (dans l'Antichambre du Grand Couvert)
Le Roi et sa famille soupent devant la Cour, parfois en musique. Les plats sont apportés par les officiers de bouche, la boisson est servie par les officiers du gobelet.
Les mets très appréciés du Roi : gibier, œufs durs, petits pois, salade, fraises, figues...
Les courtisans assistent, debout, au repas royal. À partir du rang de duchesse, les dames prennent place sur des tabourets.
23h Grand coucher et Petit coucher (dans la chambre du Roi)
Même cérémonie que le Grand et Petit Lever.
Grand Coucher du Roi en présence des courtisans (des hommes uniquement). Au cours du Grand Coucher, le Roi accorde à un assistant, souvent à un prince étranger, la faveur de tenir un bougeoir pendant un bref moment.
La journée des courtisans s'achève vers minuit.
Que signifie avoir une charge ? C'est remplir une fonction au service du Roi, par exemple Grand Maître de la Garde-robe ou bien encore Premier Médecin.

Livres utilisés pour ce projet

Une journée du roi Soleil, Ruffieux J.-M., L'École des loisirs « Archimède », 1996.
Une journée du roi Louis XIV, Aliki, Flammarion-Père Castor, 1993.
Louis XIV, Hachette « Histoire junior », 1990.
La France de Louis XIV, Wintz N., Ponthus R., Casterman, 1987.
Le Siècle de Louis XIV, Wintz N., Ponthus R., Casterman « Repère Histoire », 1999.
Louis XIV, Brun C., Millepage « À la découverte de l'Histoire », 1997.

Projet n° 2 : les guerres et les batailles

Ce projet peut être conduit en trois étapes.
- Étape 1

Relever les différentes batailles ou conflits.
Ceux vécus directement par les héros.
Ceux racontés par un personnage secondaire (dans ses souvenirs par exemple).
Ceux qui sont uniquement évoqués.
- Étape 2

Effectuer une recherche documentaire et classer à partir des critères suivants : date, lieu, forces en présence, cause du

conflit, ce qui en a résulté, ouvrage où l'information a été trouvée.
Des pistes: Rocroi, les annexions (Alsace, l'Artois, le Roussillon, la Franche-Comté, la guerre avec les Pays-Bas).

● Étape 3

Construire la carte de ces lieux et situer.

Louis XIV et l'art

L'art s'est beaucoup développé sous l'impulsion et les commandes du roi Louis XIV. Cet art, dit «classique» (par opposition à l'art baroque), est caractérisé par l'ordre, la mesure, la symétrie et la maîtrise des sentiments. On pourra s'intéresser plus particulièrement:

- Aux écrivains: Jean de La Fontaine et ses fables, Molière et ses comédies dans lesquelles il ridiculisait les gens de la cour (voir projet page suivante), Racine et Corneille et leurs tragédies qui savaient émouvoir le public.
- Aux tableaux: on fera comparer des tableaux d'époque et essayer de retrouver l'origine des descriptions dans les récits ou les événements concernant Louis XIV.

On pourra écrire aux auteurs des récits pour avoir des pistes ou des confirmations.

RECHERCHE EN CM1

Liste d'œuvres trouvées dans les manuels:
- *Louis XIV en costume de sacre,* H Rigaud, 1701, huile sur toile.
- *Louis XIV,* Ph. Guillet-Lagache.
- *Louis XIV reçoit dans la galerie des Glaces l'ambassadeur extraordinaire de Perse,* Antoine Coypel.

Le château de Versailles

Ce château comptait 1 300 pièces pour loger toutes les personnes qui y vivaient en permanence. On y remarquera surtout la fameuse galerie des Glaces. Avec son parc magnifique il montrait la puissance de la monarchie. D'autres souverains européens imitèrent Versailles.

Carte des lieux des récits à Versailles

● Étape 1

Afficher un plan du château, au besoin le construire avec un épiscope par projection.

● Étape 2

Pendant les lectures, relever les lieux, les identifier sur le plan.

● Étape 3

Indiquer avec une pastille l'emplacement géographique du récit.

Pour obtenir des documents, contacter le service pédagogique du château. Sinon on trouvera facilement le plan du château dans tous les bons guides touristiques.

Molière

La Jeunesse de Molière
Pierre Lepère, Gallimard « Page blanche », 1999.

Ouvrons le rideau sur Molière et son époque. La période la moins connue de son existence, celle de ses débuts, a permis aux auteurs de mettre en scène des personnages fictionnels supposés l'avoir rencontré, croisé ou accompagné. La lecture et la mise en réseau de ces récits vont nous permettre de construire des animations autour de son personnage et de devenir observateur de cette époque.

Les pistes d'activités possibles sont multiples :

- Construire sa biographie

Ne pas oublier de se procurer le *Molière,* chez Mango. On regardera précisément la double page 63-64, intitulée « Quelques scènes du spectacle d'une vie, Prenez place », qui donne une bonne illustration de ce que pourrait être l'exposition construite après extraction des données.

- Établir la carte d'identité de Molière

Ses liens de famille, ses amis, ses ennemis, ses concurrents, son aspect physique, son caractère et ses habitudes et suivre la naissance de la Comédie-Française

- Les voyages de Molière

Établir un relevé de ses voyages avec L'Illustre-Théâtre, les lieux de représentation, les trajets de la troupe. Les représenter sur une carte.
Comprendre la vie et le statut des comédiens dans la société de l'époque.

- Découvrir son œuvre

Relever le nom des pièces jouées ou évoquées, en lire, en jouer des extraits, aller au théâtre…

- Les fréquentations de Molière

Relever le nom des personnages accompagnant Molière et vérifier si ceux-ci sont d'ordre fictionnel ou ont réellement vécu.

● En liaison avec les arts visuels

On pourra faire comparer les illustrations que l'on trouve dans les livres pour la jeunesse et les portraits d'époque de Molière. Le résultat est étonnant et montre bien que ces tableaux ont largement inspiré les illustrateurs.

Faire le même travail sur les costumes de théâtre.

On pourra écrire ou rencontrer les illustrateurs afin d'obtenir confirmation de ces hypothèses.

À noter, pages 46-47 du numéro 64 de *Je lis des histoires vraies* consacré à Molière, une piste d'évaluation intéressante.

Les récits mettant Molière en scène

Anne à l'école des femmes, Escudié R.,Nathan, 1987.
La Jeunesse de Molière, Lepère P., Gallimard Jeunesse, 1999.
Molière ou L'Éternel Baladin, Landreaux-Valabrègue J., Hachette Jeunesse « Le Livre de Poche jeunesse », 1997.
Jean de La Fontaine, l'ami de toujours, Landreaux-Valabrègue J., Hachette Jeunesse « Le Livre de Poche jeunesse », 1995.
Molière et ses personnages, Colignon T. et Monnet C., Mango, 1995
Au temps des mousquetaires, Bailleux N. et Hoffmann G.,Casterman, 1999.
« Molière », *Je lis des histoires vraies* n° 68, Fleurus Presse.
Molière, une vie pour le théâtre, Jan I., Ageorges V., Nathan, 1993.
15 Histoires à remonter le temps, Hachette Jeunesse « Le Livre de Poche jeunesse », 1999.
Racine, l'enfant à la cicatrice, Charpentreau J., Hachette Jeunesse « Le Livre de Poche jeunesse », 1999.
« L'Enfant roi », *Je lis des histoires vraies* n° 44, Fleurus Presse.
Meurtre au Palais-Royal, Pineau M., SEDRAP, 1994.
Quatre Comédies à lire et à jouer, Molière, L'École des loisirs « Médium », 1986.
À l'époque de Molière, Lebrun F. et Hoffman G., Casterman, 1999.
« À Versailles avec Louis XIV », *Images DOC* n° 6, Bayard « Astrapi ».
Versailles, histoire du château des rois, Guillou J.-C., Deux Coqs d'or, 1998.
Le Louvre 800 ans d'histoire à Paris, Guillou J.-C., Deux Coqs d'or, 1990.
La Troupe Sans-Pareille, Solet B., Hachette Jeunesse « Le Livre de Poche jeunesse », 1994.
Le Diable et son valet, Horowitz A., Hachette Jeunesse « Le Livre de Poche jeunesse », 2001.

EXTRAIT

« Jean n'en revenait pas, il venait de se faire avoir comme un petit garçon. Il avait transporté de l'Hôtel de Bourgogne jusqu'aux Tuileries, dans une mallette de cuir, le manuscrit de Jean-Baptiste ! Il l'avait eu à portée de la main sans le savoir !... Malheur de malheur ! Comment arriverait-il à se sortir de cette histoire ? Qui se cachait derrière ce « Il » ? Cela ne pouvait pas être le Roi. On parlait toujours de lui au féminin, « Sa Majesté » ou « Elle » ! Alors qui d'autre ? La voix nasillarde continua.

– La Petite Académie qu'Il dirige, toute dévouée à l'Hôtel de Bourgogne, fera son travail et demandera l'interdiction de cette nouvelle farce, de ce nouvel affront aux belles lettres de ce pays !... Ce Molière a déjà eu tort d'égratigner les acteurs de l'Hôtel de Bourgogne dans ses *Précieuses*... Ils ne l'excuseront jamais !... »

Meurtre au Palais Royal, Marcel Pineau, Éditions SEDRAP, 2000.

Pirates, flibustiers et corsaires

Anne Bonny, femme pirate

Je lis des histoires vraies n° 104, Fleurus Presse.

Pendant 50 ans (1630 à 1680), ils répandirent la terreur dans les colonies espagnoles d'Amérique centrale et d'Amérique du Sud, dont les navires approvisionnaient en or, argent, en pierres précieuses et en denrées tropicales, la puissante métropole...

Les auteurs pour la jeunesse en ont fait souvent les héros pittoresques de leurs récits.

Rappel historique

Depuis que les hommes naviguent sur les mers, le « grand banditisme » maritime existe. Les bateaux transportent des richesses, des brigands les convoitent.

Après la découverte des Amériques par les Européens, flibustiers et pirates ont connu leur âge d'or au XVIIe siècle sur une région d'abord limitée aux mers du continent américain : mer des Caraïbes, golfe du Mexique avant de s'étendre aux mers du Sud et à l'océan Indien.

Leur développement est le contrecoup de l'évolution des rapports de force en Europe : le déclin de la Monarchie espagnole ; la rivalité de trois puissances (la France, l'Angleterre et la Hollande). L'Espagne protégeait avec intransigeance son monopole sur la mer des Caraïbes et les autres puissances refusaient d'être exclues du commerce régulier de l'une des plus riches régions du monde.

La guerre de Trente ans (1618-1648) vint à point nommé pour donner les justifications nationales ou religieuses aux attaques de galions. Des lettres de marque officielles furent distribuées aux flibustiers ; les États recevaient 10 % des prises.

En France, entre 1664 et 1670, Colbert développa le commerce maritime. De grandes « compagnies » se virent attribuer le monopole du trafic et d'importants crédits :

- depuis Lorient : les bateaux de la compagnie des Indes orientales ;
- depuis Nantes et Bordeaux, ceux de la compagnie des Indes occidentales organisèrent le trafic du sucre et des esclaves ;
- depuis Marseille : la compagnie du Levant, avec les Turcs.

En Amérique centrale, la Martinique et la Guadeloupe furent mises en valeur et des corsaires français s'installèrent à l'ouest de Saint-Domingue (l'île de la Tortue) face au com-

merce des richesses de l'immense empire espagnol qui rapportait, via ses galions, de grandes quantités de marchandises. La course au large commençait.
Colbert espionna les navires espagnols et hollandais, il abandonna le désastreux système de la « presse », l'embarquement de force des hommes raflés dans les villes et les villages des régions côtières, au profit de « l'inscription maritime ». Il développa une caisse des Gens de mer, financée par un prélèvement de 2 % sur les soldes, assurant ainsi aux marins estropiés et mutilés au service du roi une pension mensuelle, ancêtre de la Sécurité sociale et des caisses de retraite.
Il fit améliorer la qualité des navires utilisés : efficacité, beauté. Le roi ne s'intéressant que peu à ces projets, Colbert put les développer avec succès. À la fin du siècle, il était généralement admis que les unités françaises étaient supérieures à toutes les autres.
Des compromis commerciaux, des renversements d'alliance en Europe mirent progressivement les flibustiers à l'index, ils se transformèrent alors en pirates.
La piraterie déclina en raison de l'action répressive des marines de guerre et de l'accroissement des moyens de défense des navires de commerce. À la fin de la guerre de Sept ans (1756-1763), elle avait pratiquement disparu.

Les objectifs du contrat

Établir des liens historiques, comprendre le contexte de l'époque.
Comprendre le vocabulaire de la navigation.
Comprendre les différences entre les flibustiers, pirates, boucaniers, corsaires… Les qualités et les défauts des flibustiers : esprit de corps, solidarité, respect de la parole donnée, discipline issue de la coutume. Mais aussi bestialité et absence de sens moral.
Éducation à la citoyenneté : à travers la mythologie pirate, aborder les notions de violence, de vol, comme de morale, de respect d'autrui et de ses biens…
Lire des classiques.

Pistes de recherche

Dans l'ensemble des livres proposés (voir bibliographie page 204), on pourra faire travailler les élèves sur les trois pistes suivantes.
● Découvrir un trois-mâts.
Un trois-mâts à voiles carrées est le vaisseau marchand et de guerre le plus courant du XVIIe au début du XIXe siècle.On

pourra faire l'inventaire des différents mâts : le mât de misaine portant la misaine, le petit hunier, le petit perroquet, le petit cacatois ; le grand-mât, portant la grand-voile, le grand hunier, le grand perroquet, le grand cacatois ; le mât d'artimon, portant l'artimon, le perroquet de fougue, la perruche, le cacatois de perruche.
On pourra aussi s'intéresser aux autres navires rencontrés pendant les lectures : le galion, le flobot, la goélette, la chaloupe, la gabare, etc.

- La vie à bord

La hiérarchie, les mutineries, le supplice de la planche, le Jolly Roger, les perroquets bavards, l'archétype du pirate à la jambe de bois, borgne, aux boucles d'oreilles, les coffres, les butins, le sabre entre les dents pour l'abordage, les trésors, l'abordage, la course en mer, les différences de statut entre les flibustiers, pirates, boucaniers, corsaires, les qualités et les défauts des flibustiers.

- Le commerce sur mer

Relever les lieux de ce commerce : les ports (Bristol, Lorient, La Rochelle...), les manufactures (sucreries à la Martinique...).
Les marchandises transportées (épices, sucre, or...).
Relever les trajets suivis lors des voyages, construire une carte des lieux fréquentés (Caraïbes, océan Atlantique, Méditerranée).

À la découverte d'un auteur

Stevenson et *L'Île au trésor*

Né en 1850 en Écosse, à Édimbourg, Robert Louis Stevenson, de santé fragile, ne resta pas dans cette ville humide et glacée et préféra vivre sous des climats plus doux, dans le sud de la France et dans les îles des mers du Sud.
L'Île au trésor est sa première œuvre importante. Écrite en 1881, elle fut d'abord destinée aux enfants et parut sous forme de feuilleton dans la revue *Young Folks,* sous le pseudonyme de Captain John North. Deux ans plus tard, le récit fut publié en un volume qui connut un succès énorme. Durant cette période, Stevenson qui avait toujours adoré les voyages, partit pour les mers du Sud. Il visita les Marquises, Tahiti, Hawaii, Honolulu, etc. Il trouva son paradis dans les îles Samoa, en Polynésie. C'est là qu'il vécut les derniers jours de sa courte vie. Il y mourut en effet en 1894 à l'âge de 44 ans.
Dans *L'Art d'écrire,* Stevenson raconte à quel point la carte

imaginaire de l'île au trésor fut importante dans la genèse de son roman : la longitude et la latitude nous indiquent seulement qu'elle est située dans les Antilles.

Pistes de lecture dans *l'Île au trésor*

En lisant ce roman dans différentes éditions, on pourra relever toutes les différences et croiser ces versions avec les adaptations au cinéma qui ont été réalisées.

- La mythique pirate (le code d'honneur, la signification des drapeaux)

Établir la fiche technique des bateaux cités par Stevenson.

Fabriquer la carte de l'île.

Établir la carte d'identité des personnages principaux : Jim Hawkins, le capitaine, Billy Bones, le docteur Livesey, le chevalier Trelawney, le capitaine Smollett, John Silver, le chef cuisinier, Ben Gunn.

Les métiers sur les bateaux, du capitaine au moussaillon.

Écrire le journal de bord de la traversée.

- Avec Stevenson : écrire une bibliographie autour de cet auteur.

Pour cerner l'origine de l'inspiration de Stevenson, on pourra s'inspirer en particulier des ouvrages suivants : ses mémoires, *L'Enfant et l'aventure,* Classiques Hatier, 1990 (pages 5 et 6), mais aussi, Stevenson dans les mers du Sud, *Pirates et aventuriers dans les mers du Sud,* Alain Villiers, Payot, 1932 ; *Stevenson, les années bohémiennes, biographie,* Michel Le Bris, Nil, 1994 ; *Le Monde des pirates : où est Charlie ?,* Rachel Wright, Gründ, 2000 traduit et adapté par Anne Bouin.

Élargir encore

En comparant avec d'autres romans du même genre :

Les Révoltés du Bounty (deux livres, de multiples éditions).

Un drame au Mexique, de Jules Verne.

Les Aventures d'Arthur Gordon Pym, d'Edgar Allan Poe, Gallimard, 1975.

Les pirates pastichés

On recherchera dans la BCD l'ensemble des récits, albums et autres, utilisant le thème des pirates puis on construira la mythologie qui s'est construite autour d'eux. Comme exemple de parodies on sélectionnera, entre autre : *Crochepatte le pirate,* J.-M. Martin, Hachette Jeunesse « Le Livre de Poche jeunesse », 1996 ; *Deux Pirates pour un trésor,* Roger Judenne, Cascade Rageot, 2001 ; *Le Pirate qui détestait l'eau,* Yves-Marie Clément, tome 1 « Morgan », Rageot, 2001 ; *Trésor chez les pirates,* A. Bertron, Flammarion-Père Castor, 2001.

BD « Les Aventures de Barbe-Rouge le pirate »

Le Vaisseau de l'enfer
Jean-Michel Charlier dessin de Victor Hubinon, Dargaud « Une aventure de barbe-Rouge », 1974.

Le 25 octobre 1959 paraissent, dans l'hebdomadaire *Pilote,* les premières planches de ce qui allait devenir l'un des classiques de la bande dessinée : Barbe-Rouge le pirate et nous permettre d'entrer dans le monde rude de la flibusterie, de la piraterie et des frères de la côte... Les dessins sont parfaits, jusqu'à l'exacte orientation des voiles des navires en fonction des vents, les références historiques soignées. Embarquons-nous !

En 1961, paraît le premier volume des aventures du « Démon des Caraïbes ». Les auteurs, passionnés par le roman *L'Île au trésor,* Jean-Michel Charlier, auteur des textes, et Victor Hubinon pour les dessins pendant 18 albums, utilisent une importante documentation accumulée pour les besoins d'une autre série quelques années plus tôt, autour du corsaire Surcouf. La même année, une centaine d'épisodes d'une version radiophonique seront diffusés sur Radio-Luxembourg.

Nous sommes en 1715, un matin au cœur des Caraïbes, l'histoire commence... par l'abordage d'un galion espagnol.

Projets possibles

- Établir la carte d'identité des personnages principaux :

- Barbe-Rouge, surnommé le démon des Caraïbes : une nouvelle série parue depuis, intitulée « La jeunesse de Barbe-Rouge », nous permet de mieux comprendre son enfance.
- Éric, l'enfant que Barbe-Rouge a recueilli et éduqué.
- Baba, le sympathique géant au défaut de prononciation et à la force surhumaine.
- Triple-Patte.
- Les traîtres des histoires.

- La vie des pirates

Les bateaux utilisés : (de guerre, de commerce,) croisés, coulés, utilisés, combattus, leur utilisation et leur nom (galion, brick, felouque, galère, trois-mâts, canot, frégate, pirogue).
Les moyens de navigation : longue vue, sextant, cartes maritimes, cartes au trésor.
Les moyens de se déplacer.
Le vocabulaire de la navigation : une escadre, virer lof pour lof, la membrure.

Les lois de la mer : le pouvoir des capitaines,.
Les différences entre les deux navires de Barbe-Rouge : *Le Faucon noir* puis *L'Épervier* : (les ressemblances, les équipements, les améliorations apportées de l'un à l'autre des navires).
Les refuges de Barbe-Rouge : localisation, organisation de l'espace, utilisation (où Barbe-Rouge cache-t-il son butin ?).

Les trajets de Barbe-Rouge et d'Éric autour de la planète

Il s'agit, lors de la lecture de la BD, de reconstruire les trajets empruntés par les héros, en relevant les noms des lieux de leur passage, le titre de l'album, les moyens de locomotion. On peut également préciser la durée de ces voyages.
La synthèse collective pourra se faire sous la forme d'une carte des déplacements, tracés sur une carte.

Objectifs

Développer des compétences de recherche documentaires dans des dictionnaires, encyclopédies, atlas et d'autres outils documentaires comme les index, la table des matières, les cartes, la pagination, etc.
Développer des compétences dans la lecture d'images, notamment celle des bandes dessinées.
Développer des compétences dans la lecture des cartes géographiques et dans le repérage de lieux (ports).

Fiche enquête distribuée aux élèves (avec le corrigé)

Titre de l'album issu de la série « Barbe-Rouge » (éditions Dargaud et Novedi) (ordre de parution)	Déplacement observé (port, pays, nom de l'île, etc.) Pour certains lieux, le recours aux outils documentaires sera nécessaire : vite à la BCD !)
1 *Le Démon des Caraïbes*	Mer des Caraïbes, Carthagène, les îles de la Barbade.
2 *Le Roi des sept mers*	Kingston (Jamaïque), Londres (1733).
3 *Le Jeune Capitaine*	Londres, les côtes espagnoles et portugaises (carte, page 85), le détroit de Gibraltar, l'île de Sainte-Hélène, la côte africaine – lieu de vie de la tribu des Bartékés – (carte, page 110), Saint-Malo.
4 *Le Capitaine sans nom*	Le château de Monfort, Limoges, Paris et la prison de la Bastille.
5 *Défi au Roy*	Saint-Malo, côte de Mauritanie, Alger, Bordeaux, Saint-Malo.
6 *Le Fils de Barbe-Rouge*	Toulon, Marseille, Grèce (carte page 138 : Péloponèse, golf de Corinthe), Crète, Toulon.
7 *Le Vaisseau fantôme*	Mer des Caraïbes, en route vers le cap Horn, retour golfe du Mexique, Vera-Cruz, La Barbade.

8 *L'Île de l'homme mort*	Les Caraïbes, Saint-Brieuc, Saint-Malo, La côte de Patagonie, le cap Horn, page 81 : carte.
9 *Le Piège espagnol*	Carthagène (Colombie actuelle).
10 *La Fin du* Faucon noir	Caraïbes, Carthagène.
11 *Mort ou vif*	Carthagène, île de Barbuda, île de la Tortue.
12 *Le Trésor de Barbe-Rouge*	Archipel des Tabascoc, archipel des Caïmans très au sud de Cuba, extrémité sud de la Floride.
13 *La Mission secrète de* L'Épervier	Louisiane, Nouvelle-Orléans, embouchure du Mississipi, Matagorda, Fort de France à la Martinique.
14 *Barbe-Rouge à la rescousse*	Fort de France (Fort Royal), San-Juan, île de Sainte-Croix.
15 *Le Pirate sans visage*	Fort Royal à la Martinique, île de la Tortue, la presqu'île qui sépare le golfe du Mexique de celui du Honduras, Jamaïque, Ciudad'Real (page 137), côte du Yucatan.
16 *Khaïr le More*	Louisiane, à une lieue de Nouvelle-Orléans, descente du fleuve jusqu'à l'embouchure du Mississipi vers le golfe du Mexique, puis traversée vers l'Ouest : Gibraltar, Toulon et Mantou (duché situé dans l'actuelle Italie).
17 *La Captive des Mores*	Duché de Mantoue, en calèche (par la voie terrestre donc) : Bordeaux, Malte (le port de La Valette), Alger.
18 *Le Vaisseau de l'enfer*	Alger, Malte (port de La Valette), à l'embouchure de l'étroit goulet des Dardanelles.
19 *Raid sur La Corne d'or*	À l'embouchure de l'étroit goulet des Dardanelles, vers la mer de Marmara, Istanbul, (carte, page 33), retour même route jusqu'à Venise.
20 *L'Île des vaisseaux perdus*	Directement île de la Tortue, Port au prince, Grand Cayman.
21 *Les Disparus du* Faucon noir	Grand Cayman, Merida (presqu'île du Yucatan – carte, page 125).
22 *L'Or maudit de Huacapac*	Merida (presqu'île du Yucatan), Yucatan, intérieur des terre.
23 *La Cité de la mort*	Yucatan, intérieur des terres.
24 *Trafiquant de bois d'ébène*	Au large des côtes africaines, dans le golf de Guinée, archipel des Canaries (rade de Palma), vers l'Ouest.
25 *Les Révoltés de la Jamaïque*	Dépasse les Antilles, laisse Porto-Rico sur tribord, Haïti, la Jamaïque, retour en Afrique d'où ils étaient partis.
26 *L'Or du* San-Cristobal	Île de la Tortue. Vera-Cruz, retour pour l'île de la Tortue.

La galerie des ancêtres fondateurs

Léonard de Vinci et Cinq Génies de la Renaissance

Brigitte Coppin, Flammarion « Castor Poche », 2001.

Les Temps modernes possèdent aussi leurs personnages fondateurs...
Des personnages de premier plan ont inspiré les auteurs qui nous offrent des regards différents, rencontrés par leurs ennemis ou leurs alliés. Construire la carte d'identité de ces personnages sera riche d'enseignements.

● Léonard de Vinci
Le contexte artistique : la Renaissance, Florence, le retour à l'Antiquité,
Son maître : Verrocchio.
Les trajets de Léonard de Vinci : en Italie (Florence, Milan, Mantoue, Venise) et en France.
Les facettes de son art : peintures, sculptures, architecture, inventions diverses (scaphandrier, parachute, mitrailleuse, fortifications).
Les titres de ses œuvres (avec recherches documentaires pour mieux les comprendre).
Enquête sur le mystère de La Joconde
Mais aussi : Venise, la cité souveraine, Michel-Ange, un autre grand artiste italien.

● Louis XV (1710-1774)
Arrière-petit-fils de Louis XIV, Louis XV est roi à 5 ans, en 1715. Pendant sa minorité, le duc d'Orléans, neveu de Louis XIV et Régent du royaume, le prépare à gouverner. À son avènement en 1722, Louis XV choisit Versailles pour résidence officielle. De son mariage avec Marie Leszczynska, fille du roi détrôné de Pologne, Louis XV a dix enfants (deux fils et huit filles), nés entre 1727 et 1737. L'aînée des princesses épouse l'Infant d'Espagne tandis que ses sœurs cadettes, après avoir reçu une éducation à l'abbaye de Fontevrault, passent leur existence à la Cour. À partir de 1732, plusieurs favorites jouent un rôle important dans la vie du roi. Madame de Pompadour, devenue amie et conseillère du roi, souhaite avoir un rôle politique.
Louis XV s'intéresse beaucoup aux sciences. Il protège les savants, les ingénieurs, les géographes et encourage les expéditions lointaines.
Timide, mélancolique et réservé, Louis XV accorde une

grande place à sa vie privée. Il s'éloigne de la foule des courtisans, dans ses appartements privés où il reçoit un cercle d'intimes.

● Louis XVI (1754-1793)
Petit-fils de Louis XV, Louis XVI règne à partir de 1774. Contrairement à son prédécesseur, son éducation, fondée sur l'histoire, la géographie, les langues et les sciences, ne le prépare pas au métier de roi. Il se passionne pour les sciences appliquées et fait aménager dans ses appartements privés des ateliers de physique, de chimie, de mécanique... Passionné par les expéditions de découvertes et la géographie, il soutient La Pérouse dans la préparation de son voyage en Océanie. En 1783, Louis XVI assiste à Versailles, aux premières expériences aéronautiques d'Étienne de Montgolfier et de Pilâtre de Rozier.
De son mariage avec l'archiduchesse d'Autriche Marie-Antoinette, Louis XVI a quatre enfants. Seule sa fille aînée, Madame Royale, survit à la Révolution mais reste sans descendance. À Versailles, Louis XVI vit en présence de ses frères, les futurs Louis XVIII et Charles X, qui régneront au XIXe siècle.
Louis XVI réside à Versailles jusqu'au début de la Révolution. Le 6 octobre 1789, le roi cède aux pressions de la foule parisienne venue la veille en émeute et part habiter le château des Tuileries à Paris (aujourd'hui détruit).

Récits sur les Temps modernes : nos livres préférés

*Lecture facile * à Lecture plus difficile ***, à vous de choisir...*

Le Village enfoui *
Gérard Guillet, Flammarion-Père Castor, 1989.
En 1450, le village d'Escoublac est détruit par un raz de marée. On le reconstruit un peu plus loin, à l'intérieur des terres. Mais un jour de 1598, lors d'une terrible tempête, le sable envahit le village.

*La Jeunesse de Molière****
Pierre Lepère, Gallimard Jeunesse, 1999.
Le jeune Jean-Baptiste Poquelin naît sous le règne de Louis XIII. C'est une époque tourmentée et légère à la fois. Baptiste, très tôt orphelin de mère, entre au collège de Clermont, futur lycée Louis-le-Grand. Bientôt, il tombe amoureux d'une comédienne plus âgée que lui, qui l'initie à

l'amour et au théâtre...
Baptiste accompagne Louis XIII à Narbonne et à Perpignan et se trouve mêlé, malgré lui, au complot de Cinq-Mars. Puis c'est le retour à Paris et la création de L'Illustre-Théâtre, qui lui vaut les foudres paternelles.

Meurtre au Palais Royal
Marcel Pineau, SEDRAP, 1994.

*Meurtre au Palais-Royal***
Marcel Pineau, illustrations Christian Leroy, SEDRAP, 1994.
Dans la troupe de Molière, Jean Reynier a toujours été un jeune homme sans histoire. Les rivalités entre comédiens parisiens, il connaît.
Mais ce n'est pas son problème. Lui se contente de monter et de démonter les décors au Palais-Royal. Jusqu'au jour où l'absence d'un des acteurs le fait basculer dans une aventure invraisemblable. À la demande de Molière, il s'infiltre dans le camp rival et découvre avec stupeur un monde d'espions et d'escrocs.

*La Nuit des dragons****
Sigrid et Fred Kupferman, Hachette Jeunesse « Le Livre de Poche jeunesse », 2002.
Octobre 1685, l'édit de Nantes vient d'être abrogé par Louis XIV. Chez les Mazel, dans les Cévennes, Jeanne est seule et élève seule ses quatre enfants dans une grosse ferme. On continue de lire la *Bible* protestante mais un jour, c'est le drame : les soldats du roi font irruption dans sa maison, ils ont l'ordre d'y rester jusqu'à ce que les habitants se convertissent à la foi catholique.
Antoine, le jeune fils, passera dans la clandestinité.
Les troubles de cette période ne sont pas évacués mais au contraire abordés de manière compréhensible pour de jeunes lecteurs.

*À la poursuite d'Olympe****
Annie Jay, Hachette Jeunesse « Le Livre de Poche jeunesse », 2001.
Une jeune noble à la cour de Versailles tente d'échapper à son père qui veut la mettre au couvent.

*Mon Pays sous les eaux***
Jean-Côme Noguès, Flammarion-Père Castor, 2002 (250 pages, petits caractères).
Le thème : l'inondation de la Hollande par ses habitants pour chasser les troupes de Louis XIV.
Un classique souvent réédité.

*Matelot de la Royale***
Alain Bellet, Milan, 1992.
Au XVIIIe siècle, le peu glorieux commerce triangulaire est en plein essor. Il consiste à aller acheter des esclaves en Afrique, à les troquer en Amérique contre du rhum, des épices, du sucre ou du tabac et à rapporter ces denrées exotiques en Europe. Jacques Legoff, un jeune bûcheron las de couper des arbres, rêve d'être marin. Il parvient à s'embarquer sur un navire de guerre. En peu de temps, il connaîtra la guerre navale, l'emprisonnement, les conditions de vie des esclaves appelés « bois d'ébène », une mutinerie, la révolte des esclaves, et peut-être l'amour...
Ce roman permet de découvrir les conditions de vie dans la marine en bois, le commerce des esclaves et l'économie du XVIIIe siècle.

*Complot à Versailles****
Annie Jay, Hachette Jeunesse « Livre de Poche jeunesse », 2001, 373 pages.
De février 1676 au 15 septembre 1682.
Pauline et Cécile font leur entrée à la cour du roi Louis XIV qui vient d'emménager dans son château de Versailles.

*Une journée du Roi Soleil**
Jean-Michel Ruffieux, L'École des loisirs « Archimède », 1996.
Louis XIV garde un mauvais souvenir de son enfance (prologue riche et instructif), durant laquelle le trône a été menacé par la noblesse et bafoué par les parisiens. Il veut donc s'installer en dehors de la capitale et dans un lieu où il pourra contrôler les nobles en les cantonnant dans une existence purement frivole de courtisans.
Ce livre nous fait vivre l'emploi du temps quotidien au palais.

*L'Été de Silvio***
Jean-Côme Noguès, Hachette Jeunesse « Livre de Poche jeunesse », 2002.
La Renaissance italienne, ses peintres, ses sculpteurs. Un roman d'aventure et d'initiation. Déjà paru chez Rageot sous le titre : *Silvio ou L'Été florentin.*

*Les Orangers de Versailles***
Annie Pietri, Bayard Jeunesse, 2000.
Marion, la fille du jardinier du château de Versailles a été choisie pour servir la favorite du Roi Soleil, madame de

Montespan. La marquise est exigeante et capricieuse. Marion possède un don : elle sait repérer et créer des parfums extraordinaires.
Mais elle va découvrir un terrible complot contre la reine, organisé par la Montespan, une courtisane ambitieuse qui veut empoisonner la reine pour lui ravir la place auprès du roi.
On peut apprécier cette vision de la cour du Roi Louis XIV, côté service.
Inspiré par des faits historiques.

*Le Jardin d'amour amer***
Élisabeth Motsch, L'École des loisirs, 1999.
La vie d'une famille protestante en Bourgogne à la fin du XVIe siècle. Un roman incontournable sur les guerres de religion.

*Libraire de nuit**
Jacqueline Mirande, Flammarion-Père Castor, 1998.
En ce début d'automne, sur les berges de la Seine à Paris, sous le règne de Louis XV, les intempéries rendent le métier de libraire ambulant difficile. Belle Humeur a l'intention de terminer sa carrière sur un gros coup : la vente prohibée d'exemplaires de *L'Encyclopédie.* Exerçant déjà sa profession sans autorisation, le petit libraire double les risques d'être arrêté par la police.

Pas sous le même toit!
Chantal Crétois, Flammarion « Castor Poche », 1992.

Pas sous le même toit! **
Chantal Crétois, Flammarion-Père Castor, 1999.
Dans les Pyrénées, en mai 1581, sous le règne d'Henri III...
François Clérac, alors qu'il garde les moutons, découvre dans une grotte une jeune femme blessée et son bébé. C'est une protestante. Or, François déteste les protestants depuis que ses parents ont été massacrés par les huguenots. L'oncle Antoine, qui a recueilli le garçon, décide de soigner l'hérétique. Refusant de vivre sous le même toit, François quitte la maison.
Bientôt, il va partir avec un colporteur, Louis, dans sa tournée. Mais Louis est-il vraiment catholique ? Le voyage qui les mènera à Bordeaux ouvrira, pour François, la route vers la tolérance et vers les projets : il partira finalement vers le Nouveau Monde.

« Le Flibustier des Caraïbes »*
Je lis des histoires vraies n° 87 (juillet-août 2000), Fleurus Presse.
Un récit très lisible, avec un souci de rigueur historique et

une histoire plaisante.

*Louison et Monsieur Molière***
Marie-Christine Helgerson, Flammarion-Père Castor, 2001.
Louison n'a que dix ans, en 1670, quand Molière la choisit pour jouer dans sa dernière pièce. Fille de comédiens, Louison va réaliser son plus beau rêve, être actrice à la Comédie-Française, devant la cour du roi Louis XIV.
Présentation de l'auteur en fin de volume.

Le Quai des secrets
Brigitte Coppin, Flammarion « Castor Poche », 2000.

*Le Quai des secrets***
Brigitte Coppin, Flammarion-Père Castor, 2000.
Bretagne, 1529. Un navire espagnol fait escale à Nantes et y dépose Léonora et son fils Jason. Cette femme va rencontrer Jean, médecin et avoir une fille, Catherine, avec lui. Frère et sœur de cœur, Jason et Catherine grandissent, font les mêmes rêves. Jason dérobe un jour un miroir, pour une jeune villageoise. Ce vol va entraîner la révélation de bien des secrets.
On y trouve des descriptions intéressantes de la vie quotidienne et un dossier sur les grandes découvertes.

*Colomb Christophe***
Jacques Rouré, Hachette Jeunesse « Le Livre de Poche jeunesse », 1992.
En 1492, les trois caravelles du Génois Christophe Colomb quittent Palos. C'est le début d'un étrange voyage où l'on cherchera sans trouver et où l'on trouvera sans chercher !
Un récit alerte et très concret des préparatifs et du premier voyage.

*Le Perroquet d'Amerigo****
Huguette Pirotte, Rageot, 1985.
Lorsque la glorieuse caravelle de Christophe Colomb accoste le quai du port de Lisbonne, Américo sent qu'il ne pourra plus longtemps résister à l'appel de la mer. Lorsque la *Manuella* commandée par Amerigo Vespucci s'apprête à appareiller, Américo embarque à son bord...

*Le Mystère Éléonor****
Évelyne Brisou-Pellen, Gallimard « Folio Junior », 1999.
N'ayant plus aucune famille, Catherine décide de revenir à Rennes dans son ancienne maison. Elle y est à peine arrivée qu'un terrible incendie embrase la ville. Cernée par les flammes, grièvement blessée, elle perd connaissance...

Eléonore se réveille dans un monde inconnu. On lui affirme qu'elle a 17 ans, qu'on est en 1721, et qu'elle a fait une chute de cheval. Or, elle ne se souvient de rien. Aurait-elle perdu la raison ? Qui est ce mystérieux tuteur, dont les visites l'effraient tellement ?

*Le Coup de Jarnac**
Armand Farrachi, Bayard Poche « Je bouquine », 1999.
Au XVIe siècle, à la cour du roi François 1er, une incroyable nouvelle se répand : le frêle baron de Jarnac a provoqué le fils du roi en duel. Mais un souverain ne se bat pas, et Henri II choisit, pour le remplacer, le sire de La Châtaigneraie, un colosse épais, brutal et rompu aux armes. Les combattants ont trois mois pour préparer leur duel. Face à la puissance de La Châtaigneraie, tout le monde voit déjà le pauvre Jarnac mort. C'est alors qu'aidé par un vieux maître d'armes italien, Jarnac met au point une technique... unique. L'honneur et l'intelligence seront-ils plus forts que l'irrespect et la violence ?

*Le Petit Peintre de Florence****
Pilar Molina Llorente, Hachette Jeunesse « Livre de Poche jeunesse », 2002.
Arduino veut être peintre, mais dans l'Italie de la Renaissance, il ne suffit pas d'avoir du talent pour affirmer sa vocation. Encore faut-il pouvoir sortir de l'ombre du maître...

*Embuscade à la Pierre-clouée****
Jean-Côme Noguès, Rageot, 1989.
XVIIe, règne de Louis XIII
En France en 1628, dans le pays de Sidobre, les contreforts méridionaux du Massif Central, pays de chaos granitiques fantastiques, où la nature alimente mystères et légendes.
Une bonne analyse du progrès inexorable du pouvoir royal sous l'autorité de Richelieu et de la résistance populaire qui élève au rang de justiciers un brigand et sa bande.

*Notre-Dame de Buze****
Lucette Graas, Flammarion-Père Castor, 1994.
Dans la presqu'île d'Arvert, la communauté protestante est en proie aux dragonnades. Le "bon" roi Louis XIV va révoquer l'édit de Nantes. Pour l'heure, Adeline, son frère Jehan et tout le village se réfugient dans des grottes pour échapper aux soldats. Par hasard, elle tombe sur une chapelle enfouie dans la dune qui est très recherchée par les historiens catholiques.

*La Révolte des Camisards***
Bertrand Solet, Flammarion-Père Castor, 2001
Dans les Cévennes, en 1702, Vincent est protestant. Sur ordre de Louis XIV, sa famille a dû se convertir au catholicisme. Dans la région, la révolte des protestants contre l'armée du roi s'organise.

« Magellan »
Je lis des histoires vraies *n° 67, Fleurus Presse.*

« Magellan, le premier tour du monde »*
Je lis des histoires vraies n° 67, Fleurus Presse.
Le premier tour du Monde. En 1519, Magellan et Sébastien Del Cano quittent l'Espagne avec cinq navires. Il va accomplir le premier tour du Monde !

*Constance, Journal d'une jeune fille aux premiers temps de la Nouvelle-Angleterre****
Patricia Clapp, L'École des loisirs « Médium », 1988.
Novembre 1620, les passagers du Mayflower atteignent l'Amérique. À son bord, Constance regrette déjà Londres. Dans son journal, elle raconte la famine, les ravages du scorbut, la peur des Indiens et la brutalité des premiers bâtisseurs de la Nouvelle-Angleterre.

Pour le reste

Rendez-vous sur le site www.crdp.ac-creteil.fr/telemaque

De la Révolution française à 1815

Présentation

Cette seconde période, qui va marquer l'achèvement de ce que l'on désigne sous le terme de *temps modernes,* marque une étape importante dans notre histoire nationale. Elle a servi également de décor à de nombreux récits de qualité.

Rappels historiques : la naissance de la démocratie

La Révolution française entraîne la disparition de l'Ancien Régime et la mise en place d'un nouveau régime fondé sur la souveraineté du peuple et l'égalité de tous les citoyens. Un univers laïque se met en place, désormais le pouvoir politique est fondé sur des lois élaborées par les hommes.

Les critiques des Philosophes sur l'Ancien Régime ne touchent pas, au XVIIe siècle, que le seul tiers état, une partie de la noblesse y est favorable.

La conjoncture difficile de l'année 1789, et aussi la crise financière de la monarchie, sont à l'origine de la crise révolutionnaire.

La Révolution se divise en trois grandes périodes :

- La Monarchie constitutionnelle (1789 à 1792)

L'année 1789 est le moment essentiel de cette période : prise de la Bastille le 14 juillet, abolition des privilèges le 4 août, Déclaration des droits de l'homme et du citoyen le 26 août. Elle se termine par la chute de la monarchie et le déclenchement des guerres contre les monarques d'Europe.

- La République (1792 à 1799)

Tous les citoyens sont égaux et souverains. Cette égalité devant la loi n'empêche pas que subsiste une grande inégalité sociale liée à la richesse et au sexe, vu que l'esclavage a été maintenu dans la plupart des colonies françaises. Quant à la souveraineté, elle est déléguée à des députés grâce à l'élection (d'abord au suffrage limité aux seuls hommes les plus riches, puis au suffrage universel masculin). Mais la République est menacée, à l'intérieur, par diverses oppositions et par la désunion des républicains entre eux, à l'extérieur, par l'hostilité des grandes puissances européennes. On assiste d'abord à une radicalisation de la Révolution jusqu'en 1794 puis au retour de la bourgeoisie modérée au pouvoir (1794-1799).

Le coup d'État de Napoléon Bonaparte en 1799 annonce le retour au pouvoir personnel même si la République ne s'achève qu'en 1804, avec la proclamation de l'Empire.

- La période du Consulat et de l'Empire (1799-1815).

Napoléon veut finir la Révolution et organiser la France : nomination des préfets, rédaction du *Code civil*, création des lycées et fondation de la Banque de France.

C'est aussi une période ou l'on voit se succéder une suite ininterrompue de guerres, cependant que, en Europe, les idées de la Révolution continuent à se répandre.

En 1815, c'est l'effondrement de l'Empire après la défaite de Napoléon devant l'Europe coalisée.

Les notions essentielles à aborder

« Les philosophes : Voltaire, Rousseau, Montesquieu
La monarchie absolue, le roi, Louis XVI
Les trois ordres : clergé, noblesse, tiers état
Les États Généraux.
Le budget de l'État : recettes, impôts, finances
La Cour et les privilèges
La crise agricole : hausse des prix...
Lecture de cahiers de doléances (rechercher ceux de votre commune aux archives départementales). »*

* *Instructions officielles de 1989.*

Les projets proposés

- La frise historique de la Révolution et de l'Empire.
- La vie quotidienne par l'étude des petits métiers.
- Le système métrique.
- Les grands principes de la Révolution : 1789-1815
- Louis XVII.
- Napoléon Bonaparte.
- La galerie des ancêtres fondateurs.

Frise historique de la Révolution et de l'Empire

Il s'agit de construire la frise historique qui couvre l'ensemble de la Révolution et de l'Empire, à laquelle on ajoutera une strate consacrée aux récits.

Étape 1

On construira tout d'abord un tableau qui distingue les trois grandes périodes signalées ci-dessus, en relevant les dates et les événements importants dans un ensemble de manuels scolaires présents à l'école. Ce tableau affiché dans la classe servira de repère pour classer ensuite les récits que les élèves vont lire.

CHRONOLOGIE

Travail de relevé par une classe de CM1 dans différents manuels scolaires

La monarchie constitutionnelle (1789-1792)

1783 : formation des États-Unis
1788 : mauvaises récoltes
1789 : rédaction des cahiers de doléances
5 mai : réunion des États Généraux (début de la Constituante)
17 juin : Les États Généraux se proclament Assemblée nationale
20 juin : serment du Jeu de Paume
9 juillet : Assemblée constituante
14 juillet : prise de la Bastille
16-17 juillet : fuite des grandes familles de nobles suivant le comte d'Artois
Fin juillet : Grande Peur
Nuit du 4 août : abolition des privilèges
26 août : *Déclaration des droits de l'homme et du citoyen*
14 juillet 1790 : fête de la Fédération
21 juin 1791 : fuite du roi, il est repris à Varennes.
septembre 1791 : élaboration et vote de la première constitution
20 octobre : fin de la Constituante
Janvier 1792 : Rouget de Lisle compose *La Marseillaise*

La Première République (1792-1799)

10 août 1792 : prise des Tuileries et chute de la royauté, proclamation de la République
20 avril 1792 : déclaration de guerre contre les monarques d'Europe
10 août 1792 : le roi est emprisonné. Fin de la royauté
20 septembre 1792 : bataille de Valmy
22 septembre 1792 : proclamation de la République
21 janvier 1793 : Louis XVI est guillotiné
Mars 1793 : révolte de la Vendée
26 juin 1794 : bataille de Fleurus
Juin 1793-1794 : la Terreur
1795 et 1796 : batailles de Bonaparte (Italie, Égypte…)

Consulat et Empire (1799-1815)

9 novembre 1799 : coup d'État de Napoléon Bonaparte (18 brumaire an VIII)
14 Juin 1800 : bataille de Marengo
15 juillet : Concordat avec le pape Pie VII
1801 à 1809 : Jefferson, président des États-Unis, début de la conquête de l'Ouest
25 mars 1802 : paix d'Amiens avec l'Angleterre
4 août 1802 : Bonaparte, consul à vie
2 décembre 1804 : Napoléon Bonaparte sacré empereur
21 octobre 1805 : bataille de Trafalgar
2 décembre 1805 : victoire d'Austerlitz
14 octobre 1806 : bataille d'Iéna
1807 : bataille d'Eylau
14 juin 1807 : bataille de Friedland
1808 : Napoléon est maître de la moitié de l'Europe
2 mai 1808 : début de la guerre d'Espagne
5 et 6 juin 1809 : bataille de Wagram
1 avril 1810 : mariage de Napoléon et de Marie-Louise
20 mars 1811 : naissance du roi de Rome
Juin-décembre 1812 : campagne de Russie

1813 : campagne d'Allemagne
Janvier à mars 1814 : campagne de France
4 ou 6 avril 1814 : la première abdication
Mars-juin 1815 : les Cent Jours
18 juin 1815 : bataille de Waterloo
17 octobre 1815 : arrivée de Napoléon à Sainte-Hélène
5 mai 1821 : mort de Napoléon

Étape 2 : classification des récits

Pour apprendre à différencier les trois grandes périodes de l'époque étudiée, on fera classer, après lecture et sur un grand tableau mural, les récits dans les trois époques de la Révolution française

Fiche méthodologique (tableau à photocopier, un par livre lu ou emprunté)

Identité du livre
Titre, auteur, illustrateur, traducteur, éditeur, collection, année d'édition

Éléments relevés
Dates repérées : pages :
Lieux des histoires :
Batailles (évoquées ou racontées) :
Personnage historique évoqué :

Ta conclusion
Ce livre se déroule sous (barre ce qui est inutile) :
La Monarchie constitutionnelle (1789-1792)
La Première République (1794-1799)
La période du Consulat et de l'Empire (1799-1815)
Je n'ai pas trouvé
Une autre époque (tu peux la nommer si tu le souhaites) :

Ton avis personnel
Pour t'aider à présenter ce livre, recopie trois mots importants.

Note un ou deux événements qui t'ont marqué pendant ta lecture.

Conseillerais-tu ce livre à tes camarades de classe ?
Précise pour quelles raisons.
Souhaites-tu ajouter quelques chose ?

Fiche méthodologique d'un élève

Identité du livre
Titre : En Égypte avec Bonaparte
Auteur : *Bertrand Solet*
Illustrateur : *Yves Beaujard*
Traducteur : /
Éditeur : *Hachette Jeunesse*

Collection : *Le Livre de Poche jeunesse*
Année d'édition : *1995*

Éléments relevés
Dates repérées :
Départ du voyage pour l'Égypte : le 10 mai 1798. Arrivée le 9 juin à Malte. 20 octobre 1798 : révolte au Caire. Août 1799 : Bonaparte rembarque vers la France.
Lieux des histoires :
Toulon, Malte, Égypte : Le Caire, l'Arabie heureuse (ancien nom du Yémen), les pyramides de Guizeh, Khéops, Khéphren, Mykérinos, le Nil, Saint-Jean-d'Acre, Assouan, Karnak, Thèbes, Paris.
Batailles évoquées ou racontées :
La bataille des pyramides (page 45, 46, 48)
Aboukir (page 80)
Le Caire (page 89)
Saint-Jean-d'Acre et la campagne de Syrie (page156)
Personnages historiques évoqués :
Bonaparte, généraux Desaix, Bon, les savants Dutilleul, Nicolas Jacques Comté, Monge, Berthollet, le peintre Vivan Denon, l'amiral Nelson.

Ta conclusion
Ce livre se déroule sous :
La Première République (1792-1799)

Ton avis personnel
Pour t'aider à présenter ce livre, recopie trois mots importants qui t'aideront à en parler.
Bonaparte, le savant Dutilleul, les pyramides.
Note un ou deux événements qui t'ont marqué pendant ta lecture.
La traversée du désert sous les parapluies, la condition des esclaves au Caire.
Conseillerais-tu ce livre à tes camarades de classe ?
Oui, un peu.
Précise pour quelles raisons.
J'aurais aimé être un peu moins avec les savants et un peu plus avec Bonaparte lors des moments importants comme la campagne de Syrie ou la bataille d'Aboukir.
Souhaites-tu ajouter quelques chose ?
Oui, il y a une suite qui s'appelle Les Révoltés de Saint-Domingue, *du même auteur (c'est annoncé dans la conclusion du récit).*

La vie quotidienne par l'étude des petits métiers

Le projet permettra aux élèves de se familiariser avec la vie sociale de l'époque.
On rappellera que la crise financière traversée par notre pays a été largement à l'origine de l'épisode révolutionnaire.
Pendant le contrat lecture, on fera relever par les lecteurs les métiers rencontrés, le service proposé, le cri correspondant éventuellement, les outils utilisés et l'origine des renseignements.

Exemple de relevés de lecture à partir de deux récits dans un CE1 : Les petits métiers

Nom du métier	Ce qu'il propose	Le cri lancé	Outils ou ustensiles	Livres le signalant
Marchand d'oranges	des oranges	Portugal ! Portugal !	paniers	*À Paris sous la Révolution*
Marchand d'oublies	des pâtisseries légères, semblables à la meringue, dégustées au repas du soir		plateau	*À Paris sous la Révolution* *1789, sur les pavés de Paris*
Marchand de bois	du bois de chauffe		le porte sur son dos	*À Paris sous la Révolution*
Rémouleur	aiguise les couteaux			*À Paris sous la Révolution*
Marchand de coco	de la tisane à l'eau de réglisse	À la fraîche qui veut boire ! Coco !	sur le dos, une fontaine de fer blanc, gobelets à la ceinture	*À Paris sous la Révolution*
Postillon	fait chevaucher la diligence		fouet, uniforme	*À Paris sous la Révolution*
Repasseur (domestique ou pas)	repasse les camisoles et les chemises		longue table et fer à repasser	*À Paris sous la Révolution*
Porteur d'eau	porte l'eau pour la lessive ou pour boire		2 seaux en hêtre où flotte la nageoire (morceau de bois rond qui évite de renverser l'eau en marchant)	*À Paris sous la Révolution*
Batelier	transporte les récoltes		bateau	*À Paris sous la Révolution*
Le marchand de moulins à vent (jouet)	Petits moulinets pour les enfants	Pleurez, petits enfants, vous aurez des moulins à vent !		*1789, sur les pavés de Paris*
Un vendeur de pâtés	Pâté de viande	Pâtés tout chauds !	étal ambulant	*1789, sur les pavés de Paris*
Marchand de café				*À Paris sous la Révolution*

Mercier	cocardes de laine			
Portefaix				*À Paris sous la Révolution*

Le système métrique

Ce travail sera conduit en relation avec les fiches correspondantes sur les époques précédentes.

Rappels historiques

L'Orphelin de La Bastille
Frédéric Lenormand, Milan Poche « Histoire », 2002.

Nous avons vu dans d'autres chapitres la complexité des unités de mesure. Chaque région possédait ses poids et mesures. Des savants inventent alors le mètre, le litre, le gramme pour remplacer les anciennes mesures: aunes, livres, pieds, pouces, lignes...
Désormais tout doit être divisible par 10: les semaines ont dix jours, les jours 10 heures, les heures 100 minutes et les minutes 100 secondes... Un bouleversement semblable à notre passage à l'euro.
En 1789, avant les nouvelles mesures, une livre de pommes équivalait à 489,5 grammes à Paris, 414,8 à Lyon, 388,5 à Marseille !
La toise, unité de mesure, était égale à 1,949 de nos mètres à Paris. Elle se divisait en 6 pieds. Un pied valait 12 pouces et 1 pouce valait 12 lignes...
Certaines de ces unités sont toujours en cours, d'autres ont été abandonnées.

Projet n° 1 : reconstruire le calendrier républicain, puis organiser un rallye ou défi mathématique

Méthodologie

- Étape 1

Faire relever dans les récits les dates exprimées avec les termes de l'époque.

- Étape 2

Rechercher dans les ouvrages documentaires leur correspondance.

- Étape 3

Construire le calendrier.

- Étape 4

Construire les questions du défi en utilisant les dates de naissance des enfants, les dates, les périodes ou les événements historiques (le jour du débarquement du 6 juin 1944 par exemple)

- Étape 5

Jouer le défi entre groupes de la classe ou avec une autre classe ayant fait le même travail en parallèle ou avec l'école, dans le cadre des actions organisées à la BCD.

CALENDRIER

L'an I de ce nouveau calendrier commence le 22 septembre 1792, premier jour de la République. Les noms des saints sont remplacés par des noms de fleurs, d'arbres et d'animaux. Désormais les enfants s'appellent Montagne ou Citrouille.
L'année est désormais divisée en 12 mois de 30 jours. On se souhaite « Bonne année ! » le 1er vendémiaire.
Les mois sont les suivants :

Pour l'automne	
22 septembre au 21 octobre	vendémiaire
Octobre à novembre	brumaire
Novembre à décembre	frimaire
Pour l'hiver	
Décembre à janvier	nivôse
Janvier à février	pluviôse
Février à mars	ventôse
Pour le printemps	
Mars à avril	germinal
Avril à mai	floréal
Mai à juin	prairial
Pour l'été	
Juin à juillet	messidor
Juillet à août	thermidor
Août à septembre	fructidor

Les jours de la semaine : primidi, duodi, tridi, quartidi, quintidi, sextidi, octidi, nonidi, et décadi. Une seule journée de repos tous les 10 jours...

Document produit avec les élèves

Projet n° 2 : la monnaie de papier

En novembre 1789, les premiers billets de banque apparaissent, ce sont des assignats. Mais les gens se méfient, les évitent et les échangent contre des pièces de métal.
En 1789, les francs n'existent pas encore. On paie en livres, sous, deniers (une livre c'est 20 sous, un sou c'est 12 deniers).
En 1793, on abandonne sous et deniers. La livre est désormais divisée en 10 décimes et 100 centimes.
Le 18 germinal de l'an III (7 avril 1795), on décide que la livre s'appellera désormais le franc.

Méthodologie

- Étape 1

Faire relever dans les récits les unités monétaires utilisées.

● Étape 2
Rechercher dans les ouvrages documentaires leur correspondance et discuter de leur vraisemblance.
● Étape 3
Construire les questions du défi en utilisant les unités ou en détournant une page de catalogue publicitaire actuel.
● Étape 4
Jouer le défi entre groupes de la classe ou avec une autre classe ayant fait le même travail en parallèle ou avec l'école, dans le cadre des actions organisées à la BCD.

NOUVELLES MONNAIES

Exemple de relevé dans le roman *À Paris sous la Révolution* (Hoffmann A. et de Naurois S., Casterman « Des enfants dans l'histoire », 1999.
Les nouvelles monnaies évoquées :
Papier monnaie : les assignats ; réactions négatives des gens.
Système métrique : basé sur le calcul décimal, adopté par la loi du 7 avril 1995 fait naître le litre, le gramme, le stère, l'are, le franc.
Monnaie : le sol.

Les grands principes de la Révolution : 1789-1815

Il s'agit de construire une synthèse pour cerner les principales notions politiques et les repères fondamentaux de la France.On fera comprendre comment est né un nouveau régime politique et social, à travers les bouleversements révolutionnaires, la fin des privilèges, la République, l'accession au pouvoir de la bourgeoisie.

Projet n° 1 : les grands principes de la Révolution

Ces grands principes sont les suivants :
- Des idées politiques comme la séparation des pouvoirs, une société nouvelle qui repose sur l'égalité devant la loi et l'impôt.
- Une société laïque malgré la place occupée par l'Église.
- Le sens donné à l'expression « liberté de conscience ».
- Importance des symboles : drapeau, devise, hymne national, fête nationale, bonnet phrygien.

Méthodologie

Effectuer un tri de textes avec les récits pour en dégager ces principes. La compréhension deviendra de plus en plus fine au fil des débats.

● Étape 1
Afficher un panneau sur les idées de la Révolution qui changèrent le monde.

AFFICHE

Les grandes idées de la Révolution

L'école de la République	La fin des seigneurs
La liberté d'expression	L'abolition de l'esclavage
La fraternité	L'émancipation des femmes
La tolérance	L'armée populaire de l'An II
La construction de l'égalité	Améliorer la vie du peuple

La Malédiction du crocodile

Dominique Delmas, Hatier « Histoires d'histoire », 1990.

● Étape 2
Contrat de lecture, les élèves lisent les récits de l'époque.
● Étape 3
Rituellement, chaque jour ou presque, on parle du contenu des récits.
La conclusion du travail consistera à répondre collectivement à une question connue à l'avance :
« Lequel ou lesquels des grands principes de la Révolution est (sont) abordé(s) dans cette histoire ? »
● Étape 4
La couverture du livre débattu est affichée en regard du ou des grands principes retenus.

Projet n° 2 : de l'esclavage aux droits de l'homme

L'objectif est d'aider les élèves à comprendre la nécessité d'une fondation des droits de l'homme en s'appuyant sur le contre-exemple de l'esclavage.

Quelques notions-clés sur l'esclavage :
Le commerce triangulaire.
L'organisation sociale de l'esclavage, les lois, les devoirs des esclaves, les sanctions, l'espérance de vie, l'amortissement de « l'achat », les conditions de travail obligatoire.
Les dates, les lieux, le marché aux esclaves.
La proclamation de l'abolition de l'esclavage par la République puis son rétablissement par Napoléon.
Le personnage historique de Toussaint Louverture.

Les récits

De nombreux livres abordent de front ou évoquent en toile de fond l'esclavagisme. Deux sont à lire absolument : *Les Révoltés de Saint-Domingue,* Bertrand Solet, Flammarion « Castor Poche » et *La Malédiction du crocodile,* de Dominique Delmas, Hatier « Histoires d'histoire », 1990.

Projet n° 3 : construire un lexique des mots emblématiques de la Révolution

- Étape 1

Les lecteurs relèvent certains mots difficiles.

- Étape 2

Recherche dans les dictionnaires et ouvrages documentaires

- Étape 3

Prise de décision : le mot est proposé ou non pour être intégré dans le lexique historique collectif.

- Étape 4

Utilisation de ces mots dans la construction de défis et rencontres en tous genres.

LES MOTS DE LA RÉVOLUTION

Accapareurs	Gens qui stockent des produits pour en faire monter les prix.
Ci-devant	Formule placée devant un nom qui remplace les titres ou grades supprimés.
Corvées	Travaux obligatoires dus aux seigneurs, ou leur équivalent en argent.
Dauphin	Fils aîné du roi.
Décadaire	Le mois était divisé en trois décades ; le décadi remplaçait le dimanche.
Dîme	Impôt dû à l'Église.
Les Girondins	Groupe politique favorable à la liberté économique, au respect de la propriété et à la guerre, méfiant face aux mouvements populaires.
Habeas corpus	Formule latine. Respect des droits de la personne arrêtée : considérée innocente tant que le procès n'a pas eu lieu.
Deux sortes d'impôts	
directs	Portent sur la valeur de la propriété foncière (de la terre surtout), évaluée par les intendants selon les paroisses.
indirects	Portent sur la consommation de certains produits, sel, vin, etc.
Les Jacobins	Club qui a fourni beaucoup d'hommes politiques ; les Montagnards, membres du comité de Salut public sous l'an II, en faisaient partie.
Milice	Armée privée chargée d'assurer localement la défense.
Les Montagnards	Groupe politique soucieux d'assurer l'existence de tous, prêt à limiter le droit de propriété, soutenu par les sans-culottes et hostile aux guerres de conquêtes.
Parlements	Autrefois, assemblées qui rendaient la justice et enregistraient les grandes décisions du roi.
Schisme religieux	Division à l'intérieur d'une Église : ici, l'Église catholique est divisée entre constitutionnels et réfractaires à la Révolution.

Louis XVII

Tout comme le mystère entourant le masque de fer, la destinée du fils de Louis XVI, enfant qui n'a jamais régné, a fait fantasmer plusieurs auteurs.

Un tout petit projet amusant si vos élèves sont passionnés par cette période…

Le mystère qui règne autour de ce personnage

La Seule Amie du roi

Sophie Chérer, L'École des loisirs «Neuf», 1997.

Né à Versailles en 1785, Louis Charles, duc de Normandie, ne devint dauphin qu'à la mort de son frère aîné, Louis Joseph, le 4 juin 1789. Enfermé au Luxembourg puis au Temple à partir du 13 août 1792, il fut d'abord séparé de sa mère et suivit son père le 29 septembre 1792 dans sa prison. À l'ouverture du procès de ce dernier, il revint avec sa mère. La mort de son père en fit l'héritier du trône, reconnu par les monarchistes.

Il fut définitivement séparé de sa mère en juillet 1793 et confié à un partisan de Robespierre qui devait lui enseigner les grandes idées révolutionnaires. À la mort du cordonnier Simon, il fut emmuré et devint l'otage des projets les plus divers. Les conditions obscures de la détention finale de Louis XVII ont largement alimenté l'hypothèse d'une substitution.

Il mourut le 8 juin 1795 d'une tuberculose osseuse, une autopsie fut pratiquée, ce qui n'empêcha pas, à l'époque, de pseudo-dauphins de prétendre au titre de roi de France.

On ne reparla brièvement de lui qu'en 2000, une recherche ADN mettant un terme à toutes les autres hypothèses.

Le projet

On fera comparer les fins imaginées par les auteurs des livres retenus ci-dessous et en déduire s'ils peuvent ou non être rangés dans le camp des royalistes…

Les récits

On pourra augmenter le nombre assez restreint de ces livres avec ceux qui évoquent son père, Louis XVI, et ainsi construire la carte d'identité de cet enfant (souvent présent mais assez effacé auprès de sa mère).

La Seule Amie du roi
Sophie Chérer, L'école des loisirs «Neuf», 1995.
De nombreux mystères planent autour de Louis XVII, ce petit garçon qui avait huit ans quand il fut enfermé au Temple avec sa famille, par le peuple parisien en colère.
Une seule personne connaît (d'après l'auteur…) la vérité, c'est Angèle, la fille de la lingère et seule amie du roi.

Le Fils Capet se fait la malle
Gérard Delteil, Syros, 1989.
En 1793, c'est l'histoire de Christophe, apprenti ébéniste, qui se trouve mêlé à la disparition du fils de Louis XVI, le fils

Capet, comme on l'appelait à l'époque (à noter l'entrée en scène du Mouron, héros de roman créé par un écrivain royaliste au début du siècle).

L'Évadé de l'An II
Philippe Ebly, Hachette Jeunesse « Bibliothèque verte », 1993.
La mission des conquérants de l'impossible est d'enlever le fils de Louis XVII afin de lui ménager une vie ordinaire sans interférer sur l'histoire de France, et ils y arrivent.
Quand la science-fiction et ses machines à remonter le temps rencontrent l'histoire.

La Saga du Mouron rouge
Baronne Orczy, Omnibus, 2001.
En France, alors que la Révolution fait rage, un mystérieux aventurier, le Mouron rouge, s'est juré de faire échapper les aristocrates de la guillotine. Ses exploits exaspèrent les hommes de Fouqué-Tinville.
Un récit écrit par une aristocrate au début du XXe siècle aux éditions Nelson... Hachette jeunesse l'avait réédité en 1975... Ne proposer que des extraits à lire ou à faire lire par le maître à haute voix, car c'est parfois très ennuyeux.

Le Retour de la femme sans tête
Thierry Lefèvre, Actes Sud junior, 2001.
Un récit policier qui se déroule de nos jours, à l'intérieur du château de Versailles, avec de nombreux clins d'œil à l'époque de Louis XVI (apparition de Marie-Antoinette...) et une rencontre avec Louis XVII.

Récits et épisodes de la Révolution française
Marcelle et Georges Huisman, Nathan, 1988.
L'un des récits correspond au thème retenu : *Le Petit Prince Louis XVII.*

Napoléon Bonaparte

Ce projet a pour objectif de permettre de mieux comprendre et connaître la personnalité, l'histoire et les réalisations de ce personnage historique, dans le contexte des récits le mettant en œuvre ou le citant.

Rappels historiques

En Égypte avec Bonaparte

Bertrand Solet, Hachette Jeunesse « Le Livre de Poche jeunesse », 1995.

Grand stratège militaire et politique militaire, Bonaparte doit aussi sa fortune à son génie de la communication : il a forgé sa légende en contrôlant les médias - tableaux, articles de presse, etc.

L'œuvre accomplie durant le Consulat et l'Empire est énorme : cette période a été certes une phase de recul sur le plan des libertés politiques (coup d'État, despotisme de l'Empereur, censure) mais aussi de transformations juridiques et sociales profondes dans le prolongement des idées de la Révolution (administration, préfet, arrondissement, centralisation, Code civil, Légion d'honneur, Banque de France, Franc Germinal, Université, lycée, livret d'ouvrier,).

Il serait intéressant de consulter les manuels scolaires pour y trouver une carte de la France des 110 départements en 1811 et celle de l'Europe à la même date.

Les campagnes militaires

C'est la Révolution qui s'est lancée dans la guerre. La guerre de la liberté contre le despotisme s'est rapidement muée en guerre de conquête. La théorie des frontières naturelles l'emporte sur le droit des peuples. Après une brève période de paix, ce qui explique en partie la popularité de Bonaparte, la guerre reprend.

Deux repères structurant cette période

- Une phase d'ascension : Austerlitz (1805), Eylau (1807). En 1808, Napoléon est maître de la moitié de l'Europe. La Grande Armée est l'instrument de la conquête.
- Un tournant, les revers et la défaite finale : la campagne de Russie (juin-décembre 1812), la première abdication (6 avril 1814), Waterloo (18 juin 1815).

Ces repères sont suffisants pour le cycle III où l'on ne traite pas ce sujet de la même façon exhaustive qu'au collège.

Projet n° 1 : écrire la biographie de Napoléon Bonaparte

- Étape 1

Dans chaque récit, relever les renseignements autour de Napoléon : sa famille, son aspect physique, son caractère, ses habitudes, ses goûts, les dates et les événements importants, dans sa vie personnelle ou dans sa vie politique ou publique.

- Étape 2

Rassembler l'ensemble des informations recueillies, les classer par grandes entrées.

- Étape 3

Vérifier dans les documentaires la véracité des informations recueillies (pour sa description, vérifier aussi avec des œuvres peintes le représentant et découvrir certaines astuces d'écriture des auteurs).

● Étape 4

Partager entre les groupes la rédaction de la biographie.

Autre piste

Se poser la question de savoir si l'auteur ou les personnages du récit sont pro ou anti-Napoléon.

Projet n° 2 : la Grande Armée

Napoléon doit ses victoires à la création de l'une des armées les plus puissantes et les plus efficaces de son époque, la Grande Armée. En quinze années de guerres, ses effectifs n'ont cessé de gonfler : 420 000 hommes en 1804, 755 000 en 1808, 888 000 en 1812, plus d'un million en 1813.

Les récits

De nombreux romans y font allusion, souvenirs de campagnes, de participation, de récits, de désertions et de recrutement, rencontres avec des généraux, etc. Ces informations témoignent de tous les points de vue, de l'ancien soldat à l'admirateur de Napoléon.

On sélectionnera les récits qui se déroulent pendant la période napoléonienne.

Les projets

● Construire la carte des batailles de Napoléon Bonaparte.

Tableau de prise de notes

Nom de la bataille	Date	Lieu précis	Victoire ou défaite ?	Forces en présence	Nom des maréchaux présents

● On pourra comparer différentes versions de la campagne d'Égypte.

● Publier la liste des généraux et maréchaux de la Révolution

Repérer ceux mis en scène ou évoqués lors des récits.

Rechercher le nom des boulevards parisiens ou les noms inscrits sur l'arc de triomphe à Paris.

● L'organisation de la Grande Armée.

Rappel : l'armée populaire de l'An II.

Pour la première fois dans l'histoire, un gouvernement

impose à tous les Français un service national militaire. Pour la Révolution, c'est une question de vie ou de mort: en novembre 1793, cela fait près de deux ans que les soldats de la République résistent avec vaillance aux armées des monarchies européennes. C'est en août que la Convention a décrété la mobilisation de tous les citoyens de 18 ans à 25 ans, célibataires ou veufs et sans enfants.

C'est surtout des progrès de l'esprit républicain que le gouvernement attend la victoire. La hiérarchie est en effet démocratisée, sous-officiers et officiers (sauf les colonels et les généraux) sont élus par les soldats. Cependant il y aura beaucoup d'insoumis et de désertions chez les conscrits rebelles à tout embrigadement.

C'est pourtant avec cette armée que les généraux Hoche, Marceau, Kléber, Lannes, Masséna vont conquérir l'Europe.

● Les quatre armes de la Grande Armée

L'ancienne armée royale a été désertée par les officiers nobles qui ont été remplacés par des hommes nouveaux.

QUATRE ARMES

L'infanterie

De ligne et légère, elle marche au combat avec des fusils d'infanterie à baïonnette, elle doit occuper le terrain.

La cavalerie lourde

Cuirassiers et carabiniers. Son objectif est de donner des coups de boutoir dans les batailles rangées.

La cavalerie légère

Hussards, chasseurs à cheval, lanciers. Sa fonction est d'éclairer et protéger l'armée. Sa position : elle marche en avant et sur le flanc des colonnes. Les dragons combattent à pied et à cheval.

L'artillerie

Napoléon Bonaparte est un artilleur de formation.
Elle se concentre sur le point d'attaque et sur l'artillerie de l'ennemi.
L'artillerie à cheval, les pontonniers transportent les bateaux et l'attirail pour bâtir des ponts provisoires, des entreprises privées sont chargées du transport des canons.

La galerie des ancêtres fondateurs

Toussaint-Louverture (1743-1803)

Souvent négligé dans les manuels historiques mais pas des récits de littérature de jeunesse, cet ancien esclave affranchi est considéré comme l'un des représentants de la lutte révolutionnaire et abolitionniste dans les colonies françaises.

Haïti, autrefois colonie française de Saint-Domingue, perle des possessions françaises dans l'archipel des grandes

Toussaint Louverture, fils noir de la Révolution française

Pierre Pluchon, L'École des loisirs «Médium Poche», 1989.

Antilles, échappe au contrôle de la métropole. En août 1701, après deux siècles d'esclavage (environ 500 000 esclaves pour 30 000 Blancs) dans les riches plantations de canne à sucre et de café, les Noirs de Saint-Domingue se soulèvent et déferlent sur l'île en ravageant les plantations. C'est une bande d'environ 20 000 hommes commandée par deux anciens esclaves assistés de Toussaint Louverture. Celui-ci n'a sans doute pas été à l'initiative de la révolte mais il va très rapidement jouer un jeu subtil dans les rapports de force qui vont s'instaurer avec les représentants du pouvoir français, qui subissent aussi les menaces des Espagnols (occupant l'est de l'île) et des Anglais (à partir de la Jamaïque), profitant du désordre. Les chefs noirs prennent le pouvoir dans l'île. Le 29 août, le représentant de la Convention sur l'île, Sonthonax, abolit l'esclavage pour gagner les Noirs à sa cause et à celle de la Révolution. Toussaint Louverture, qui souhaite prendre la tête du mouvement insurrectionnel noir, finit par accepter de se rallier à la proposition française. En 1794, l'Assemblée française vote une loi qui proscrit l'esclavage dans toutes les colonies.

Pendant ce temps, Toussaint se proclame chef suprême de l'armée de Saint-Domingue, puis, après avoir progressivement isolé les représentants de l'autorité française, gouverneur à vie en 1801 et promulgue une constitution. Entre-temps, Bonaparte a pris le pouvoir et, face à ce qu'il considère comme une remise en cause de la République, il ordonne la formation d'un corps expéditionnaire commandé par Leclerc en 1802. Toussaint Louverture est capturé. Il meurt en captivité en France près de Pontarlier en avril 1803.

Croyant la révolte matée et souhaitant se rendre agréable aux colons (sa femme est d'une famille de gros propriétaires), Bonaparte rétablit l'esclavage sur l'île mais les Noirs se soulèvent aussitôt.

Des 21 000 hommes du corps expéditionnaire français envoyés pour mater l'insurrection, il ne restera plus que 3 400 hommes qui, vaincus, se rendent au bout d'un an.

Le 1er janvier 1804 est proclamée l'indépendance de l'île à laquelle on restitue son nom indien d'Haïti, première république noire. Il faut rappeler que, à la même époque, l'esclavage est maintenu dans d'autres colonies françaises comme la Martinique ou la Guadeloupe.

Les récits

Toussaint Louverture est parfois évoqué lors de dialogues entre personnages.

Trois récits racontent son aventure : *Toussaint Louverture, fils noir de la Révolution française,* Pierre Pluchon, L'École des loisirs, 1989 (illustrations et cartes détaillées aident à la compréhension) ; *Les Révoltés de Saint-Domingue,* Bertrand Solet, Flammarion « Castor Poche », 2000 et disponible aussi aux éditions Robert Laffont.

Thèmes possibles

Le personnage de Toussaint Louverture, l'esclavage, le commerce triangulaire, les richesses des Antilles, les lois, les dates (de 1791 à la fin de l'histoire 1803).

Les autres célébrités de la Révolution

Méthodologie

- Étape 1

Relever dans les récits les personnages célèbres.

- Étape 2

Vérifier dans les outils documentaires s'ils ont existé et la raison de leur célébrité.

- Étape 3

Classer puis finaliser la recherche en construisant un jeu de 7 familles, des expositions, etc.

MES NOTES

Fiche de prises de notes d'un élève de CM1

Identité du livre

Titre	*À Paris sous la Révolution*
Auteur	S. de Naurois
Illustrateur	G. Hoffmann
Traducteur	/
Éditeur	Casterman
Collection	Des enfants dans l'Histoire
Année d'édition	1988

Relève les célébrités rencontrées par le héros de ton histoire

Son nom et la page où il apparaît.

Marat	page 8
Félicité	page 8 et souvent
Page 45	Robespierre
Page 45	Camille Desmoulin
Rouget de Lisle	page 17
Le général Dumouriez	page 28
Valmy	page 28
Danton	page 40

Je vérifie leur existence et je dis qui ils sont.
Marat : oui ; fondateur du journal dont on parle dans ce récit : *L'Ami du Peuple,* il s'oppose à la Monarchie et dénonce les « ennemis de la liberté » (dans le dossier à la fin du livre).
Félicité : non ; c'est l'héroïne de l'histoire, l'auteur a inventé ce personnage (je n'ai pas trouvé et j'ai compris).
Robespierre : oui ; était un homme austère, surnommé « l'incorruptible » (celui que l'on ne peut pas ▷

corrompre), il a appelé de ses vœux un régime basé sur la vertu et la fraternité.
Camille Desmoulin : oui ; il a lancé l'appel aux armes qui a conduit à la prise de la Bastille.
Rouget de Lisle : oui ; capitaine et amateur de musique, il a écrit le chant de guerre pour l'armée du Rhin renommé *La Marseillaise*. Décrété chant national en 1795 (dictionnaire encyclopédique).
Le général Dumouriez : oui ; il a commandé la bataille de Valmy (encyclopédie).
Valmy : non ; ce n'est pas un personnage mais le nom d'une victoire des troupes révolutionnaires, le moulin de Valmy a été filmé dernièrement par la télévision pendant la tempête de décembre 1999, il a été détruit (dictionnaire et mes connaissances).
Danton : oui ; un des chefs les plus populaire de la Révolution, fondateur du club des Cordeliers, il est au premier rang lors de l'insurrection du 10 août 1792 qui met fin à la monarchie.

Récits sur la Révolution et l'Empire : nos livres préférés

*En Égypte avec Bonaparte****
Bertrand Solet, Hachette Jeunesse « Le Livre de Poche jeunesse », 1988.
1798 : François Laplume vient de se faire engager comme secrétaire de l'archéologue Dutilleul qui accompagne Bonaparte dans sa campagne d'Égypte.

Deux Graines de cacao
Évelyne Brisou-Pellen, Hachette Jeunesse « Le Livre de Poche jeunesse », 2002.

*Deux Graines de cacao****
Évelyne Brisou-Pellen, Hachette Jeunesse « Le Livre de Poche jeunesse », 2002.
Bretagne, 1819. Bouleversé par la révélation de sa naissance, à 10 ans, Julien a découvert, en se regardant dans une glace, qu'il était Indien.
Il s'embarque sur le *Prince sauvage,* à la recherche de son histoire, mais le voyage lui réserve d'autres surprises.

*Le Complot du télégraphe****
Sigrid et Claude Kupferman, Hachette Jeunesse « Le Livre de Poche jeunesse », 1996.
À la veille de la Révolution française, Nicolas Lebrun a dix-sept ans, il est amoureux d'Olympe, enthousiaste comme lui de la Révolution des Sans-culottes et il découvre que son avenir est au côté de Claude Chappe, l'inventeur du télégraphe : « ce messager de la liberté ».
Entre les complots royalistes, l'ennemi aux frontières et la corruption qui rôde, Robespierre sauvera-t-il la Nation de la misère et de la violence ?

*Lecture facile * à Lecture plus difficile ***, à vous de choisir...*

*Un drame sous l'Empire***
Suzanne Sens, Milan, 1993.
Vendémiaire 1812, la redoutable police de Napoléon fait régner la terreur dans tout l'Empire.

*Les Exilés de l'An II***
Anne-Marie Desplat-Duc, Hachette Jeunesse « Le Livre de Poche jeunesse », 1996.
Les malheurs d'une famille aristocrate en exil.
1792. Au cœur du Vivarais, dans le château de la Tour-Poinsac, l'atmosphère est à la peur : tous les jours, des châteaux sont pillés et incendiés. La famille de Marquet doit émigrer, d'abord en Suisse et en Angleterre, puis aux Amériques, à la Nouvelle Madrid.

*Espion en Égypte***
Bertrand Solet, Flammarion-Père Castor, 1998.
Vincent Boutin, espion au service de l'empereur Napoléon, affronte l'ennemi anglais sur les terres lointaines de Syrie et d'Égypte.

*L'Espion de Bonaparte****
Muriel Carminati, Hachette Jeunesse « Le Livre de Poche jeunesse », 1997
Mission officielle : récolter l'herbe rare qui ne pousse que dans le Magne, cette aride région de Grèce. Mission secrète : transmettre un message de Napoléon à l'administrateur du village, pour organiser la guerre d'indépendance contre les Turcs.

Les Disparus de la malle-poste
Évelyne Brisou-Pellen, Gallimard Jeunesse « Folio Junior », 2001.

*Les Disparus de la malle poste***
Évelyne Brisou-Pellen, Gallimard « Folio Junior », 2001.
1794. La malle poste arrive vide avec trois heures de retard au relais…
La fin du récit évoque la mort de Robespierre, guillotiné à son tour.

*L'Ombre de la guillotine***
Simon Farrel et Jon Sutherland, Gallimard Jeunesse « Un livre dont vous êtes le héros », 1987.
Paris 1789, vous êtes officier au 21e régiment d'infanterie, l'un des plus dévoués au roi Louis XVI. La Révolution est en marche et ses idées ne vous laissent pas indifférent. Quel parti allez-vous choisir : celui du roi ou celui des révolutionnaires ?

*Le Droit au bonheur***
Claude Londner, Le Patio éditeur «Commune noire», 1998.
Lorsqu'en avril 1789, ils se mirent en route pour porter au roi les Cahiers de doléances, les sept députés bretons de la sénéchaussée de Rennes ne s'imaginaient pas qu'ils allaient participer à la fondation de l'Assemblée nationale.

*La Seule Amie du roi****
Sophie Chérer, L'École des loisirs «Neuf», 1995.
Un récit qui imagine la vie quotidienne de Louis XVII, petit garçon de huit ans emprisonné, à travers les yeux d'Angèle, fille de la lingère de la famille royale.

*Libraire de nuit**
Jacqueline Mirande, Flammarion-Père Castor, 1998.
(réédition précédente parution aux éditions Ouvrières).
L'atmosphère de Paris d'avant la révolution.
Excellent.

*À Paris sous la Révolution**
Sixtine de Naurois, Ginette Hoffmann et Claude Fagel, Casterman «Des enfants dans l'histoire», 1999.
Félicité a dix ans et vit à Paris. Pour livrer le linge que sa mère a lavé sur les bords de Seine, elle parcourt la capitale. La République vient d'être proclamée.

«Champollion et l'énigme des hiéroglyphes»*
Je lis des histoires vraies n° 99, Fleurus, 2001.

La Pierre de Rosette
Robert Solé, Dominique Valbelle, Seuil, 1999.
Ce récit présente l'histoire tumultueuse de l'objet mythique conservé au British Museum, depuis sa confiscation par les Anglais.

*Contes et récits des chevaux illustres**
Pierre Davy, Nathan Jeunesse «Contes et légendes», 2002.
De l'Antiquité à nos jours, les chevaux ont leur histoire, leurs héros. De petites histoires courtes faciles à lire et passionnantes.
Ici : «Lisette cheval hussard 1807 batailles».

*L'Affaire du rubis***
Jacqueline Mirande, Flammarion-Père Castor, 2000.
Le Premier Empire, 1802. Dans le monde de la joaillerie.

Un mystérieux voyageur demande au bijoutier Éloi de réaliser la copie d'un rubis magnifique qu'il connaît car il l'avait réalisé avant la Révolution. Au côté de Titus et Clémentine, ses deux jeunes apprentis, nous en suivons les péripéties.

Une jument dans la guerre
Daniel Vaxelaire, Flammarion-Père Castor, 2001.

*Une jument dans la guerre***
Daniel Vaxelaire, Flammarion-Père Castor, 2001.
1796. Pierre, fils de paysan part rejoindre les troupes de Bonaparte qui se battent en Italie. Cheminer seul sur les routes en ces temps troublés n'est pas sans danger, il fait une formidable rencontre : une jument qu'il adopte et nomme Fraternité !
L'Italie, conquise en deux ans, restera française jusqu'en 1815.
Un beau récit. De nombreux jeunes gens se sont engagés à cette époque, comme Pierre, par goût de l'aventure et patriotisme, pour défendre la France qui venait de se débarrasser d'un tyran et était attaquée par presque toute l'Europe.

*Des femmes dans l'Histoire du IXe siècle à nos jours**
Philippe Godard, Autrement Jeunesse, 2001.
9 histoires de femmes ayant marqué l'Histoire. Superbe.
Ici : « Les Parisiennes ramenant Louis XVI à Paris ».

*Malicorne***
Olivier Jozan, Hachette Jeunesse « Le Livre de Poche jeunesse », 2002.
Mai 1811. Benjamin Ducray s'enfuit pour rejoindre son grand-père général d'Empire, assigné à résidence à Saint-Omer.
Vie quotidienne de la fin du Second Empire

*Le Futur Empereur Napoléon**
Philippe Boitel, Sorbier « La Vie des enfants », 2001.
Une biographie sous la forme d'un album aux frontières du documentaire.

*J'étais enfant pendant la Révolution française**
Jean Dubacq, Sorbier, « J'étais enfant », 1988.
Jean-Yves est fils d'un marin marchand. Il raconte sa vie à Nantes au moment où Louis XVI essaie de quitter le pays.

*15 Histoires à remonter le temps**
Hachette jeunesse ,1999.
Deux récits correspondent à l'époque traitée :

« La Fuite à Varennes » et « Autres Histoires de France »*
José Féron Romano et L. Lebacq, Hachette Jeunesse « Le Livre de Poche jeunesse », 1999.

15 Récits d'aventures
Gautier-Languereau, 1986.
Trois nouvelles correspondent au sujet :
« Le Sage de la Grande Armée » ; « Journal d'un coup d'État » ; « Les Doigts qui voient ».

Pour le reste

Rendez-vous sur le site :
www.crdp.ac-creteil.fr/telemaque

chapitre 6

Le XIXe siècle : de 1815 à 1914

© Francis Jolly

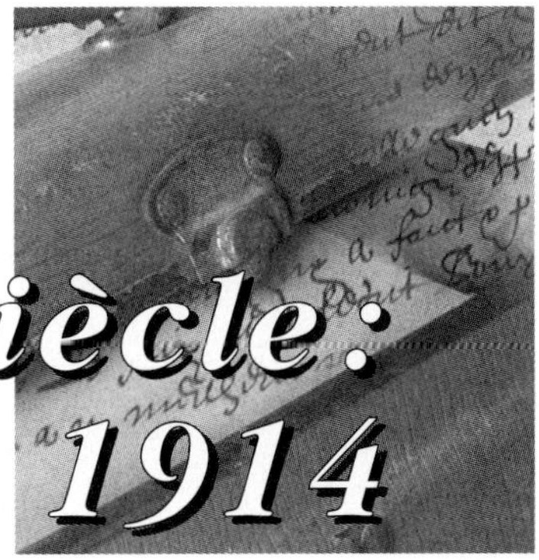

Le XIXe siècle : de 1815 à 1914

Présentation

Claudine de Lyon

Marie-Christine Helgerson, Flammarion-Père Castor, « Mon Île », 1984.

« Cette période est beaucoup plus courte que la précédente - moins de cent ans - mais elle est fondamentale pour comprendre notre temps. L'industrialisation et l'urbanisation transforment les économies et les sociétés de l'Europe occidentale. Face à la bourgeoisie, se développe un monde ouvrier aux conditions de travail difficiles. De grands mouvements de population affectent désormais l'Europe. C'est le siècle de l'émigration et de l'expansion coloniale. » *(in Horaires et programmes d'enseignement de l'école primaire, histoire, cycle III,* 2002)

Pendant cette courte mais importante période :

- La France accomplit sa révolution industrielle avec le développement du capitalisme : correspondances étroites entre révolution scientifique et technique, révolution des transports et révolution industrielle.
- La France devient une démocratie à travers des mouvements révolutionnaires. La société se transforme vers plus d'égalité ; naissance et début d'organisation du mouvement ouvrier à la fin du siècle.

La France est une grande puissance en Europe et dans le monde.

On distingue deux périodes : la première révolution industrielle, celle du charbon et de la machine à vapeur, du chemin de fer et de la métallurgie, se situe entre 1840 et 1860 ; la deuxième révolution industrielle, celle de l'électricité et de l'automobile, concerne la période 1896-1913.

Points essentiels à traiter

Une Europe en pleine expansion industrielle et urbaine, à la recherche de territoires et de débouchés : le temps du travail en usine, de l'émigration et des colonies.
- Les difficultés de la République à s'imposer en France : un combat politique de plusieurs générations.
- L'inégalité entre l'homme et la femme exclue du vote et inférieure juridiquement.

Les grandes innovations

● Dans le domaine scientifique et technique :
Premier tiers du siècle :
- le chemin de fer, Stephenson et la locomotive.
- la photographie : Niépce.
Vers 1850 :
- la fabrication de l'acier par de nouveaux procédés.
Dernier quart de siècle :
- le téléphone : Bell.
- le développement industriel de l'électricité : Edison.
- l'automobile : Daimler et Benz ; les vols aériens : Ader, Wright.
- les expositions universelles.
- Pasteur, Marie Curie et le développement de la médecine.

● Dans le domaine artistique et littéraire
Le mouvement romantique en France (poésie, musique, peinture).
Les grands romanciers français : Hugo, Balzac, Zola, Chateaubriand, Lamartine.
Le mouvement impressionniste en peinture.
Les débuts du cinéma : 1895-1914.

● Mais aussi :
Jules Ferry et l'école publique pour tous.
Jean Jaurès, le défenseur du mouvement ouvrier et l'homme de la paix.
Louise Michel et son rôle majeur pendant la Commune.

● Dans la vie quotidienne
Le timbre-poste en France (1849), les immeuble de type Haussmann, la construction des bâtiments publics à ossature métallique (halls, gares…), les Écoles Normales et autres écoles.

Les récits

Ils sont nombreux. C'est peut-être également l'occasion de proposer à la lecture certains classiques marquant l'époque et qui font l'objet d'une présentation complète en bibliogra-

phie de fin de chapitre. On pourra proposer sept titres :
Les Misérables, de Victor Hugo dans de multiples éditions dont la collection « Bibliothèque verte », éditions Hachette (deux tomes).
La Case de l'oncle Tom, Harriet Beecher-Stowe, Hachette Jeunesse « Le Livre de Poche jeunesse », 2002.
David Copperfield, Charles Dickens, Hachette Jeunesse « Le Livre de Poche jeunesse », 2002.
L'Enfant, Jules Vallès, Hatier, 2002.
Jacquou le croquant, Eugène Le Roy, Pocket, 2002
Sans famille, Hector Malot, Nathan Jeunesse, 2002.
Poil de carotte, Jules Renard, Hachette Jeunesse « le Livre de Poche jeunesse », 2002.

Les projets proposés

- Grande frise générale.
- La Commune de Paris.
- Le travail des enfants.
- La révolution industrielle.
- La Belle Époque.
- La conquête de l'Ouest.
- La galerie des ancêtres fondateurs.

Grande frise générale

L'objectif est d'aider les lecteurs à cerner l'époque étudiée, à effectuer de premières mises en réseau (mêmes époques, lieux différents) et de développer des compétences en recherche documentaire.
On construira une première frise historique de l'époque qui servira de référent pendant le temps du contrat de lecture.

Méthodologie

Si je reviens...
Corinne demas, Bayard Jeunesse, 2002.

● Étape 1
Construction d'une frise temporelle ordinaire avec les manuels d'histoire.
Méthodologie :
Dans les manuels d'histoire : relever les noms, les lieux, les dates, les événements importants choisis par les auteurs des manuels.
Construire avec ces données la frise historique de référence qui sera complétée pendant la lecture des récits.
● Étape 2
Construction progressive pendant la lecture des œuvres d'une strate supplémentaire avec l'époque des récits.

On trouvera ci-dessous un tableau qui rassemble les résultats des relevés effectués par une classe de CM2 dans des manuels scolaires.

CHRONOLOGIE

• Principaux événements historiques

de 1815 à 1848

1815 : la monarchie est à nouveau proclamée.
Juin 1830 : les Trois Glorieuses introduisent la Monarchie constitutionnelle.
Louis XVIII (roi de 1815 à 1824).
Charles X (roi de 1824 à 1830).
Louis-Philippe (roi de 1830 à 1848).

de 1848 à 1870

Février 1848 : la Seconde République et le suffrage universel masculin (élection de Louis Napoléon Bonaparte à la présidence de la République)
1852-1870 : le Second Empire (Napoléon III), période de croissance économique, s'achève dans la guerre contre la Prusse.
Mars-mai 1871 : Commune de Paris.
1860 : achèvement du territoire français avec le rattachement de Nice, de la Savoie.
1830-1848 : développement des empires coloniaux pour s'assurer des matières premières à bon compte. Conquête de l'Algérie.
1848 : abolition de l'esclavage sous l'impulsion de Schœlcher.
1870 : déclaration de guerre à la Prusse.

de 1870 à 1913

1870-1940 : la Troisième République.
1er septembre 1871 : défaite de Sedan puis siège de Paris puis Commune.
1870-1871 : l'Alsace et la Lorraine sont annexées par l'Allemagne.
1881-1882 : lois sur la liberté de la presse, lois de Jules Ferry qui rendent l'enseignement primaire gratuit, laïque et obligatoire.
Le développement des empires coloniaux.
1905 : séparation de l'Église et de l'État.
Expositions universelles : 1878, 1889, 1900.

• Les hommes

Louis XVIII, Charles X, Louis-Philippe et Louis Napoléon Bonaparte-Napoléon III.
Le général Cavaignac, Louis-Adolphe Thiers, Louise Michel, Léon Gambetta, Victor Schoelcher, Jules Ferry et Jean Jaurès.
Eugène Delacroix, Alphonse de Lamartine, Gustave Courbet, Robert Schumann, Victor Hugo, Honoré de Balzac, Hector Berlioz, Jean-François Millet, Auguste Rodin, Vincent Van Gogh, Claude Debussy, Auguste Renoir, Émile Zola et Claude Monet.
Nicéphore Niépce, Louis Pasteur, Hausmann, Pierre et Marie Curie et Louis Lumière.

• La révolution industrielle et le monde ouvrier

1833 : télégraphe électrique.
1829 : locomotive à vapeur.
1831 : émeute de la misère à Lyon.
Le travail en usine.
Le travail des enfants.
Construction du réseau ferré (1836 : chemin de fer Paris-Saint-Germain-en-Laye)
Fonte du coke, les mines, machine à vapeur.
Chemin de fer : échanges industriels bouleversés.
Importance de la bourgeoisie et exode rural.
1840 : marteau-pilon à vapeur au Creusot.

1850 : Paris éclairé au gaz.
1851 : invention de la presse à imprimer rotative.
1838 : navire à vapeur propulsé par une hélice.
La révolution industrielle : du petit atelier artisanal à l'atelier mécanisé, puis à la grande usine urbaine.
Développement de l'industrie textile et métallurgique avant 1848 puis filature, houille, haut fourneau, machine à vapeur, banques.
1864 : droit de grève.
1860 : moteur à explosion.
1867 : premier câble transatlantique.
Les grands magasins (Printemps, Bon Marché, Samaritaine).
Construction du réseau ferré.
Photographie, électricité, cinématographe, phonographe, machine à laver.
1876 : téléphone, ampoule électrique d'Edison.
1890 : premier vol de Clément Ader en avion.
L'électricité à l'exposition universelle de 1900.
Utilisation du pétrole.
1867 : machine frigorifique de Tellier.
1899 : Marconni et Branly, première liaison TSF.
De nouvelles lois amènent une lente transformation de la société vers plus d'égalité :
1884 : droit syndical ;
1892 : loi sur le travail des femmes et des enfants ;
1895 : fondation de la CGT.

• Monde paysan

1831 : première moissonneuse.
1841 : application de la chimie à l'agriculture.
1860 : charrue à deux socs.
1860 : fin de l'augmentation de la population dans les campagnes.
1870 : industrie frigorifique.
Les paysans sont attachés à la tradition et à la propriété et se méfient des doctrines socialistes. De 1850 à 1870, ils votent pour l'Empire et, comme ils sont plus nombreux, ils contribuent à donner à la France une politique conservatrice.
1880 : moissonneuse lieuse.
1890 : utilisation des engrais, mais pratique de la jachère jusqu'à la fin du siècle.
Le chemin de fer permet aux régions de se spécialiser (élevage dans l'Ouest, Normandie et montagnes, céréales dans les grandes plaines, vignes dans le Midi).

La Commune de Paris

L'Espoir assassiné

« Le Cri du peuple » adaptation et dessins de Tardi, d'après le roman de Vautrin, Casterman, 1999.

Le roman populaire de Jean Vautrin, *Le Cri du peuple,* publié en 2001, fait revivre le Paris de 1871. Ce récit laisse le lecteur quelque peu insatisfait de par, notamment, la surabondance de personnages et de lieux. Mais la reprise de ce texte par Tardi sous la forme d'une bande dessinée ouvre des perspectives intéressantes.

Le premier tome d'une trilogie annoncée, « Le Cri du peuple », volume 1 *Les Canons du 18 mars* est paru chez Casterman en 2002 et ne déçoit pas. Tardi propose à nouveau un chef-d'œuvre à placer dans toutes les bibliothèques. Cet album vient d'ailleurs de recevoir une double récompense au festival de la bande dessinée d'Angoulême : le prix Alph-art du dessin 2002 et le prix du Public 2002.

Rappels historiques

1870 : la capitale est encerclée par les Prussiens, Gambetta quitte Paris en ballon pour organiser les armées qui devront briser l'encerclement de la capitale.
Dans la ville affamée et bombardée, les Parisiens tentent des sorties, elles échouent toutes.
Pendant le siège, la nourriture manque.

La capitulation

Paris capitule le 28 janvier 1871 et une nouvelle Assemblée nationale est élue pour accepter les conditions de paix. La France doit céder l'Alsace, une partie de la Lorraine et payer une forte indemnité de guerre. De plus, le pays est occupé.

La Commune

Le peuple de Paris n'accepte pas la capitulation et cette nouvelle Assemblée nationale royaliste élue pour signer la paix. La révolte éclate, les Parisiens élisent leur propre assemblée : la Commune de Paris. Ce nom est donné pour évoquer le souvenir de la commune insurrectionnelle de la Révolution de 1792.

La guerre civile

Une guerre civile se déroule. Les Versaillais, avec Thiers au commandement, répriment l'insurrection avec la plus grande brutalité.
Du 21 au 27 mai c'est la « semaine sanglante », soldats contre barricades. Le palais des Tuileries, l'Hôtel de Ville et d'autres édifices sont incendiés. La lutte se termine le 27 mai dans le cimetière du Père-Lachaise.
Les 147 insurgés ayant survécu à ce combat sont fusillés devant le mur du cimetière, appelé désormais « mur des Fédérés ». Du 20 mai au 27 mai 1871, un tribunal spécial juge sommairement les Communards, plus de 20 000 pris les armes à la main. Les mois suivants, plus de 5 000 seront déportés dans des bagnes lointains.

Les livres

La littérature de jeunesse a, finalement, peu raconté ces événements, comparativement à d'autres époques.
Les titres retenus sont présentés de façon complète en bibliographie de fin de chapitre.
Des femmes dans l'histoire
Godard P., Autrement Jeunesse, 2001.

Cœur de louve
Beaude P.-M., Gallimard Jeunesse « Page blanche », 1999.
Bastien gamin de Paris
Solet B., Syros Jeunesse, 1997.
La Commune n'est pas morte
Pujade-Renaud C. et Zimmermann D., Sandéditions-La Farandole « Les Aventuriers de l'Histoire », 1991.
Temps sans frontières
Korbe L., Flammarion-Père Castor, 1989
Le Gamin des barricades
Bellet A., Milan « Zanzibar », 1996.
J'étais enfant pendant la commune de Paris
Mathieu F., Sorbier « J'étais enfant », 1997.
Les Lumières du matin
Bigot R., Actes Sud junior, 2000.
La Dernière Classe
Daudet A., Gallimard « Folio Jeunesse », 1995.
Le Serment de Louise
Bezombes R. et Dequeker-Fergon J.-M., Hatier « Histoires d'histoire », 1990.
Mon Journal d'enfant
Lagerlöf S., Sorbier « Passages », 1997.
Le Dévorant
Sandre Y., Casterman « Passé composé », 1990.
Louise Michel, aux barricades du rêve (1830-1905)
Helf C., Hachette « Échos », 1983.
La Commune Paris 1971
Nathan « Poche photo Histoire », 2000. Un livre de photos.
Les Diables blancs
Wintrebert J., Gallimard Jeunesse « Page blanche », 1993
Paris insurgé, La Commune de 1871
Rougerie J., Gallimard « Découverte », 1995.

Il existe également quelques albums de photos publiés (contacter le musée d'Orsay où l'on peut les trouver en vente à la librairie). Une remarque cependant : les photographes étaient tous des Versaillais (merci à Christian Poslaniec pour cette remarque).

Des pistes pédagogiques

On pourra s'attacher à suivre la chronologie des événements, à relever la présence de personnages historiques réels comme Louise Michel ou Thiers et établir leur carte d'identité, à relever ce qui est du domaine de l'histoire et du récit ou de la vie quotidienne de l'époque.

Le travail des enfants

Les Cordées de Paris, une histoire de ramoneurs
Nathalie Azoulay, Turbulences « Histoires vraies », 1989.

Il faut rappeler qu'une loi relative au travail des enfants employés dans les manufactures, usines ou ateliers est promulguée le 22 mars 1841. (On trouve dans de nombreux manuels la retranscription de ce document avec des photos d'époque l'illustrant).

Cette loi représentait un progrès important quant à la protection des enfants au travail. Mais, dans la mesure où, pour les patrons, plus un enfant était jeune et moins ils le payaient, elle n'a malheureusement pas été appliquée. De plus, les parents avaient besoin de la rentrée d'un salaire supplémentaire.

L'école obligatoire pour tous ne viendra que plus tard, avec les lois de Jules Ferry en 1881 et 1882 qui permettent enfin de respecter l'enfant et de lui reconnaître le statut d'une personne.

DOCUMENT

Louis-Philippe, Roi des Français.
À tous présents et à venir, Salut.
[...]
Article 2
Les enfants, pour être admis, doivent avoir au moins huit ans.
De huit à douze ans, ils ne pourront être employés au travail effectif plus de huit heures sur vingt-quatre, divisés par des repos.
De douze à seize ans, ils ne pourront être employés au travail effectif plus de douze heures sur vingt-quatre, divisés par des repos.
Ce travail ne pourra avoir lieu que de cinq heures du matin à neuf heures du soir.
L'âge des enfants sera constaté par un certificat délivré, sur papier non timbré et sans frais, par l'officier de l'état civil.

Méthodologie

Le projet consiste à comparer les conditions de vie inhumaines des enfants au travail au XIXe siècle avec celles de nos élèves.

- Étape 1

Étude collective du texte de loi, sujet à débats et confrontations.

- Étape 2

Enquête dans les lectures, repérer comment les auteurs ont évoqué les conditions de vie des pauvres gens et l'exploita-

tion des enfants.
Repérer l'année du récit.

- Étape 3

Comparer avec le texte de loi et vérifier s'il y a ou non infraction.

- Étape 4

Mise en commun et comparaison avec les conditions de notre époque en France et dans d'autres pays plus défavorisés.

- Étape 5

Finalisation (exposition, articles, roman, etc.).

Les récits

Ils sont nombreux et riches dans leurs contenus. Les enfants en sont souvent les héros, ce qui rend aisée la prise de notes.

MES NOTES

Notes prises par un élève de CM2 lors de la lecture d'un roman de son contrat

Titre	*Claudine de Lyon*
Auteur	M.-C. Helgerson
Illustrateur	Yves Beaujard
Éditeur	Flammarion-Père Castor
Nombre de pages	277 pages écrites en gros

Claudine est âgée de 11 ans au début du récit.
Son aspect physique : elle a mauvaise mine à travailler toute la journée, chaque jour sur son métier à tisser. Elle a déjà le dos voûté des canuts, car elle doit se pencher pour lancer la navette. Elle attrape la tuberculose et doit partir se soigner dans sa famille à la campagne.
Elle habite chez ses parents au début de l'histoire à Lyon dans le quartier de la Croix-Rousse puis chez son oncle à Toulaud dans l'Ardèche. Elle revient ensuite à Lyon puis part vers Paris pour y devenir créatrice de mode.
Son histoire se passe à Lyon en 1881 (lorsque débute l'histoire)
Sa famille est composée de :
Son père : M Boichon, il est canut (tisserand pour la soie). Le dimanche, il fréquente des cafés et en revient saoul. Il peut être alors brutal avec sa femme et sa fille. Il aime la belle soierie qui ne se vend plus très bien (à cause de la concurrence des usines). Il n'aime pas que sa fille fasse des études car elle lui rapporte plus d'argent à travailler sur le métier à tisser.
Sa mère : Mme Boichon travaille dans une usine.
Ses frères : Laurent, l'aîné des garçons, a 7 ans, il s'occupe des tâches ménagères et avec Jean-Pierre, le plus petit, il passe ses journées à traîner dans les rues.
Son oncle et sa tante : habitent à Toulaud dans l'Ardèche où ils élèvent des vers à soie.
Son caractère :
Volontaire, contre l'avis de sa famille, encouragée par ses professeurs, grâce aux lois sur l'obligation scolaire de 1812, elle réussira à faire le métier de son choix : dessinatrice de mode.

La révolution industrielle

Un chant sous la terre
Florence Reynaud, Flammarion « Castor Poche », 2001.

Cette révolution industrielle s'explique par plusieurs facteurs combinés : l'invention de nouvelles machines, l'utilisation de la force de la vapeur pour faire fonctionner ces machines, la poussée démographique liée au développement de la médecine, le désir de la bourgeoisie de s'enrichir en créant de grandes entreprises.
Elle entraîne le développement d'un nouveau type de production et la mise en place d'une organisation scientifique du travail : le travail à la chaîne.
Les secteurs concernés par ces changements sont, avant 1850, l'industrie textile et la métallurgie.

Le projet

Situer le récit dans l'histoire de cette révolution industrielle pour comprendre comment l'industrie a transformé la société française.

Méthodologie

- Étape 1
Contrat de lecture et enquête.
- Étape 2
Mise en commun progressive et vérifications documentaires.
- Étape 3
Finalisation.

L'enquête

- Étape 1
Relever des informations concernant les lieux de production
Le nom : atelier, usine, manufacture ?
La production : industrie alimentaire, travail des étoffes, du bois, mine ?
Le vocabulaire et la hiérarchie des personnages y travaillant (des hommes, des femmes, des enfants), les déplacements des ouvriers pour trouver du travail.
Les tâches effectuées.
Les termes techniques utilisés, les outils, la mécanisation.
Le lieu géographique de ce lieu de production.
Les problèmes sociaux rencontrés.
- Étape 2
Classer le récit ou le lieu de production évoqué dans l'un des

trois systèmes techniques suivants :
- Le système dit « classique » : énergie hydraulique et utilisation du bois (le travail des lavandières dans *Les Cahiers de Baptistin Étienne*).
- Le système dit « moderne » : association fer, charbon et vapeur (le chemin de fer).
- Le système dit « contemporain » : électricité, moteur à explosion et chimie organique (invention de nouveaux matériaux, acier et pétrole).

● Élargir

- Construire la carte des déplacements en chemin de fer des héros, il faudra comparer avec la carte du réseau français publiée par de nombreux manuels.
- Établir des liens avec la technologie : fabriquer des systèmes de poulies et de courroies de transmission afin d'en comprendre le fonctionnement.

La Belle Époque : une si belle époque ?

Il s'agit de faire comprendre les raisons pour lesquelles on a donné ce nom à cette période historique et de vérifier ce que recouvre la réalité des choses.

LE POINT DE VUE DE BAPTISTIN

Bertrand Solet résume bien l'époque dans les propos de son héros Baptistin :

> « Ce soir, comme souvent, en rangeant mes pourboires, je m'aperçois d'une ponction faite à ma tirelire. Mes parents m'avouent qu'ils ont pris l'argent. Ils me promettent de me rembourser. Mais ils ne peuvent pas me rembourser. Et je ne me fâche pas : la vie est dure. Mon père travaille sans cesse à confectionner des chaussures, ma mère passe au lavoir toute la journée, et même une partie de la nuit, à couler des lessives pour ses clients.
> Nous sommes autour de l'année 1900. Quand on parle de ce temps-là, on dit souvent que c'est un temps de vie facile : "La belle époque".
> Peut-être. Mais pas pour tout le monde. »

Les Cahiers de Baptistin Étienne, Hachette jeunesse « Le Livre de Poche jeunesse » (multiples rééditions) – extrait pages 15 et 16

Le projet

Proposer une lecture exploration et classer les petits et grands événements en deux catégories : heureux ou malheureux pour les personnages ?

● Une remarque

L'époque voit la progression de la population étrangère, en

Aurore joue dans un film de Méliès
Serge Hochain, L'École des loisirs «Archimède», 2001.

particulier des Belges et des Suisses. Certains ne les aiment guère et on s'en moque, entre autres parce qu'ils ont souvent un niveau de vie supérieur. C'est l'origine des histoires belges ou suisses.

Les discussions pourront porter sur cet aspect de la construction du racisme.

- Les livres

Il faut proposer une sélection de récits issus de la troisième partie de la grande frise.

- Pour élargir ces pistes, On pourra faire écouter aux élèves des musiques de l'époque, mais attention, celles du film *Moulin Rouge* risquent de faire naître quelques confusions temporelles…

Un travail du même type pourra être engagé sur la photographie (*cf.* catalogue Nathan photos).

UNE SI BELLE ÉPOQUE ?

C'était la Belle Époque	Mais pas pour tout le monde
Les conditions d'existence s'améliorent. Progression de la qualité des soins, alimentation, hygiène. Progrès dans la lutte contre la tuberculose. L'école favorise la promotion sociale. Quelques progrès sociaux : apparition des premières caisses de secours mutuel et de retraite. Création des HBM (habitations à bon marché 1894-95). Associations laïques ou religieuses aident les plus démunis en offrant des abris (asiles), des repas (soupes populaires) ou une assistance par le travail (œuvre des jardins ouvriers 1893 Sedan, afin d'éviter la révolte du prolétariat). Machinisme : moins de fatigue physique ? Paternalisme. Pour les plus riches : mode, spectacles, stations balnéaires, champs de course, etc. 1898 : loi sur les accidents du travail. 1900 : premiers sanatoriums dans le Jura. 1910 : loi sur l'assurance vieillesse. Découvertes scientifiques et progrès technique, on croit aveuglément aux bienfaits d'une science qui permet un plus grand confort et multiplie les biens de consommation. Progression de la connaissance de l'univers. Floraison artistique mal apprécié du public populaire.	Stagnation de la production agricole par rapport aux autres pays. La société demeure profondément inégalitaire. Pratique de la charité mais aucune mise en œuvre d'une politique qui aurait pour objectif l'amélioration du sort des plus démunis. Fortune concentrée entre les mains de la haute bourgeoisie. Crise et chômage. Difficultés de la condition ouvrière : pas de protection sociale réelle. Machinisme : travail pénible des ouvriers (rythmes) Salaires très bas. Paternalisme. Absence d'égalité civile des femmes (dureté du travail : lessives). Le progrès scientifique favorise également la course aux armements (mitrailleuse, gaz, explosifs), il entre lentement dans les campagnes (on s'y méfie du médecin, on y refuse la vaccination). Les unités du système métrique sont encore loin d'être d'un emploi courant. Une inégalité sépare les provinces aux industries prospères et grandes cultures dans le Nord, le Nord Ouest et le Bassin Parisien du Midi, du centre et de la Bretagne qui sont en crises durables.

La conquête de l'Ouest

Il s'agit de faire établir des mises en relation temporelles et spatiales : que se passait-il en France au moment des convois de chariots vers l'Ouest ? De la guerre de Sécession ?

D'après les programmes

« Le Secret de Calamity Jane »
Je lis des histoires vraies *n° 106, Fleurus Presse, 2002.*

À l'école primaire, l'histoire est conçue d'une part comme une initiation à l'intelligence du temps des hommes (chronologie, datation, durée, succession, irréversibilité, simultanéité), d'autre part, au cycle III, en prenant comme support l'histoire nationale, elle présente des grandes époques historiques, à travers des images et des récits bien datés, riches de sens et d'accès facile.
Il s'agit avant tout d'acquérir une vision générale de la diversité de ces grandes époques, de leur teneur propre et donc de fournir aux élèves un cadre chronologique élémentaire leur permettant de situer correctement des événements et des personnages majeurs afin de saisir le sens global d'une époque et de les aider à construire quelques relations de causalité.
Bien que n'étant pas au programme de l'école élémentaire, la conquête de l'Ouest est présente dans de nombreux romans pour la jeunesse, les lecteurs ont une image mentale intemporelle de ces événements.

Rappels historiques très succincts

- Avant 1846

La vie dans les tribus indiennes, les trappeurs, les colons européens et les voyages de découverte.

- 1846

Premières déportations indiennes vers une réserve pour permettre à des colons de s'installer sur leurs terres, convois de pionniers vers l'Ouest.

- 1848

Découverte d'or en Californie, l'hystérie gagne peu à peu tout le pays, c'est la ruée vers l'or.
Les voyages en diligence.

- 1860 à 1865

La guerre de Sécession : entre les partisans de l'abolition de l'esclavage (au Nord pour développer les usines) et les esclavagistes (au Sud qui ont besoin de main-d'œuvre dans les champs de coton).

- 1861-1865

La guerre de Sécession.

- 1866

L'augmentation de la population nécessite une production accrue de viande. L'élevage extensif est encadré par des cow-boys qui se livrent à une guerre des clôtures.

- 1870 à 1890 : les guerres indiennes.

Les traités rompus, les Indiens prirent les armes lorsque les prospecteurs d'or envahirent leur terre.

- 1870 : des forts abritant des garnisons sont construits.
- Jusqu'en 1869, les cavaliers du Pony Express faisaient la navette entre l'Ouest et l'Est du pays.
- 10 mai 1869 : c'est la jonction des lignes de trains à vapeur à Promontory-Point.
- 1887 : le *General Allotment Act* autorise le président à vendre les territoires des tribus indiennes. L'espace de terrain de chaque chef de famille indienne est réduit. La quasi-totalité de l'Oklahoma est alors divisée en parcelles et une course est organisée pour le partage des terres, attirant des milliers de colons où les premiers arrivés sont les premiers servis.
- Massacre par le général Custer d'une tribu cheyenne près de la rivière de Washita.
- 1876 : bataille de Little Big Horn, défaite de Custer devant les Sioux et les Cheyennes.
- 1890 : massacre de Wounded-Knee.
- Vers 1900, la conquête de l'Ouest est terminée, le réseau de chemin de fer quadrille l'Ouest recouvert de fermes. Les Américains inventent alors la légende des méchants Indiens (tous ou presque massacrés).

Les livres

Les enfants sont imprégnés par des récits écrits ou filmiques se déroulant au Far West.

Les romans que nous avons sélectionnés dans ce chapitre se déroulent souvent de l'autre côté de l'Atlantique où des immigrés d'origine européenne tentent de s'installer.

De plus, on dispose de trois séries de BD à faire connaître :

- « Buddy Longway » de Derib, Le Lombard, 1996.

À l'époque où se situent les aventures de Buddy, seuls quelques trappeurs intrépides osaient s'aventurer dans les grandes plaines encore inconnues pour y chasser et tracer les pistes qu'emprunteront des années plus tard les premiers convois de colons : du delta du Mississipi aux Montagnes Rocheuses.

Buddy Longway vit en harmonie avec ce milieu, avec ses habitants, les Indiens, et sa faune.

- « Lucky Luke » de Morris et Goscinny, Dupuis.

Une parodie célèbre, présente dans toutes les BCD, et qu'on ne peut ignorer.

Un héros tout à fait fictif, le « poor long lonesome cowboy », qui va croiser au fil de ses aventures quelques personnages célèbres dans l'histoire pittoresque du Far West (les Dalton, Calamity Jane, etc). On fera vérifier s'ils ont bien existé et si ce que l'on sait de leur biographie recoupe leur rôle dans la BD.

- « Blueberry » de Charlier et Giraud, Dargaud.

Homme d'honneur et de parole qui se range toujours auprès des plus faibles et des opprimés. Il n'hésite pas à enfreindre parfois les lois pour éviter un carnage ou une bataille inutile. Blueberry est aussi un ami des Indiens Navajos, un homme de paix qui ne fait la guerre que si elle devient absolument nécessaire. C'est le défenseur des droits des Indiens bafoués, en somme un héros tout à fait positif.

Il existe trois séries : la série des origines parues dans le journal *Pilote,* celle concernant la jeunesse de Blueberry et « Marshall Blueberry », située un peu plus tard dans le temps.

Les projets

On fera rapprocher les dates des récits du Far West avec celles qui ont marqué la période 1815-1913 en France. On pourra aussi faire classer chronologiquement les récits. Enfin, on pourra proposer aux élèves de dessiner les parcours correspondant à chaque aventure de Lucky Luke, Blueberry ou Buddy Longway, sur une carte des États-Unis.

La galerie des ancêtres fondateurs

En utilisant la même démarche que dans les chapitres précédents on pourra s'attacher à quelques personnages historiques ayant marqué cette période sur le plan politique, artistique ou scientifique : par exemple Dreyfus, Louise Michel, Victor Hugo, Pasteur, Darwin ou Pierre et Marie Curie.

Comme précédemment, il s'agit d'aider les enfants à

considérer ceux-ci comme des individus à dimension humaine (naissance, vie, œuvre, mort), inscrits dans des contextes et de leur faire comprendre que nous sommes tributaires des sources historiques.
On pourra faire établir la biographie de l'un de ces personnages d'après les récits, puis croiser ces éléments avec des informations apportées par des ouvrages documentaires.

Deux sélections spécifiques

7 grands classiques

La Case de l'oncle Tom
Harriet Beecher-Stowe, Hachette Jeunesse « Le Livre de Poche jeunesse », 2002.
À travers l'histoire du vieil oncle Tom, esclave noir passé des mains de maîtres bienveillants à celles d'une brute sans pitié, c'est un vigoureux réquisitoire contre l'esclavage que dresse l'auteur. Écrit 10 ans avant la guerre de Sécession. Situé à l'est des USA, au milieu du XIXe siècle.

Les Misérables
d'après Victor Hugo, adaptation de Luc Lefort, Nathan, 2002.

Les Misérables
Victor Hugo dans de multiples éditions dont la « Bibliothèque verte » Hachette (deux tomes).
Ce grand roman écrit en 1862 continue de fasciner des générations de jeunes et d'adultes et de susciter une multitude d'adaptations au cinéma et au théâtre. Les figures bouleversantes que sont Fantine, Cosette, Gavroche ou le forçat Jean Valjean rendent inoubliable cette épopée où le réalisme le dispute à l'invraisemblable (écrit par l'auteur de 1845 à 1861) et mettent en scène les émeutes du 5 juin 1832 à Paris.

David Copperfield
Charles Dickens, Hachette Jeunesse « Le Livre de Poche jeunesse », 2002.
Nous suivons le héros depuis ses années d'enfance jusqu'à l'âge d'homme. Voici les personnages qui ont, avec lui, conquis l'immortalité : la tante Trotwood, Peggotty, la servante au grand cœur, M. Dick, Uriah Heep, Dora, Agnès, enfin l'inénarrable M. Micacawber.

L'Enfant
Jules Vallès, Hatier, 2002.
Jacques Vingtras, un pauvre diable malheureux est une victi-

me tant à l'école qu'à la maison. Il trouve sa force dans le refus : de la tyrannie familiale et de l'institution scolaire.
L'enfant et l'autorité parentale au XIXe, la société française de 1832 à 1851 (lire en réseau *Poil de carotte* de Jules Renard sur le même sujet).

Jacquou le Croquant
Eugène Le Roy, Pocket, 2002.
Le père de Jacquou a refusé la tyrannie du comte de Nansac et a abattu son régisseur. Condamné au bagne, il meurt dans les marais de la Charente. Jacquou prête serment de vengeance devant le château. En 1816, à 8 ans, il met le feu à la forêt du comte de Nansac. Il est alors recueilli par le bon curé Bonal et vit plusieurs années de bonheur. Un jour, il est capturé par le comte qui le jette aux oubliettes. Sa promise, Lina, croit qu'il est mort et se suicide. Craignant la justice, le comte le libère. Jacquou rassemble alors les paysans qui envahissent le château et le brûlent. À son procès, Jacquou est acquitté.
Un roman rustique, paru en 1899, il prolonge les idées de la Révolution française.
Un roman régionaliste sur les mœurs des paysans du Périgord (Auriac).
La Restauration, les jacqueries.

Sans famille
Hector Malot, Nathan Jeunesse, 2002.
Rémi, enfant trouvé, est recueilli par la mère Barberin. Mais le mari de celle-ci vendra Rémi pour quarante francs à un comédien ambulant qui dirige une troupe d'animaux savants. L'enfant et son nouvel ami, le signor Vitalis, errent à travers la France. Rémi ne désespère pas de retrouver ses vrais parents. Un récit passionnant et bouleversant.

Poil de carotte
Jules Renard, Hachette Jeunesse « Le Livre de Poche jeunesse », 2002.
« Tout le monde ne peut pas être orphelin. » Le roman cruel de l'enfance sans amour. Poil de carotte, souffre-douleur de la sadique madame Lepic, incompris par son père, exploité ou dédaigné par son grand frère et sa grande sœur. Il devient à son tour sournois et méchant. Un roman écrit en 1894 où Jules Renard règle ses comptes avec sa propre mère. Il existe également une pièce en un acte tirée de ce récit.

15 livres sur la Commune de Paris

Des femmes dans l'histoire
Philippe Godard, Autrement Jeunesse, 2001.
Neuf histoires de femmes ayant marqué l'histoire. Un livre superbe, avec l'itinéraire de Louise Michel, la communarde.

Cœur de louve
Pierre-Marie Beaude, Gallimard Jeunesse « Page blanche », 1999.
Dans le contexte historique de la Commune de Paris, nous rencontrons Mauve, jeune héroïne sympathique et forte, qui échappe de peu à la déportation mais qui se retrouve condamnée à trois ans de prison. Ayant purgé sa peine, sa famille et ses amis décimés par la répression, elle embarque pour le Québec et change d'univers. Mauve partage alors la vie rude des pionniers.
Le récit est jalonnée d'extraits de son journal.

Bastien gamin de Paris
Bertrand Solet, Syros Jeunesse, 1997.
Réédité dernièrement chez Syros, collection « Souris Histoire ».
Pendant l'été 1870, éclate la guerre entre la France et la Prusse. Pendant le dur hiver qui suit le siège de Paris et les semaines de la Commune, nous suivons la vie de Bastien, fils d'un menuisier du faubourg Saint-Antoine. L'auteur arrive à nous faire partager intensément ces journées « à nulle autre pareilles ». Des journées remplies de drames quotidiens, d'héroïsme et de courage. Bastien, en vrai gamin de Paris, s'oppose au mystérieux et très suspect M. Schmidt… On pourra vérifier si le texte est le même entre les différentes rééditions chez les différents éditeurs.

La Commune Paris 1971
Nathan « Photo Poche Histoire », 2000.
Un recueil de photos.

La Commune Paris 1971
Nathan « Photo Poche Histoire », 2000.

La Commune n'est pas morte, dans la collection « Les Aventuriers de l'Histoire »
Claude Pujade-Renaud, Daniel Zimmermann, Sandéditions-La Farandole « Les Aventuriers de l'Histoire », 1991.
Un éditeur va-t-il enfin rééditer cette collection « Les Aventuriers de l'Histoire » qui propose à chaque aventure un voyage dans le temps intelligent ?
Ici, Monsieur Meyer revient blessé d'un voyage dans

l'histoire, accompagné d'un célèbre écrivain de l'époque : Jules Vallès que Robin et Julie vont raccompagner au XIXe siècle. Les voici mêlés aux événements de cette époque : il fait beau, c'est la fête mais c'est aussi la guerre contre les Versaillais. Ils rencontrent Louise Michel et surprennent des conspirateurs qui veulent faire entrer les Versaillais dans Paris. Robin et Lucie vont vivre les derniers jours de la Commune et nous aider ainsi à mieux comprendre, en compagnie de Jules Vallès, ce qui s'est réellement passé.
Les livres pour enfants traitant de la Commune sont assez rares pour qu'on s'intéresse à celui-ci. De plus, c'est le meilleur livre de cette série !

Temps sans frontières
Korbe Liliane, Flammarion-Père Castor, 1989.
Dans un chantier en démolition, David explore un vieil hôtel en ruine et découvre un étrange passage qui lui permet de se retrouver en 1871 à Paris. La ville est bien différente… pas un bruit de voiture, nul crissement de frein. C'est le siège de Paris par les Prussiens, le canon tonne et de vrais obus tombent. David va, à l'occasion de plusieurs voyages, se lier d'amitié avec Léonard, sauver sa sœur de la maladie et leur apporter de quoi manger. Leur amitié sera interrompue par les bulldozers qui boucheront à jamais ce passage. Seul, Pirate le chien, restera coincé à notre époque à la grande joie de David. Un livre très tendre, facile à lire.

Le Gamin des barricades
Bellet Alain, Milan « Zanzibar », 1996.
Maxime a fui Paris, après la « Semaine sanglante » qui achève la Commune, en mai 1871. Dans un village poitevin, il trouve du travail comme garçon de ferme. Personne ne sait ni qui il est exactement, ni d'où il vient. Quand on lui demande de conduire à Paris la sœur et la nièce de son patron, il accepte. Mal lui en prend car il va aussi retrouver quelques amis. Et songer à la vengeance…

J'étais enfant pendant la Commune de Paris
Mathieu François, Sorbier « J'étais enfant », 1997.
Les jours glorieux de cette Commune aux idées généreuses, vite réprimée dans le sang.

La Dernière Classe
Daudet Alphonse, Gallimard « Folio Jeunesse », 1995.
En 1870, dans Paris assiégé par les Prussiens, le peuple insurgé

dresse des barricades. Pourtant, pendant qu'un enfant irréfléchi devient espion, M. Bonnicar, bourgeois gourmand, veut à tout prix ses petits pâtés du dimanche… Mais la petite pendule de Bougival lavera l'honneur national : elle portera, grâce à la fantaisie de ses aiguilles, le désordre au sein d'une respectable famille bavaroise.

Les Lumières du matin

Robert Bigot, Actes Sud junior « Les Couleurs de l'histoire », 2000.

Les Lumières du matin
Bigot Robert, Actes Sud junior, 2000.
Pascal Clarisse a quinze ans quand son existence va être intimement liée à cette courte révolution du printemps 1871, la Commune de Paris. Quelques années plus tard, il témoigne : dans la foule agitée des barricades, nous croisons Jules Vallès, Jean Clément, Louise Michel…
(prix Hans Christian Andersen)

Le Serment de Louise
Bezombes Renaud et Dequeker-Fergon Jean-Michel, Hatier « Histoires d'histoire », 1990.
1851 à 1874, ballons dirigeables et guerres de 1870. En compagnie de Nadar et Gambetta à Paris…

Mon Journal d'enfant
Lagerlöf Selma, Sorbier « Passages », 1997.
En janvier 1873, Selma, âgée de 14 ans, part à Stockolm chez son oncle et sa tante pour suivre un traitement orthopédique. Elle a reçu à Noël un journal qu'elle décide de commencer dans le train.

Le Dévorant
Sandre Yves, Casterman « Passé composé », 1990.
Le 16 juin 1860, dans un petit village de la Marne, naît Antoine Caton. Son appétit lui vaut le surnom de Dévorant qui ne le quittera plus. Ardent et courageux, Antoine va affronter la vie sans détour : l'école que l'on quitte trop tôt, la guerre qui rôde, les fours à chaux qui hérissent peu à peu le paysage riche et austère de la campagne marnaise. Le roman d'une vie, d'une famille, d'une époque enfin, engloutie dans la brutale déchirure de 1914.

Louise Michel, aux barricades du rêve (1830-1905)
Helf C., Hachette « Échos », 1983.
À partir de témoignages des proches de l'auteur. De la France à l'exil jusqu'au bagne de Nouvelle-Calédonie.

Les Diables blancs
Joëlle Wintrebert,Gallimard « Page blanche », 1993.
Un superbe roman très détaillé, bien écrit et bien documenté sur la Commune, plus précisément sur la « Semaine sanglante »

Paris insurgé, La Commune de 1871
Rougerie Jacques, Gallimard « Découverte », 1995.
Au printemps 1871, durant 9 semaines, Paris va vivre une impossible aventure : celle d'une république indépendante. Génial et indispensable.

Paris, 1871, La Commune
Coffret de douze cartes postales
Éditions Maurice Juan, 108 Grande Rue 25000 Besançon.

Récits sur le XIXe siècle : nos livres préférés

Les Cahiers de Baptistin Étienne
Bertrand Solet, Hachette Jeunesse « Le Livre de Poche jeunesse », 1989.

Les Cahiers de Baptistin Étienne
Bertrand Solet, Hachette Jeunesse « Le Livre de Poche jeunesse », 1989.
Au début du siècle, Baptistin, un enfant du peuple, connaît la misère, l'Assistance, la dureté des patrons, la caserne et la guerre.
Baptistin aime bien chahuter en sortant de l'école, bousculer un peu les marchands de fruits. Le reste du temps, la vie est dure. Et voilà les parents malades, la famille à l'abandon...
À 11 ans, il faut travailler, même si le patron n'est qu'un vieil avare et une brute. Mais Baptistin a décidé de ne pas se laisser faire.
Nous sommes autour de l'année 1900, dont on dit souvent que ce fut un temps de vie facile, « la Belle Époque ».
Un livre superbe.

Claudine de Lyon
Marie-Christine Hengerson, Flammarion « Castor Poche », 1998.
À Lyon en 1880, quartier de la Croix-Rousse.
À onze ans, Claudine a déjà le dos voûté des canuts. Elle se penche sur le métier à tisser dix heures par jour. Mais Claudine refuse cette destinée, elle refuse de devenir comme sa mère : grise, fatiguée, résignée. Elle veut être une femme différente, dessinatrice de mode.
L'école et son talent de dessinatrice seront les tremplins de

sa réussite : un beau message féministe à faire lire aux filles et aux garçons.
Un roman très riche, des phrases courtes, structure simple : une grande réussite.
À travers ce roman, c'est également l'évolution de la société au XIXe siècle, que nous appréhendons. Les soies des canuts ne sont plus rentables ; les métiers à tisser deviennent mécaniques, les soies sont importées de Chine. La grande distribution commence. L'école est devenue obligatoire et Claudine se bat pour obtenir son certificat d'études et son brevet, puis une bourse pour l'école des Beaux-Arts à Paris. Ce roman est presque le trajet d'une militante tenace et courageuse dans un monde qui se modernise. Indispensable.

9 Récits de Paris
Liliane Korb et Laurence Lefèvre, Flammarion « Castor Poche », 1998.
Deux récits correspondent à l'époque : « L'Odyssée de la girafe » (1826-1827) ; « La Naissance de la Tour Eiffel » (1889).

Un chant sous la terre
Reynaud Florence, Flammarion « Castor Poche », 2001.

Un chant sous la terre
Reynaud Florence, Flammarion « Castor Poche », 2001.
Isabelle a douze ans et descend tout au fond de la mine, pour remplacer son père blessé. Un jour, une terrible explosion emprisonne Isabelle sous la terre. Indispensable si l'on veut aborder le travail des enfants dans les mines.

« Louis Lumière, l'invention du cinéma »
Je lis des histoires vraies n° 71, Fleurus Presse.
En 1895, les Parisiens assistent à un événement sensationnel : la première séance de cinématographe organisée par Louis Lumière.

« Perdu au cœur de l'Afrique »
Je lis des histoires vraies n° 84, Fleurus Presse.
En 1871, un journaliste part à la recherche du Dr Livingstone, le découvreur des sources du Nil, dont on est sans nouvelles depuis cinq ans.

La Soie au bout des doigts
Anne-Marie Desplat-Duc, Hachette Jeunesse « Le Livre de Poche jeunesse », 1999.
L'histoire bouleversante de deux jeunes filles qui travaillent dans une usine à soie au XIXe siècle. Un roman idéal pour commémorer le 10e anniversaire de la Convention des droits

de l'enfant. En Ardèche, en 1848, Méline et Armance, âgées de 8 et 14 ans, sont sœurs et travaillent à l'usine de soie. Le travail est dur et les journées sont longues pour tous les enfants de la région qui sont embauchés, et l'âge légal de 10 ans n'est pas toujours respecté. Indispensable.

Le Cahier jaune
François Sautereau, Hachette Jeunesse, « Bibliothèque verte », 1990.
Dans le quartier des Halles, du début du siècle à la Première Guerre mondiale.
Un vagabond décide de raconter, dans un cahier jaune tout ce qu'il voit et tout ce qu'il entend à partir du 1er janvier 1900.
Une peinture réaliste du Paris ouvrier de la « Belle Époque » et une enquête policière efficacement construite. Les illustrations sont remarquables.

Deux Graines de cacao
Évelyne Brisou-Pellen, Hachette Jeunesse « Le Livre de Poche jeunesse », 2002 .
Bretagne, en 1819. Bouleversé par la révélation de sa naissance, à 10 ans, Julien a découvert en se regardant dans une glace qu'il était Indien.
Julien s'embarque alors sur le *Prince sauvage,* à la recherche de son histoire, mais le voyage lui réserve d'autres surprises : en fait, il s'est embarqué sur un négrier en partance pour Haïti.

La Déposition de Jérémie Lefebvre
Nicole Vidal, Hachette Jeunesse « Le Livre de Poche jeunesse »,1996.
En juillet 1879, Jérémie Lefebvre qui a seize ans et qui est assoiffé d'aventure, amène à l'auberge de ses parents, à Mantes-la-Jolie, M. de Ponroissy, un noble désargenté qui va tenter de faire fortune en Nouvelle France. Il les convainc de le laisser partir et leur promet de faire fructifier là-bas quelques hectares de terre, après quoi ils viendront le rejoindre... Embarquement sur le *Chandernagor.* Joies et désillusions. Comme promis, Jérémie retrouve ses parents à Port-Breton, en Nouvelle-Irlande. Ils embarquent pour la Nouvelle-Calédonie pour y passer le restant de leurs jours.
Le récit s'inspire d'une page d'histoire méconnue, l'invasion d'une île du Pacifique par le marquis de Rays, mégalomane qui rêvait d'être roi, et que suivirent de nombreuses petites

gens désireux de faire fortune. La colonisation de la Nouvelle-France se fit dans le sang et les survivants ne parvinrent jamais à témoigner de l'horreur. Cette déposition romancée est passionnante. Elle présente une époque où les utopies devenaient réalité au mépris de la liberté des peuples et des hommes.

Le Voyage oublié des maçons creusois
Grousset Alain, Le Patio éditeur « Patrimôme », 1998.
La vie des maçons creusois au XIXe siècle, la condition de ces maçons, obligés de s'absenter neuf mois de leur domicile pour exercer leur métier.

Le Noyé du canal Saint-Martin
Alain Bellet Magnard jeunesse « Les Policiers », 1998.

Le Noyé du canal Saint-Martin
Alain Bellet Magnard jeunesse « Les Policiers », 1998.
Dans le Paris du roi Louis-Philippe, les enfants pauvres sont vite adultes. Il leur faut survivre. Jean-Baptiste Larchet et ses amis se sont installés dans l'est populeux de la ville qui offre mille cachettes et un labyrinthe de quartiers louches où les gendarmes à cheval hésitent à se risquer.
La police retrouve un corps dans le canal Saint-Martin, les soupçons se portent inévitablement sur la bande à Larchet…
La souricière se referme peu à peu sur eux.
Un roman policier sous Louis-Philippe. Génial.

La Vie des écoliers au temps de Jules Ferry
Brisson Dominique, Sorbier « La Vie des enfants », 2001.
Une biographie sous la forme d'un album aux portes du documentaire.

Blaise, le potier de Puisaye
Deblander Robert, Le Patio éditeur, 1994.
La vie quotidienne, vers 1890, dans une région dont la principale richesse est l'argile.

Erwan, mousse à bord d'un terre-neuvas
Barrault Jean-Michel, Le Patio éditeur, 1997.
Un album qui évoque, en 1905, une campagne de pêche à bord d'un trois-mâts vue par Erwan, mousse de 13 ans.

Le Bel Été de Gustave Caillebotte
Blanc Martine, Le Patio éditeur, 1998.
Été 1860. La famille Caillebotte nous plonge dans les coulisses de la surprenante organisation domestique d'une famille aisée du Second Empire.

Grains de sel
Carles Jacques et Raby Michel, Le Patio éditeur, 1995.
Les quatre saisons du sel et la vie quotidienne d'une famille de sauniers en 1850.

Jadis, dans une ferme
Cé Raphaëlle et Gauzère Jean-Pierre, Le Patio éditeur, 1995.
1880. Découverte de la vie rurale au quotidien, les travaux, les mentalités.

Les Vignerons des portes
Grézard Marie, Vallemot-Temmerman Véronique et Bonvalot Frédérique, Le Patio éditeur, 1999.
Une année de travaux dans le vignoble.

Le Rêve de pierre du facteur Cheval
Deblander Robert, Le Patio éditeur, 1997.
Le « palais idéal » et son constructeur : le facteur Cheval.

Pour le reste

Rendez-vous sur le site :
www.crdp.ac-creteil.fr/telemaque

Achevé d'imprimer sur les presses
de l'imprimerie Bialec à Nancy
en novembre 2002
Dépôt légal novembre 2002